"十二五"国家重点图书出版规划项目

西方古典学研究　*Library of Classical Studies*

编辑委员会

主　编：

黄　洋（复旦大学）

高峰枫（北京大学）

编　委：

陈　恒（上海师范大学）

李　猛（北京大学）

刘津瑜（美国德堡大学）

刘　玮（中国人民大学）

穆启乐（Fritz-Heiner Mutschler，德国德累斯顿大学；北京大学）

彭小瑜（北京大学）

吴　飞（北京大学）

吴天岳（北京大学）

徐向东（浙江大学）

薛　军（北京大学）

晏绍祥（首都师范大学）

岳秀坤（首都师范大学）

张　强（东北师范大学）

张　巍（复旦大学）

"演说舞台"上的雅典民主

德谟斯提尼的演说表演与民众的政治认知

The Athenian Democracy on the Bema:
Demosthenes' Performance of Rhetoric and People's Political Cognition

李尚君 著

图书在版编目(CIP)数据

"演说舞台"上的雅典民主:德谟斯提尼的演说表演与民众的政治认知/李尚君著.—北京:北京大学出版社,2015.1
(西方古典学研究)
ISBN 978-7-301-24962-8

Ⅰ.①演… Ⅱ.①李… Ⅲ.①政治家—演讲—语言艺术—关系—民主政治—研究—古希腊 Ⅳ.①D754.59

中国版本图书馆 CIP 数据核字(2014)第 233448 号

书　　　名:	"演说舞台"上的雅典民主
	——德谟斯提尼的演说表演与民众的政治认知
著作责任者:	李尚君　著
责 任 编 辑:	王晨玉
标 准 书 号:	ISBN 978-7-301-24962-8/K·1070
出 版 发 行:	北京大学出版社
地　　　址:	北京市海淀区成府路 205 号　100871
网　　　址:	http://www.pup.cn　新浪官方微博:@北京大学出版社
电 子 信 箱:	pkuwsz@126.com
电　　　话:	邮购部 62752015　发行部 62750672　出版部 62754962
	编辑部 62752025
印 刷 者:	北京汇林印务有限公司
经 销 者:	新华书店
	650 毫米×980 毫米　16 开本　14 印张　185 千字
	2015 年 1 月第 1 版　2015 年 1 月第 1 次印刷
定　　　价:	30.00 元

未经许可,不得以任何方式复制或抄袭本书之部分或全部内容。
版权所有,侵权必究
举报电话:010-62752024　电子信箱:fd@pup.pku.edu.cn

"西方古典学研究"总序

古典学是西方一门具有悠久传统的学问,初时是以学习和通晓古希腊文和拉丁文为基础,研读和整理古代希腊拉丁文献,阐发其大意。18世纪中后期以来,古典教育成为西方人文教育的核心,古典学逐渐发展成为以多学科的视野和方法全面而深入研究希腊罗马文明的一个现代学科,也是西方知识体系中必不可少的基础人文学科。

在我国,明末即有士人与来华传教士陆续译介希腊拉丁文献,传播西方古典知识。进入20世纪,梁启超、周作人等不遗余力地介绍希腊文明,冀以希腊之精神改造我们的国民性。鲁迅亦曾撰《斯巴达之魂》,以此呼唤中国的武士精神。1940年代,陈康开创了我国的希腊哲学研究,发出欲使欧美学者以不通汉语为憾的豪言壮语。晚年周作人专事希腊文学译介,罗念生一生献身希腊文学翻译。更晚近,张竹明和王焕生亦致力于希腊和拉丁文学译介。就国内学科分化来看,古典知识基本被分割在文学、历史、哲学这些传统学科之中。1980年代初,我国世界古代史学科的开创者日知(林志纯)先生始倡建立古典学学科。时至今日,古典学作为一门学问已渐为学界所识,其在西学和人文研究中的地位日益凸显。在此背景之下,我们编辑出版这套"西方古典学研究"丛书,希冀它成为古典学学习者和研究者的一个知识与精神的园地。"古典学"一词在西文中固无歧义,但在中文中可包含多重意思。丛书取"西方古典学"之名,是为避免中文语境中的歧义。

收入本丛书的著述大体包括以下几类:一是我国学者的研究成果。

近年来国内开始出现一批严肃的西方古典学研究者，尤其是立志于从事西方古典学研究的青年学子。他们具有国际学术视野，其研究往往大胆而独具见解，代表了我国西方古典学研究的前沿水平和发展方向。二是国外学者的研究论著。我们选择翻译出版在一些重要领域或是重要问题上反映国外最新研究取向的论著，希望为国内研究者和学习者提供一定的指引。三是西方古典学研习者亟需的书籍，包括一些工具书和部分不常见的英译西方古典文献汇编。对这类书，我们采取影印原著的方式予以出版。四是关系到西方古典学学科基础建设的著述，尤其是西方古典文献的汉文译注。收入这类的著述要求直接从古希腊文和拉丁文原文译出，且译者要有研究基础，在翻译的同时做研究性评注。这是一项长远的事业，非经几代人的努力不能见成效，但又是亟需的学术积累。我们希望能从细小处着手，为这一项事业添砖加瓦。无论哪一类著述，我们在收入时都将以学术品质为要，倡导严谨、踏实、审慎的学风。

我们希望，这套丛书能够引领读者走进古希腊罗马文明的世界，也盼望西方古典学研习者共同关心、浇灌这片精神的园地，使之呈现常绿的景色。

"西方古典学研究"编委会

2013 年 7 月

序　言

　　古典雅典的政治生活方式对历史学家的理解和解释提出了一个巨大的挑战,乃是因为这种政治生活方式不仅迥异于现代世界,而且在后世也再没有重现过。我们对雅典施行的政治制度的名称并不陌生,它和现代西方普遍实行的政治制度一样,称作"民主制",但两者的实质却有着巨大差异。"民主制"这一概念其实是希腊人的发明,在古希腊文中称δημοκρατία(*demokratia*)。现代人的民主观念由此而来,但其内涵却发生了深刻的变化。现代民主制以政党政治为特征,政治精英通过政党机制、以竞选方式获得领导权。用熊彼得的话说,民主制不过是政治精英通过竞争获取政治权力的一种方式。[①] 而在古典雅典,我们今天所熟知的政府与政治权力形式——无论是民主制的还是其他政治制度的——均不适用。雅典推行的是一套现代政治家所谓的"直接民主",即由公民直接参与国家的管理与各项决策。在政府与权力形式上,雅典没有一个现代意义上的中央政府,没有国家元首,也没有主理国家事务的内阁及各部门。主要的政治机制包括一个掌握国家最高权力的公民大会、一个管理日常事务的"500人议事会"、负责司法审判的公民陪审法庭以及为数数百的官员。公民大会是最高权力机关,举

[①] 约瑟夫·熊彼得:《资本主义、社会主义和民主政治》(Joseph A. Schumpeter, *Capitalism, Socialism and Democracy*), NY: George Allen & Unwin (Publishers) Ltd, 1976年版(1942年初版),269页。

凡国家大事包括行政、立法等,均在公民大会进行讨论和辩论,再由参加大会的所有公民直接投票,以多数票为最终决定。雅典人也没有权力分立和制衡的观念,公民大会的决议就是最高决定。它甚至能够对于牵涉国家利益的重大案件直接进行审判。除少数因违反城邦法规而被剥夺参与权的公民外,所有年满20岁的成年男性公民均有权参加公民大会。这个事实常常被用来说明雅典民主政治的局限性,乃至否定其民主性。诚然,成年男性公民群体形成了城邦的特权群体,妇女均被排除在政治生活之外,为数众多的奴隶和形成居民群体一小部分的外邦人也被排除在外。但如果我们抱着陈寅恪所谓"同情地理解"的历史主义态度来看待雅典的这套政治制度,而非以当代的价值和道德标准来评判,如果我们对现代国家的决策机制稍微有所了解,就不能否认,在2500多年以前绝大部分人类尚处于神权君王统治之下的时候,这种将政治决策权直接赋予一个公民群体、由普通公民直接投票进行国家最高决策的做法是革命性的。根据现有史料估计——并没有任何史料提供确切数字,雅典全部人口大约在15万到25万之间,而成年男性公民人数约为21000至40000人。即是说,在全部人口中,约有超过十分之一的人能够直接参与国家最高决策。即使是放在今天,和最为民主的制度相比,这个参与比例也是不可想像的。

公民大会以外,作为国家常设机构的"500人议事会"由500名年满30岁的成年男性公民组成。其法为每年从作为国家行政区划的10个部落中以抽签方式各选出50人,作为当年议事会成员,任期一年,不得连任。这也意味着,"500人议事会"同样由普通公民组成,而且公民以轮流方式参与议事会。即是说,超过一半或者几近一半的公民一生之中有机会担任一次"500人议事会"成员。公民陪审法庭的陪审员同样以抽签方式选出。每年从年满30岁的志愿公民中抽签选出6000人担任当年陪审员。遇有法庭开庭当日,再从志愿的陪审员中抽签选出当日法庭所需数量的陪审员参与审判。法庭不设法官,由公民陪审团在原被告分别提出控告和辩护之后,直接进行投票判决被告是否有罪。公民陪审团规模最少为200人(因私诉讼情况下)或500人(因公诉讼情况下)①,同样体现公民广泛和平等参与的原则。此外,为数约700名的官员,除少数因需要专门技能者如十将军通过公民大会选举产生之外,绝大部分官员以抽签方式从年满30岁的男性公民中产生,任期仍为一年,不得连任。这同样意味着,相当多的公民一生中有机会担任一次城邦官职。

雅典的这样一套制度不仅强调公民平等参与城邦管理和决策的权利,同时真正将城邦最高决策权交到普通公民手中。然而这套制度成功施行的关键却在于,一小部分政治精英在其中起到了不可或缺的领导作用。研究表明,雅典几乎所有的政治领袖都出自富有的精英阶层。② 这一方面说明,至少一部分富有精英是认同将决策权交予普通民众这种做法的;另一方面却意味着,雅典的政治领袖起作用的方式完全不同于现代社会中的政治领袖,不是通过获得国家最高官职、直接掌握决策权而获得政治领袖地位。他们成为政治领袖的唯一途径,是以个人身份就城邦事务向公民大会提案,并在公民大会上阐述自己的政策主张,说服公民投票采纳自己的政策建议。就是说,只有那些不断成功说服公民大会采纳自己提案的人,方能成为真正的政治领袖。这一方面意味着,政治领袖必须洞悉国内国际形势,提出的政策主张必须适应形势的需要,更为重要的是真正符合大部分公民的利益,不然仅凭花言巧语应难以一次次说服公民大会采纳自己的主张;另一方面,政治领袖必须具备在一个大型集会上以具有说服力和感染力的方式阐述政治主张的能力。也就是说,政治领袖必须具备高超的演说能力。毫无疑

---

① 公元前4世纪时,为避免出现赞成和反对票数相等的情况,陪审团人数改为奇数,即201人或501人等。

② J. K. Davies, *Athenian Propertied Families*: 600-300 BC, Oxford: Oxford University Press, 1971.

问,这样的能力并非普通公民所能具备,只有那些受过良好教育且拥有足够闲暇的富有精英才能具备。

  雅典这套独具特色的民主制度,自1957年琼斯的经典著作《雅典民主政治》出版之后①,就一直是古希腊史研究领域的一个重大课题。琼斯提出了雅典民主政治研究中的一些基本问题,如雅典民主政治的经济基础是什么？其机制是如何运作的？民主政治的理论是如何表达的？之后以丹麦学者汉森和英国学者罗兹为代表,历史学家们对雅典民主政治的制度史进行了深入细致的研究。虽然仍有诸多细节存在争议和不确定性,但对于雅典民主政治的制度安排,我们已有较为全面的把握。关键的问题仍然在于,实际的政治生活是如何展开的,尤其是,拥有决策权的普通公民和不可或缺的政治领袖之间的关系到底如何,政治领袖起到多大作用,以什么样的方式发挥作用。在这一方面,摩西·芬利的论述是根本性的。在1962发表的一篇题为《雅典民众领袖》的论文中,芬利揭示,作为民众领袖的政治精英是雅典政治体制中的"结构性因素",其是否能成功地成为政治领袖,完全取决于所提出的政策主张是否能够为参加公民大会的大部分公民所接受:"一个人纯粹由其在公民大会上真正个人的、非官方身份的作用而成为政治领袖,他是否拥有(政治领袖)这个身份的考验仅仅在于公民大会的投票是否如他所愿,因而每一次提案都重复着这样的考验。"②芬利的论述无疑揭示了雅典民主政治的一个独特特征,即政治精英在根本上不得不服从于民众的权力和意志,因此其政策主张也必须符合民众的利益和意志,唯其如此,才能获得政治领袖地位。同时芬利也指出,因为不直接掌握权力,政治领袖领导的方式在极大程度上依赖于演说。循着芬利的思路,乔西亚·欧博尔(Josiah Ober)所著《民主雅典的大众与精

---

① A. H. M. Jones, *Athenian Democracy*, Oxford: Blackwell, 1957.
② M. I. Finley, "The Athenian Demagogues", *Past and Present* 21 (1962), 3-24.

英》一书,进一步分析了精英发挥领导作用的方式。他首先指出,在雅典民主政治之下,大众享有主权,并且掌握着意识形态上的霸权。在此情形之下,精英主要依靠演说来维持其优越社会地位,并发挥政治领导作用。为此,雅典精英发展了一套特定的演说词汇和话语,用以调和他们和大众之间的矛盾,缓解紧张关系。以演说为主要方式的交流创造和维持了雅典的意识形态,也确保了民众对意识形态的控制,进而确保了精英提出真正符合民众利益的不同政治主张,供民众选择。因此欧博尔提出,仅仅从法律和制度层面无法解释雅典民主政治的成功实践,"大众和精英之间的演说交流,通过日益丰富的惯用主题和想像的语汇表达出来,是达到社会稳定和政治秩序的战略目的的主要方式"。①

受欧博尔的启发,尚君在复旦大学攻读博士学位期间,确定进一步探讨雅典政治领袖如何通过演说来引领民众的课题,用数年之功,著成《"演说舞台"上的雅典民主:德谟斯提尼的演说表演与民众的政治认知》一文,凭借此文以优秀成绩获得复旦大学博士学位,旋即此文又获评上海市优秀博士论文。呈现给读者的这本书,正是以其博士论文为基础修订而成。在文中,作者提出,雅典政治精英通过演说领导民众的一个重要层面是引领和促进民众的政治认知。作者以德谟斯提尼的政治演说为中心,在从表演文化的视角对政治家的演说表演进行细致分析后,得出结论:"在'演说舞台'上,雅典民主政治的诸多基本要素——民众的政治参与、民众在政治活动中扮演的角色、民众政治权威的行使、民众对政治家及精英阶层的社会控制等——不仅得以具体呈现,也通过实际的政治运作而不断得到界定。政治家的演说在遵循民主政治的制度安排、意识形态与价值观念的前提下,影响甚至塑造着民众的政治认知。尤其重要的是,它在一定程度上为雅典民众确立了必

---

① Joasiah Ober, *Mass and Elite in Democratic Athens: Rhetoric, Ideology, and the Power of the People*, Princeton, NJ: Princeton University Press, 1989, p.338.

要的反思和自省意识,增进了民众进行政治参与的经验。"本人认为,在某种程度上这一结论在欧博尔论述的基础上得到了进一步的推进。欧博尔讨论的核心问题是民主政治之下雅典公民政治上的平等和社会经济地位的不平等是如何得到调和、从而维持社会稳定和民主制的有效运作的。其所得出的结论是雅典精英以演说方式和民众达成意识形态上的调和,从而解决了上述矛盾。然而雅典民主制成功运作的另一个重要条件是公民群体达到较高程度的政治认知。而在公元前5至前4世纪的雅典,公民的这种政治认知基本上只能从政治参与中获得。在这个过程中,政治精英的演说起到了至关重要的引导作用。对此欧博尔却并没有予以足够的重视。因而可以说,本书代表了我国学者在雅典民主政治研究中的一个突破。当然,这一突破不是全方位的,而是在对雅典民主政治中政治领袖发挥领导作用的方式方面。然而即便如此,也是十分难能可贵的。可以毫不夸张地说,这一成果标志着我国学者在雅典民主政治研究方面迈上了一个新的台阶。正因为如此,笔者十分高兴看到它的出版。

黄　洋

2014 年 12 月

目 录

"西方古典学研究"总序   1
序 言   1

导 论   1
第一章   演说表演与政治家   22
  第一节   政治演说的双重属性   23
  第二节   rhētōr：作为表演者的政治家   39
第二章   政治家私人生活的展示   55
  第一节   "rhētōr 资格审查"：从制度到修辞   56
  第二节   "亲友"与"仇敌"：政治家的人际关系   74
  第三节   "尽人皆知"的私人生活：诉讼演说与社会舆论   90
第三章   政治事务的呈现   106
  第一节   从公民大会演说到"rhētōr 述职审查"   108
  第二节   政策阐述中的"事实"建构   126
第四章   民众政治角色的塑造   154
  第一节   "法律"与"政体"：民众权威在法庭中的实现   156
  第二节   "演说"与"行动"：民众的政治商议   173

结 论   192
附 录   200
参考文献   202
后 记   212

导 论

普鲁塔克在为德谟斯提尼(Demosthenes)所作的传记中,曾经记载这样一则轶闻:雅典政治家卡利斯特拉图(Callistratus)受到起诉,他需要在诉讼中为自己申辩。由于此次诉讼涉及重要的政治事务,而卡利斯特拉图同时又是一位著名的演说家,因此他将进行的申辩演说受到雅典民众的广泛关注与期待。年轻的德谟斯提尼也迫切希望能够去聆听卡利斯特拉图斯的演说。于是,他向自己的老师提出请求。这位老师与负责掌管公民法庭议程的公职人员相熟,因此给德谟斯提尼安排一个隐蔽的地点,让他实现了自己的愿望。①

卡利斯特拉图的这次审判大约发生在公元前366年,德谟斯提尼之所以会以这种方式进入法庭旁听演说,是因为他当时未满20岁,还没有成为正式公民,尚不具备出席公民法庭的资格。我们于是看到,德谟斯提尼旁听演说的这一行为,不符合雅典民主制度的要求,甚至不是制度所允许的,而是由于卡利斯特拉图的演说对他产生了强烈的吸引力。尽管普鲁塔克所记载的这则轶闻未必属实②,但是其中所反映出的这种演说的吸引力,对于古典时代的雅典人来说却是真实存在的,它被普鲁塔克称为"演说家的能力"($h\bar{e}\ tou\ rh\bar{e}toros\ dunamis$)。与德谟斯

---

① Plutarch, *Demosthenes*, V, 1-2.
② 普鲁塔克关于此事的发生时间可能记载有误,相关讨论参见 Ian Worthington, *Demosthenes of Athenes and the Fall of Classical Greece*, Oxford University Press, 2013, pp.16-18。

提尼同时代的哲学家亚里士多德曾经指出,演说家在展示这种"能力"的时候,可以供听众观赏。① 因此,我们说,这种"演说家的能力"首先是用于表演的。

在雅典民主政治的运作中,演说处于基础地位,作为最高决策机构的公民大会以及负责审理重要案件的公民法庭,皆以提议者或当事人的现场演说为基本程序。于是,这些场合便为演说家展示其"能力"提供了主要的表演舞台。根据雅典民主制度的规定,听众应该由成年男性公民构成,他们有资格出席公民大会,参与城邦事务的商议与决策,年满30岁还可以担任陪审员,在法庭中判决各类私人与公共诉讼。但是,从上述轶闻来看,演说表演本身的影响力却超出制度所规定的演说听众的范围,促使尚未成为公民的年轻的德谟斯提尼"僭越"制度而投入"演说舞台"的吸引。在笔者看来,这象征着演说表演在某种程度上独立于民主制度,在制度规定之外发挥着自身具有的特殊作用。

那么,这是一种怎样的作用呢? 难道只是对听众的吸引吗? 从古典文献中,我们得知,"演说家的能力"往往受到批评,甚至被视为误导和欺骗听众的伎俩。这表明,对于雅典人来说,演说表演是受到否定的,其理由主要是它对听众在认知方面所产生的负面作用。但是,我们同时却也发现,在存世的雅典法庭诉讼演说辞与公民大会演说辞中,包含着许多与案件本身和政治提议无关的内容。它们不是用于直接陈述诉讼事实、发布政治信息以及提供政策建议;而是作为修辞策略在演说中用以实现演说者与听众之间的有效沟通,达到说服目的。可以说,对这些修辞策略的运用体现着"演说家的能力",因而便也能够具体地反映出演说表演的特殊作用。于是,我们要问,这些与演说主题无关的内容,连同其他一些同样作为修辞策略的特殊表述方式,经常出现在涉及城邦事务的公民大会演说与公共诉讼演说之中,难道它们只是为了误

---

① Aristotle, *Rhetoric*, I, 1358b6.

导和欺骗雅典民众,而对他们的政治认知不会产生任何积极的促进作用吗?笔者认为并非如此。本书就将详细阐释其原因,也即旨在论述雅典政治家的演说表演在哪些方面、以怎样的方式影响和促进着民众的政治认知。演说表演可能具有的这一积极作用,在民主制度的规定之外,最终也为民众良好的政治参与行为提供了某些必要的保障,维系着民主政治的运作。因此,笔者将雅典民主政治的这一重要层面称为"演说舞台"上的民主,以区别于制度安排中的民主。

那个在普鲁塔克笔下曾经"僭越"民主制度的德谟斯提尼后来亲自登上雅典的"演说舞台",他在很大程度上正是凭借"演说家的能力"而成为一位重要的政治家①,在公元前4世纪中晚期的很长一段时间内对雅典的政治事务发挥了主导作用,并且尤以其反马其顿政策而为人所知。同时,他也不断地利用公民大会与公共诉讼的演说机会,影响着雅典的公共舆论,把握和塑造着雅典民众的集体精神状态。这都呈现在他留给我们的相对丰富的演说辞文本之中。由于德谟斯提尼的演说辞在演说技艺与风格方面表现出鲜明的特点,在所涉及的历史背景方面又具有较强的连贯性与一致性,所以,它们能够自成体系,集中而生动地体现出笔者所谓"演说舞台"上的雅典民主。因此,其中所包含的丰富的修辞策略,将成为本书最主要的分析对象,用以考察政治家的演说表演对民众政治认知所发挥的积极促进作用。

分析演说的修辞策略,意味着对演说语境的充分关注,也就是需要将演说视为一种社会交流行为。修辞策略正是在这一语境中以实现交流为目的的一系列表述方式,同时它也可以通过这一语境而发挥一定

---

① 尤尼斯(Yunis)指出,德谟斯提尼之成为政治家,相比于其他政治家,更主要地依赖演说能力,因为他没有军事才能,未曾担任过将军之职,也并非出身于贵族家庭。见 Harvey Yunis, *Taming Democracy: Models of Political Rhetoric in Classical Athens*, Cornell University Press, 1996, p.239.

的社会政治功能。这种基本的认识前提与研究视角,从 20 世纪 80 年代开始,逐渐为西方学者所认同,并且运用于演说与雅典民主政治的研究之中,在八九十年代陆续产生了许多重要的著作,其影响延续至今。①

1981 年,法国学者洛侯(Loraux)关于雅典葬礼演说的研究成果问世,1986 年迻译为英文,书名是《雅典的建构:古典城邦的葬礼演说》(*The Invention of Athens: The Funeral Oration in the Classical City*)。② 洛侯在该书中指出,她在阅读古典文献的过程中,注意到文本内容与语境之间的互动③,她正是以这种方法来分析雅典的葬礼演说辞的。这些葬礼演说辞包含很多赞扬雅典品格与民主政治的内容。洛侯认为,它

---

① 在历史研究领域,由于学者们曾经大多认为演说只是政治家说服甚至欺骗听众的工具,其内容多浮夸不实,或故意歪曲,因而演说辞一类文献长久以来未受历史学家的重视。从 20 世纪 80 年代开始,情况开始改观,演说辞独特的史料价值逐渐获得越来越多的关注。人们意识到,存世演说辞在某种意义上可以说是古代雅典民主政治运作的"实况"记录。丹麦学者汉森(Mogens Herman Hansen)正是主要依据这些演说辞,详尽阐述了雅典民主制度各个方面的具体状况。其代表作为:Mogens Herman Hansen, *The Athenian Democracy in the Age of Demosthenes: Structure, Principles and Ideology*, trans. by J. A. Crook, Blackwell, 1991. 与此同时,另外一些学者则从政治观念和意识形态的角度对演说辞加以分析,并且在后现代主义的影响下,将演说辞视为某种特殊的公共话语,考察其可能具有的社会功能。自此,古希腊演说辞的研究视野日益宽广,涉及社会史、妇女史和表演文化等众多领域。特别是最近几年,西方学术界相继出版多种专门针对古希腊演说辞研究的指南和概论性质的书籍,此亦可见其几成"显学"之势。主要著作如:Thomas Habinek, *Ancient Rhetoric and Oratory*, Blackwell Publishing, 2005; Ian Worthington, ed., *A Companion to Greek Rhetoric*, Blackwell Publishing, 2007; Edwin Carawan, ed., *Oxford Readings in the Attic Orators*, Oxford University Press, 2007; David M. Timmerman and Edward Schiappa, *Classical Greek Rhetorical Theory and the Disciplining of Discourse*, Cambridge University Press, 2010。

② 本书使用的是 2006 年的新版英文译本:Nicole Loraux, *The Invention of Athens: The Funeral Oration in the Classical City*, translated by Alan Sheridan, Zone Books, 2006。

③ Nicole Loraux, *The Invention of Athens: The Funeral Oration in the Classical City*, pp. 13-14。

们对于古典时代的雅典听众来说,未必仅是一种意识形态上的激励之辞。① 所以,为了进一步探讨其功能,她全面而深入地考察了葬礼演说与雅典社会实践之间的互动方式,包括公共葬礼制度、雅典政治军事地位、政治观念、意识形态等方面的社会语境。她最后发现,葬礼演说所表述的内容与雅典社会政治现实之间存在着一定的差距,而正是这一差距说明了葬礼演说的功能。在洛侯看来,葬礼演说所表述的内容构成了一幅关于雅典的"假象",这种"假象"通过具有官方性质的公共葬礼仪式而被赋予制度化的色彩;但是,它并非只是"假象",更是一种"事实",因为它再现了雅典,并且创造了一种用以表述雅典的话语模式,在这个意义上,葬礼演说实际是雅典政治实践中不可分割的组成部分。②

从洛侯的研究中,我们看到,通过对语境的充分关注,可以将演说不再只视为关于现实的简单描述,而是将它作为一种社会行为与实践,从而考察其社会政治功能。这种方法用于分析与雅典民主政治运作更加直接相关的公民大会演说辞和诉讼演说辞,则为演说与雅典民主政治的研究开拓了新的视野。③ 在这一方面,欧博尔(Ober)于 1989 年出版的《民主雅典的大众与精英:演说术、意识形态与民众的权力》(*Mass and Elite in Democratic Athens: Rhetoric, Ideology and the Power of the People*)一书具有重要的意义。欧博尔在该书中主要利用演说辞史料,来研究

---

① Nicole Loraux, *The Invention of Athens: The Funeral Oration in the Classical City*, p. 40.
② Ibid., p. 418.
③ 西方学者对演说与雅典民主政治这一论题的关注,可以说是以芬利(Finley)于 1962 年发表的一篇重要论文《雅典民众领袖》为开端的。芬利注意到掌握演说术对于政治家获得领袖地位所起到的关键作用,同时,主要从制度角度讨论了演说在雅典民主政治各主要机构运作中的核心地位。见 M. I. Finley, "Athenian Demagogues", *Past and Present*, No. 21 (Apr., 1962), pp. 3-24. 芬利此文具有开创意义,而关于演说与雅典民主政治更为深入的研究,则需建立在对存世演说辞进行充分利用的基础之上,从 20 世纪 80 年代开始,西方学者在这方面取得了很大的进展。

雅典民主政治意识形态。他认为,雅典社会与政治的决定、行为与判断,都是意识形态与话语的产物,这种意识形态与话语在民主政治的秩序中发挥作用,同时也是对外部事件的回应。① 而演说辞在很大程度上为我们呈现了雅典民主政治的意识形态以及话语交流方式。欧博尔即是将公民大会演说与诉讼演说视为雅典社会中"大众"与"精英"之间的交流;并且指出,演说者虽然都属于"精英"阶层,但是他们是在对"大众"进行演说,也就必须使自己服从于"大众"的意识形态,这种意识形态是通过一些特定的"符号"表达出来的,演说者会在演说中运用这些"符号"。所以,欧博尔试图从演说辞史料中发现各种被经常运用的"符号",并在这些"符号"的基础上复原民众的政治意识形态。② 在这项研究中,他特别强调,不能将演说辞作为雅典社会与政治现实的直接描述与反映,而必须考虑到演说所运用的特殊表述方式,即修辞。与洛侯在葬礼演说辞中发现了雅典的"假象"相似,欧博尔在公民大会演说辞和诉讼演说辞中也发现了许多"虚构"(fiction),例如,演说家自称为不善言辞,或者将所有听众都视为具有同等的经济地位。这些"虚构"得到雅典"大众"的认可。欧博尔从中看到,正是在这些"虚构"的基础上,"精英"与"大众"之间形成了一致的意识形态,从而实现阶层关系的平衡。③ 这集中体现了他对演说的认识方式,他已经意识到,演说作为一种语言交流行为,具有社会功能,交流既是达成某种目的的途径,同时,交流本身也是一种目的,通过演说这种交流行为,政治意识形

---

① Josiah Ober, *Mass and Elite in Democratic Athens: Rhetoric, Ideology and the Power of the People*, Princeton University Press, 1989, p. 42.

② Ibid., pp. 40-44.

③ 欧博尔的详细论述,见 Josiah Ober, *Mass and Elite in Democratic Athens: Rhetoric, Ideology and the Power of the People*, pp. 182-191, pp. 240-247, pp. 226-230。

态在特定的"符号"系列中得以表达,并且在集体行为的层面上发挥效用。① 因此,在欧博尔看来,他这项关于意识形态的研究,可以作为解释雅典民主政治何以正常运作与持续稳定的原因。

与欧博尔侧重于阐述"大众"意识形态的倾向不同,尤尼斯则更加关注"精英"。在欧博尔那里,演说术只是被作为"大众"与"精英"阶层差异的重要表现之一,但是,在尤尼斯于 1996 年出版的《驯服民主:古典时期雅典政治演说术的典范》一书中,它却成为专门的研究对象。尤尼斯提出,既然政治领袖能做的只是作为提议者向民众进行表达,而决定权力掌握在民众手中②,那么,在这种权力关系中,政治领袖又如何利用自己所掌握的演说术向民众表达观点,并且使民众做出理智的决定。简而言之,尤尼斯旨在考察演说术在雅典民主政治中的作用,及其发挥作用的方式。③ 为此,他重点分析了雅典"精英"对这一问题的论述,所依据的材料主要是修昔底德与柏拉图的著作以及一部分德谟斯提尼的演说辞。尤尼斯认为,以修昔底德和柏拉图为代表的雅典"精英"阶层试图为如何在政治商议中运用演说术确立一系列理论性的"典范",使演说术成为教育雅典民众的有效手段。④ 在此基础上,尤尼斯最后对德谟斯提尼演说辞的分析在于表明,德谟斯提尼这样的政治家在与民众进行实际交流的演说过程中,遵循着由这些"典范"所体现出的原则,从而使"精英"阶层关于演说术作用的认识与观点得以转化为雅典民主政治运作的实践。尤尼斯这项研究的出发点,同样是为

---

① Josiah Ober, *Mass and Elite in Democratic Athens: Rhetoric, Ideology and the Power of the People*, p. 45.

② Harvey Yunis, *Taming Democracy: Models of Political Rhetoric in Classical Athens*, Cornell University Press, 1996, p. 12.

③ Ibid., pp. 1-2.

④ 参见尤尼斯的论文:Harvey Yunis, "How do the People Decide? Thucydides on Periclean Rhetoric and Civic Instruction", *The American Journal of Philology*, Vol. 112, No. 2 (Summer, 1991), pp. 179-200。

了考察演说作为一种交流行为所具有的社会政治功能。他明确意识到,与制度和经济因素一样,话语交流也能起到改造城邦的作用①,而演说术的运用方式具体体现了这一点,它可以用来维持雅典城邦基本的民主性质,同时又避免造成城邦的分裂、堕落与草率的决定,这也就是所谓"驯服民主"的核心意义。②

除了上述欧博尔与尤尼斯二人最具代表性的研究成果以外,20世纪90年代的许多其他西方学者的论著也都采用了这种视角,即,将演说视为社会交流行为,并在这种具体语境中分析演说的修辞策略,从而考察其社会政治功能。克莱斯特与约翰斯通二人都曾集中研究诉讼演说辞中使用的各种修辞策略,克莱斯特由此讨论了雅典人的诉讼行为与当时社会的公共价值观念之间的互动情况,约翰斯通则指出,诉讼演说不仅反映了雅典的民主意识,同时更对它进行了建构。③ 另外,1994年,沃亭顿(Worthington)主编的《说服:实践中的希腊演说术》一书汇集多为学者的论述,全方面地展现了演说术在雅典社会政治实践中所发挥的功能以及所面临的语境。该书在前言部分指出,演说术是一种用于说服的知识性技艺,演说则是一种以说服为目的的交流行为④,这简明扼要地表达了当时许多西方学者在古希腊演说研究方面的基本共识。需要特别指出的是,该书包括欧博尔对德谟斯提尼的诉讼演说辞《诉美狄亚斯》(Against Meidias)进行个案分析的重要论文,其中更加

---

① Harvey Yunis, *Taming Democracy*: *Models of Political Rhetoric in Classical Athens*, p. 32.

② Ibid. , p. 35.

③ 二人的著作分别是:Matthew R. Christ, *The Litigious Athenian*, The Johns Hopkins University Press, 1998; Steven Johnstone, *Disputes and Democracy*: *The Consequences of Litigation in Ancient Athens*, The University of Texas Press, 1999。

④ Ian Worthington ed. *Persuasion*: *Greek Rhetoric in Action*, Routledge, 1994, p. viii.

具体明确地论述了演说对雅典民主政治运作的促进作用;①而且,书中有关演说与戏剧比较研究的论文也非常值得注意,它们进一步丰富了我们对演说修辞形式的认识。② 同时,这些视角独特的论述遵循着将演说视为交流行为的基本思路,而指向更新的研究趋势。

对于20世纪80年代以来的这一西方学术动态,国内一些学者于最近几年给予了相当的关注,他们在借鉴和吸收西方重要研究成果的基础上,探讨了演说与雅典民主政治的问题,虽然尚未形成专著,但是关于这一主题已有数篇颇具启发性的论文发表。晏绍祥在《演说家与希腊城邦政治》一文中,论述了演说与古希腊城邦政治运作之间密不可分的联系;并且指出,演说家担任政治领袖的现象是城邦政治的必然结果,尤以雅典为突出代表。③ 蒋保的论文《演说与雅典民主政治》更为具体地考察雅典民主政治与演说的内在联系,详细阐释了政治家的演说在民主政治决策与司法审判方面所发挥的重要作用,并且从中揭示了雅典政治家与民众的权力关系。④ 蒋保的另一篇论文《试论雅典演说的政治功用》则从民主制度的角度分别介绍了公民大会演说、诉讼演说与典礼演说各自的形式与特点;同时提出,演说除了可以影响政治决策和司法审判,还具有传播民主观念和教育民众的作用,也是政治

---

① Josiah Ober, "Power and Oratory in Democratic Athens: Demosthenes 21, *Against Meidias*", Ian Worthington, ed., *Persuasion: Greek Rhetoric in Action*, pp. 85-108.

② 分别为:Victor Bers, "Tragedy and Rhetoric", Ian Worthington, ed., *Persuasion: Greek Rhetoric in Action*, pp. 176-195; Philip Harding, "Comedy and Rhetoric", Ian Worthington, ed., *Persuasion: Greek Rhetoric in Action*, pp. 196-221.

③ 晏绍祥:《演说家与希腊城邦政治》,《历史研究》,2006年第6期,第151—166页。另外,在晏绍祥新著中,他比较详细地阐释了演说对雅典民主政治观念的表述问题,见晏绍祥:《古典民主与共和传统》(上卷),北京大学出版社,2013年,第127—139页。

④ 蒋保:《演说与雅典民主政治》,《历史研究》,2006年第6期,第138—150页。

领袖借以获得并维护自身领导地位的重要手段。① 杨巨平和王志超合作的《试论演说家与雅典民主政治的互动》一文,重点讨论演说家在雅典民主政治中的地位与作用,同样肯定了演说家是雅典民主政治的必然产物;并且认为,演说家在主观上维护民主政治,客观上却在消解着民主政治的公民基础,因而,他们与雅典民主政治的关系是"相互作用、兴衰与共"。②

从以上所列举的这些很有代表性的论文来看,国内学者对于演说与雅典民主政治问题的关注,侧重于民主政治的制度层面,并且主要是从政治家与民众的权力关系角度来讨论演说术的政治作用。这在一定程度上把握了问题的关键;但是,如果仅局限于此,则国内相关研究的视野难以得到进一步拓展。造成这种局限性的原因在于对古希腊演说本身的特征与功能关注不够,西方学者将演说作为交流行为的基本思路尚未引起国内学者的高度重视,更没有贯彻于国内学者的研究之中。这种贯彻需要充分利用演说辞文本,并对其中的修辞策略加以细致的分析,而这也正是目前国内研究所缺乏的。尽管国内学者已经注意对演说辞的利用,但由于语言的限制而不能深入到具体进行文本分析的层面。鉴于这些缺陷,我们有必要在思路创新与增强文本阅读和分析能力的方面做出更大的努力,同时摆脱自身局限,继续保持对西方研究趋势的密切关注。

前文曾经指出,沿着将演说视为交流行为的基本思路,西方学术界在20世纪90年代中后期逐渐表现出更新的研究趋势。1996年,欧博尔将他在沃亭顿主编的《说服:实践中的希腊演说术》一书中对德谟斯提尼的《诉美狄亚斯》进行个案分析的论文,收于自己名为《雅典革命:

---

① 蒋保:《试论雅典演说的政治功能》,《江西社会科学》,2008年第9期,第160—164页。

② 杨巨平、王志超:《试论演说家与雅典民主政治的互动》,《世界历史》,2007年第4期,第24—32页。

古希腊民主与政治理论论文集》之中。在导论部分,欧博尔阐释了他对演说作为交流行为的进一步认识。他指出,雅典民主政治中的演说不仅反映和描绘现实,而且可以改变和创造现实,在演说这种言语交流行为中,产生了雅典城邦的政策、意识形态以及社会结构。① 在欧博尔看来,雅典民主政治缺少一套完整的权力理论与民主原则,而是完全以实践为基础的。这种实践就是演说。因此,他认为,雅典的民主政治建立在演说这种言语交流行为的基础之上(speech-act-based democratic politics)。② 这无疑是极度强调了演说在雅典民主政治实践中的社会政治功能,而德谟斯提尼的《诉美狄亚斯》则成为欧博尔用以论证这一观点的典型个案。他在分析之后提出,在雅典民主政治的运作中,演说家是不可或缺的一个关键环节,民主政体与演说家之间的动态关系(dynamic relationship)是雅典民主政治存在的基础。③ 在此意义上,欧博尔将雅典的演说又称为"表演"(performance),以说明作为言语交流行为的演说是雅典民主政治中具有基础性地位的社会政治实践。④

"表演"(performance)一词在欧博尔这里虽然更偏重于"践行"之义,但它同时也体现了欧博尔的观点与戈德希尔(Goldhill)所倡导的另一种研究思路之间的深刻联系。1999 年,戈德希尔与奥斯邦(Osborne)共同主编了《表演文化与雅典民主》(*Performance Culture and Athenian Democracy*)一书,在导论中,戈德希尔指出,诗歌的公共朗诵表演、戏剧表演、体育竞技、宗教节日活动以及公共政治演说共同构成雅

---

① Josiah Ober, *The Athenian Revolution: Essays on Ancient Greek Democracy and Political Theory*, Princeton University Press, 1996, p. 4.

② Ibid., p. 11.

③ Josiah Ober, "Power and Oratory in Democratic Athens: Demosthenes 21, *Against Meidias*", *The Athenian Revolution: Essays on Ancient Greek Democracy and Political Theory*, p. 104.

④ Josiah Ober, *The Athenian Revolution: Essays on Ancient Greek Democracy and Political Theory*, p. 8.

典的表演文化,它与雅典的民主政治是密不可分的。戈德希尔不仅提炼了雅典表演文化的一些关键特征,更重要的是,他还说明了表演文化研究视角的基本思路。表演研究(performance studies)是20世纪六七十年代在西方民俗学和社会学界兴起并逐渐普及的一种研究方法①,目前已经应用于更广泛的研究领域,"表演"一词从而成为连接诸多学科的术语,包括语言学哲学(linguistic philosophy)②、人类学理论(anthropological theory)和政治社会学(political sociology)。戈德希尔在对表演研究多种具体形式进行梳理的基础上指出,表演研究是一种文化分析的方式,"表演"作为一个解释性的核心术语,用于研究主体在社会规范与社会实践的关系之中进行自我表达的方式。综合戈德希尔所介绍的各种有关表演研究的理论,我们可以看到,表演研究的核心是将表演作为一种交流行为,着重考察这种交流行为所具有的社会功能。表演行为被视为某个社会的文化价值的展示方式,是某个社会自我规范与自我表达的基础。同时,表演行为中使用的语言,其意义不只在于表达的具体内容,更多的在于表达方式本身,或者说,这类表达行为的功能不只是汇报、描述和提议,而有更积极的创造性的功能。③

很明显,表演研究的基本思路与欧博尔对雅典演说的认识具有共

---

① 甚至有西方学者将表演研究的普及运用称为"表演的转向"(the performative turn),参见 Werner Riess, *Performing Interpersonal Violence: Court, Curse, and Comedy in Fourth-Century BCE Athens*, De Gruyter, 2012, pp. 10-16。但是,国内古希腊史学界尚未对表演研究给予关注,而民俗学界已经注意这种重要的研究方法,并且开始译介相关著作。关于表演研究的基本理论,可以参见:理查德·鲍曼(Richard Bauman):《作为表演的口头艺术》(*Verbal Art as Performance*),杨利慧、安德明译,广西师范大学出版社,2008年。

② 语言学哲学(linguistic philosophy)是分析哲学中的日常语言学派,与语言哲学(philosophy of language)不同。

③ Simon Goldhill & Robin Osborne, eds., *Performance Culture and Athenian Democracy*, Cambridge University Press, 1999, pp. 11-15.

同的出发点,从表演研究的视角,将演说作为一种公共表演行为,同样肯定其话语交流的行为特征,并且更加注重演说者与听众之间的互动关系。在这一点上,戈德希尔也给出了颇具指导性的意见。他在另一篇论文中提出,演说者除了能够做到自我表现,还必须懂得如何认识听众,也就是说,听众对演说表演的批评话语是开放的,他们对演说者的表演行为发挥着重要影响,从而形成演说者与听众的互动。在这种互动关系中,演说才得以为听众所理解。而且,戈德希尔还认为,在雅典的公民大会与公民法庭中,民众根据民主政治原则而具有的参与表决权是与演说者与听众互动关系的形成相一致的。①

戈德希尔的学生赫斯克(Hesk)将这一表演研究的思路具体运用于雅典演说的分析;并且表明,将对欧博尔的研究结果进行某些补充与修正。在戈德希尔所指出的演说者与听众互动关系的基础上,赫斯克提出"反修辞的修辞"(rhetoric of anti-rhetoric)。在他看来,演说辞中所包含的对演说术与演说方式的批评是关于演说表演的"元话语",具体体现了听众对演说者的影响与制约。演说者之间利用这些"元话语"对彼此的演说方式进行攻击,使这种对修辞的批评本身也成为一种修辞策略,因而称为"反修辞的修辞"。赫斯克研究的主旨就是考察这种"反修辞的修辞"在雅典民主政治中所发挥的功能,所以,他以政治家利用演说欺骗民众的问题为切入点,写了《古典时期雅典的欺骗与民主》(*Deception and Democracy in Classical Athens*)一书。赫斯克采用了欧博尔的观点,将雅典政治演说作为"精英"与"大众"之间的话语交流方式,并由此进一步指出,"反修辞的修辞"可以对这种基于演说表演的交流方式形成某种自省式的制约,限制其可能造成的危险,增强"大

---

① Simon Goldhill, " Literary History without Literature: Reading Practices in the Ancient World", *SubStance*, Vol. 28, No. 1, Issue 88: Special Issue: Literary History (1999), pp. 57-89.

众"对"精英"的警惕意识,以防范"精英"剥夺"大众"的统治权威。①

尽管赫斯克的研究依然归结于"精英"与"大众"——或者说是政治家与民众——之间的权力关系,但是"欺骗"的主题却反映出他开始从认知的角度关注雅典政治演说的功能。而欧博尔最近出版的新著《民主与知识:古典时期雅典的创新与学习》将公共知识作为研究主题,则更完全地把我们的注意力引向认知层面。欧博尔在该书中强调民主政治对社会整体所产生的公共作用,重点在于考察雅典民主政治如何整合、传播并利用社会的公共知识。为此,他讨论了雅典民主政治多方面的具体运作形式,其中自然包括公民大会与公民法庭这两个重要的政治演说场合。他在第五章中对吕库古斯(Lycurgus)的诉讼演说辞《诉列奥克拉特》(*Against Leocrates*)进行个案分析,说明信息是怎样通过法庭的诉讼演说而得以公共呈现的,进而从公共知识的角度重新审视民众的政治参与情况。他指出,对于雅典民众来说,公共知识并不是让他们被动地接受,而是他们在政治参与中主动获得的社会经验。②

至此,我们便可以回到本书所要讨论的主题,笔者同样是从雅典民众的认知层面考察演说所具有的社会政治功能。欧博尔所论述的雅典社会公共知识范围广泛,涉及经济、政治、军事、资源、人力等方面,笔者则集中关注民众的政治认知。所谓"政治认知",是当代政治学研究使用的一个重要概念。从20世纪60年代开始,随着认知心理学的兴起,许多从事政治行为研究的学者逐渐将认知心理学的相关方法运用于政

---

① Jon Hesk, *Deception and Democracy in Classical Athens*, Cambridge: Cambridge University Press, 2000, pp. 4-5;并且参见 John Hesk, "The Rhetoric of Anti-Rhetoric in Athenian Oratory", Simon Goldhill & Robin Osborne, eds. *Performance Culture and Athenian Democracy*, Cambridge University Press, 1999, p. 230。

② Josiah Ober, *Democracy and Knowledge: Innovation and Learning in Classical Athens*, Princeton University Press, 2008, pp. 183-194.

治学领域,目的在于揭示政治参与主体如何获取、理解和判断各种与政治相关的信息——这种信息处理的过程与方式也就是政治认知。[①] 当代关于民众政治认知的研究,需要进行详细而复杂的问卷调查工作;但是,在本书所讨论的问题上,这显然是无法做到的,我们没有足够的史料来复原雅典民众对各类政治信息的认知过程。所以,笔者只是在一般意义上借用"政治认知"这一概念,以指称雅典民众对政治家、城邦事务、政治活动及其规律和原则等方面的认识与评判;[②]而且,也只能从政治家的演说辞这一类"单方面"的材料出发,来考察演说对雅典民众的政治认知所产生的作用。

这种考察在一定程度上是可行的,原因就在于我们已经充分认识到雅典政治演说自身的性质,可以把它视为一种以交流为目的的公共表演行为。对于雅典人来说,公民大会与公民法庭中的演说除了具有政治提议和陈述事实的功能之外,更直接地则是以实现演说者与听众之间的互相理解与交流为目的的。因此,演说者并不完全是对现实进行直接描述,而是必须使自己的表述内容与表述方式适合于特定的演说场合,以把握自己与听众的互动关系。于是便形成各种修辞策略,而演说场合也就是这些修辞策略最基本的语境。在特定的演说场合中,这些修辞策略在实现交流目的的同时,也影响着听众对演说主题的理解与判断,尤其是在涉及城邦政治事务的情况下,则明显体现为对民众政治认知的影响作用。我们今天所看到的雅典演说辞,保留着很多这

[①] 1986年召开的卡内基认知学年会即以"政治认知"作为主题,对这种研究趋势进行了全面的总结,参见此次会议的论文集:Richard R. Lau & David O. Sears, eds., *The 19th Annual Carnegie Symposium on Cognition*: *Political Cognition*, Lawrence Erlbaum Associates. Inc., 1986。

[②] 国内学者鞠玉梅对"认知"概念进行了区分,一种是"心理学的认知",对应英语 cognition,另一种是"认识论的认知",对应英语 epistemology。见鞠玉梅:《社会认知修辞学:理论与实践》,外语教学与研究出版社,2011年,第23—24页。

类修辞策略,在某种程度上生动地反映出演说者与听众的互动方式,有助于还原演说的特定场合语境。可以说,正是由于这些修辞策略的存在,演说辞不再只是"单方面"的材料,它们还透露出听众对演说者可能做出的回应。所以,通过分析这些修辞策略,我们能够从一些颇具典型性的侧面,窥见雅典政治家如何利用演说来影响民众的政治认知。

对于这项考察,德谟斯提尼的演说辞无疑是最适用的研究素材。① 这首先是由于德谟斯提尼本人在当时所具有的重要政治影响力,他在公元前350年左右正式投入雅典的政治事务,并以雅典与马其顿的关系问题作为自己的重点关注对象,于公元前346年参与了两个城邦之间和约的订立,此后,他选择了坚决的反马其顿政策,从公元前341年开始发挥主导作用,说服雅典人联合其他希腊城邦与马其顿作战。公元前338年,雅典在喀罗尼亚(Chaeronea)战役中败于马其顿,实际上丧失独立地位,但是,德谟斯提尼作为反马其顿的政治领袖却威望未减,之后数年间,仍然相机策划对马其顿的战争。在他的政治生涯中,

---

① 多弗尔(Dover)认为,由于演说辞文本保存方式的特殊性,对个别演说家的生平及风格进行研究难度很大,因为有时难以确定作品的实际作者,而文本与实际演说内容之间的差异又不得而知。但是,将演说作为一种文学体裁,从总体上研究其发展历程和特征是可行的,见 K. J. Dover, ed., *Ancient Greek Literature*, second edition, Oxford University Press, 1980, pp.124-126。然而,在已知的演说家中,德谟斯提尼却具有明显的独特性,向来颇受学者关注,近十余年来尤其如此。2000年,沃亭顿主编《德谟斯提尼:政治家与演说家》(Ian Worthington, ed., *Demosthenes: Statesman & Orator*, Routledge, 2000)一书,比较全面地反映了最近西方学者关于德谟斯提尼的研究,该书的多篇论文涉及德谟斯提尼的生平、政治活动与演说术,同时还讨论了德谟斯提尼的演说辞在社会史研究中的运用,并且综述了德谟斯提尼研究的学术史。2013年沃廷顿又出版了研究德谟斯提尼政治生涯的专著《雅典的德谟斯提尼与古典希腊的衰落》(Ian Worthington, *Demosthenes of Athens and the Fall of Classcial Greece*, Oxford University Press, 2013)。近年关于德谟斯提尼演说研究的专著还有:Douglas M. MacDowell, *Demosthenes the Orator*, Oxford University Press, 2009。而且,在德谟斯提尼演说辞文本研究方面,西方学者相继推出了某些重要演说辞的注疏本与英译本,同时,迪尔茨(Dilts)也在对德谟斯提尼演说辞的希腊文本进行重新校勘,新的校勘本已经陆续出版。

演说发挥了至关重要的作用,能够使雅典民众在很长一段时期内接受其政策,这说明他的演说对民众的政治认知产生了持续而深刻的影响。所以,他的存世演说辞可以向我们呈现出这种影响力是通过怎样的修辞策略而得以实现的。其次,我们对于德谟斯提尼的生平与政治活动有着比较充分的了解,其演说辞所涉及的政治事件也相对集中,具有一定的连贯性与统一性,这都有利于我们还原德谟斯提尼演说的历史语境,使得这些演说辞更具文本分析的价值。再有,德谟斯提尼的演说辞种类多样,除了私人诉讼和公共诉讼演说辞之外,还包括数篇公民大会演说辞,后者在存世文献中极其少见,所以更显珍贵。而且,这些演说辞或者是为某次实际的演说所作,或者在实际使用之后加以修订,都能够比较真实地反映出演说特定的场合语境,它们在当时的流传也主要作为演说术的范本用以模仿学习,因此,出于这种实用目的的考虑而保留了很多可以体现演说者与听众如何进行现场互动的修辞策略。

然而,需要特别说明的是,并非所有德谟斯提尼名下的演说辞都具有这些重要性。在传统文献中,被归于德谟斯提尼名下的各类演说辞共60篇,其中有许多可以确定为伪作。在这60篇演说辞中,笔者选择16篇作为重点分析对象,首先因为它们的真实性是得到普遍肯定的,其次则是由于本书主题的要求,笔者更加关注那些与雅典城邦的政治事务以及德谟斯提尼本人的政治活动直接相关的公民大会演说辞和公共诉讼演说辞。这16篇演说辞,大致可以分属三个时期:其一,德谟斯提尼早期演说辞,公元前364/前363年,他在刚满20岁成为正式公民之后,立即以吞没财产的罪名对其监护人提起私人诉讼,相关的传世演说辞共5篇,本书使用其中3篇;① 其二,德谟斯提尼中期演说辞,主要是为他人代写的公共诉讼演说辞,集中在公元前350年代中期,此时的

---

① 分别是《诉阿弗波斯之一》(*Against Aphobus I*)、《诉阿弗波斯之二》(*Against Aphobus I*)和《诉奥内托尔之一》(*Against Aphobus I*),参见本书附录。

德谟斯提尼通过代写演说辞或者作为支持者参与他人的公共诉讼,而逐渐涉足政治事务①,本书使用相关的 3 篇演说辞;②其三,德谟斯提尼成熟期演说辞,以公元前 351 年的第一篇《反腓力辞》为其进入成熟期的标志,本书共使用 10 篇,包括 7 篇公民大会演说辞和 3 篇公共诉讼演说辞,它们都是为德谟斯提尼本人使用,并且与其政治活动有着直接关系。③ 另外,埃斯基尼斯(Aeschines)作为德谟斯提尼的主要政敌,往往分立于诉辩双方,他所留给我们的 3 篇演说辞正是反映了二人在几次重要公共诉讼中的互相攻击。因此,笔者将它们作为不可或缺的佐证,与德谟斯提尼的相关演说辞进行比较分析。④

在笔者看来,上述各篇演说辞可以构成一个整体。通过对其进行综合的考察,笔者发现,有四个方面的内容非常值得注意,它们分别从各自的角度展现了雅典政治家的演说表演对民众的政治认知会产生怎样的影响。

首先,德谟斯提尼与埃斯基尼斯在诉讼演说中会经常互相攻击对方的演说能力,比如,埃斯基尼斯指责德谟斯提尼滥用演说术,欺骗民众,德谟斯提尼则主要针对埃斯基尼斯的嗓音和朗诵技巧进行讽刺与批评。这些内容最近引起不少学者的兴趣,他们以不同的方式加以分析,前文论及赫斯克提出的"反修辞的修辞",便是一种很有代表性的

---

① 沃廷顿认为这一时期标志着德谟斯提尼从私人事务的演说者向公共演说者的过渡。见 Ian Worthington, *Demothenes of Athens and the Fall of Classical Greece*, p.71。

② 分别是《诉勒普提尼斯》(*Against Leptines*)、《诉安德洛提翁》(*Against Androtion*)和《诉提谟克拉特》(*Against Timocrates*),参见本书附录。

③ 7 篇公民大会演说辞分别是 3 篇《反腓力辞》(*Philippic I, Philippic II, Philippic III*)、3 篇《奥林图斯辞》(*Olynthiac I, Olynthiac II, Olynthiac III*)和《论和平》(*On the Peace*);3 篇公共诉讼演说辞分别是《诉美狄亚斯》(*Against Meidias*)、《使团辞》(*On the False Embassy*)和《金冠辞》(*On the Crown*),参见本书附录。

④ 埃斯基尼斯的演说辞分别是《诉提马库斯》(*Against Timarchus*)、《论使团》(*On the Embassy*)和《诉科忒西丰》(*Against Ctesiphon*),参见本书附录。

观点。同时,在表演文化研究视角的影响下,有些学者根据这些内容进一步讨论雅典政治演说的表演形式,指出它与雅典戏剧表演的共通之处,甚至认为政治演说在很大程度上受到戏剧表演的影响。① 在西方学者相关论述的基础上,结合本书所讨论的主题,笔者将德谟斯提尼与埃斯基尼斯之间关于彼此演说能力的互相攻击作为雅典政治演说自身所具有的张力的反映。演说因其在雅典民主政治中的运用而被赋予政治属性,需要承担重要的政治功能;但它作为一种公共表演行为仍然具有表演属性,必然会发挥其表演功能。于是便形成了演说政治属性与表演属性的张力,雅典的政治家和某些哲学家认识到这一点,他们肯定和强调演说的政治属性,却否定并排斥其表演属性,从而造成一种批评话语,更加强化了演说双重属性的张力。德谟斯提尼和埃斯基尼斯这样的政治家正是在这种张力中进行演说表演的,他们的演说能力也就是演说表演属性的具体体现。因此,他们针对彼此演说能力的攻击反映出他们如何适应于这种张力,并且从中引发出用以批评对手的修辞策略。本书第一章即重点分析这些修辞策略,考察雅典政治演说的表演属性及其相应的批评话语可能会怎样影响民众听取演说并形成政治认知的方式。

其次,同样是在德谟斯提尼与埃斯基尼斯的诉讼演说中,存在许多攻击彼此私人生活的内容,它们与演说的主题并无直接关系,但却具有重要的修辞功能,用以塑造对手恶劣的道德形象,影响听众对演说者的

---

① 参见 Pat Easterling, "Actors and Voices: Reading between the Lines in Aeschines and Demosthenes", Simon Goldhill and Robin Osborne, ed. , *Performance Culture and Athenian Democracy*, pp. 154-166; Anne Duncan, "Demosthene versus Aeschines: The Rhetoric of Sincerity", *Performance and Identity in the Classical World*, Cambridge University Press, 2006, pp. 58-89; Edith Hall, "Lawcourt Dramas: Acting and Performance in Legal Oratory", *The Theatrical Cast of Athens: Interactions between Ancient Greek Drama and Society*, 2006, pp. 353-392。

态度与情感。一些西方学者也曾对这些内容加以讨论,详细分析了它们在演说中所具有的品格塑造的作用;欧博尔则从另外的角度指出,这些关于私人生活的批评可以说明,雅典民众主要是根据政治家的社会形象来对其做出评判的,而不仅依靠政治家在演说现场的表现。借鉴于西方学者的相关论述,笔者认为,政治家私人生活的展示既是诉讼演说修辞目的的需要,同时也源于雅典民主政治的基本原则与观念。因此,本书第二章将结合雅典民主政治的语境以及诉讼演说的场合语境,来分析德谟斯提尼与埃斯基尼斯关于彼此私人生活的揭露与批评;笔者将说明,这些演说内容通过公民法庭这一重要的城邦公共场合而促进了雅典民众对政治家的了解与认识。

再次,笔者将关注德谟斯提尼在演说中以怎样的方式呈现政治事务。前文曾经说明,德谟斯提尼的公民大会演说辞和某些重要的公共诉讼演说辞具有比较连贯和一致的历史背景,而且,20世纪90年代以来,一些西方学者也对相关的事实进行了详细的梳理与考证[1],这都有助于还原德谟斯提尼演说的历史语境。在此基础上,本书第三章重点讨论其演说辞的具体表述方式,集中分析他在与埃斯基尼斯进行公共诉讼以及阐述反马其顿政策的过程中所运用的修辞策略,并且考察这些修辞策略对雅典民众认知、理解和判断政治事务所可能产生的影响。

最后,有必要重新审视德谟斯提尼演说辞中关于雅典民主政体、政治运作方式、意识形态以及法律与民众权威等方面的讨论。通过将演说视为以交流为目的的公共表演行为,我们可以意识到,这些内容并不完全是对雅典民主政治现实的直接描述与反映,它们在演说中同样发

---

[1] 例如:Raphael Sealey, *Demosthenes and His Time*: *A Study in Defeat*, Oxford University Press, 1993; Edward M. Harris, *Aeschines and Athenian Politics*, New York: Oxford, Oxford University Press, 1995; T. T. B. Ryder, "Demosthenes and Philip II", Ian Worthington, ed., *Demosthenes*: *Statesman and Orator*, pp. 45-89; John Buckler, "Demosthene and Aeschines", Ian Worthington, ed., *Demosthenes*: *Statesman and Orator*, pp. 114-158。

挥着重要的修辞作用。在笔者看来，德谟斯提尼试图利用它们来塑造雅典民众在特定演说场合中的政治角色意识[①]，从而影响民众对演说内容的理解以及对政治家提议的选择。这也明显体现出，政治家在演说过程中通过引导民众的政治认知，最终影响了民众政治参与的行为方式。关于这些内容，笔者在本书第四章中将给予详细的论述。

从以上四个方面的分析中，我们将可以看到，在雅典民主政治的特殊历史环境中，政治家的演说表演对民众的政治认知能够产生某些积极的促进作用，为民众正常地进行政治参与提供了必要的保障，在一定程度上维系着雅典民主政治的持续运作。

本书所使用的德谟斯提尼演说辞的古希腊文本主要依据迪尔茨（M. R. Dilts）重新校勘的"牛津古典文献"（Oxford Classical Texts）版本，自2002年至今已出版4卷。对古希腊文的翻译与理解，参考"洛布古典丛书"（Loeb Classical Library）的英译本和德克萨斯大学出版社近年陆续出版的"古典希腊演说"（The Oratory of Classical Greece）系列的英译本，以及麦克道威尔（Douglas M. MacDowell）等学者对重要单篇演说辞所作的校勘和注疏本，详见本书"参考文献"部分。另外，本书中古希腊语引文一律采用斜体拉丁字母的转写形式，特此说明。

[①] 关于雅典民众的政治角色意识，法伦加（Farenga）曾经给予特别的关注，他使用"脚本"（script）概念来指称雅典公民在城邦生活中扮演不同政治角色所遵循的一系列行为模式，但是他的讨论对象以古风时代和公元前5世纪的文献为主，很少涉及公元前4世纪的演说辞，而且并未对诉讼演说和公民大会演说进行充分的论述。参见：Vincent Farenga, *Citizen and Self in Ancient Greece: Individuals Performing Justice and the Law*, Cambridge University Press, 2006。

第一章　演说表演与政治家

公元前348年左右,德谟斯提尼在一篇公共诉讼演说辞中有条件地承认自己是 rhētōr:他特别强调,如果 rhētōr 是指这样一类人,他们为了民众的利益而进行政治提议(sumbouleuōn),并且从不烦扰(enokhlein)和侵害民众,那么,他便愿意接受 rhētōr 这种称谓。① 这种表述似乎透露出,rhētōr 在当时是颇受争议的角色,集褒贬于一身。我们于是会问:究竟何谓 rhētōr 呢? 简而言之,在德谟斯提尼的时代,rhētōr 兼具"演说家"与"政治家"两种身份。我们从古典文献中看到,rhētōr 所受到的批评主要集中于他们对演说技艺的运用。批评者指责 rhētōr 利用演说技艺在政治演说场合取悦、欺骗甚至误导雅典民众,以至于破坏城邦法律和民主政体。笔者认为,这种在道德与民主政治意识形态层面对 rhētōr 的批评,实际上反映了雅典政治演说自身的矛盾性。

演说在本质上是一种公共表演行为;演说技艺也无非是演者为了更好地实现说服目的而运用的手段,作为一系列中性的修辞策略,它本身并不具有道德与政治意义。但是,在雅典公民法庭和公民大会的审判与商议程序中,演说都被作为民主政治运作的基本形式,这就要求演说以及演说技艺的运用必须符合雅典城邦的政治原则和道德准则,

---

① Demosthenes 21 (*Against Meidias*), 189. 与之相似,柏拉图笔下的苏格拉底在申辩开始也有条件地承认自己是演说家,他的条件是"讲真话"(*ton talēthē legonta*),见 Plato, *Apology*, 17b.

发挥正面的政治作用。因此,作为公共表演行为的演说以及作为中性的修辞策略的演说技艺,便被置于城邦道德观念与民主政治意识形态的批评语境之中。于是,演说本身的表演属性与其被赋予的政治属性之间的矛盾便凸显出来,甚至在政治家彼此攻击中存在着这样一种倾向:演说技艺被赋予贬义色彩,成为雅典民主政治原则与道德准则的对立面。在这种批评语境中,进行政治演说的 rhētōr 就必须为自己的演说及其演说技艺的运用加以辩解,以证明它们是与城邦对演说的政治及道德要求相符合的,试图让听众认同其演说表演的合理性。

在本章第一节,笔者将详细阐释古希腊人是如何认识雅典政治演说的表演属性与政治属性的,重点分析当时哲学家与政治家的相关议论。从中可以看到,他们往往强调演说的政治属性,而否定其表演属性,因为他们意识到表演属性对民众政治认知所造成的负面影响。作为政治家的德谟斯提尼在进行演说表演时,正是面临着政治演说所固有的表演属性与其政治属性之间的张力。所以,在第二节中,笔者进一步考察德谟斯提尼怎样为自己的政治演说行为进行辩解,又怎样在运用演说技艺的问题上与政敌展开激烈的互相攻击。这些辩解与攻击很可能在客观上为雅典民众提供了某种批评意识,使他们能够对政治家的演说表演保持相对清醒的判断力,同时对自身通过听取演说而获得政治信息的认知过程加以必要的反思。

第一节 政治演说的双重属性

演说作为一般意义上的表演行为,是演说者与其听众在特定场合中进行互动的过程,演说者在演说现场说服听众,力图使听众接受他所传达的信息以及所坚持的观点,同时向听众展示其演说的才能。这是对演说表演属性的简要概括。

古希腊语中，logos 是最常用以指称"演说"的名词①，其动词形式为 legein，legein 的阳性分词 legōn 也常用于指称"演说者"。由于雅典民主政体的三个主要机构——公民大会、议事会和公民法庭——都是依靠演说来运作的，无论是提议、控诉还是申辩，均以当事人现场演说和听众或陪审员的现场判断为其基本程序，正如德谟斯提尼所说，雅典政体是建立在演说之中的(en logois hē politeia)；②因此，当演说运用于雅典城邦的民主政治活动中，演说行为便具有了特定的政治功能与政治属性。

于是，"演说"(logos)即成为"政治演说"(politikos logos)，其更准确的意思是"与城邦事务相关的演说"。《亚历山大修辞学》将"政治演说"具体分为"公民大会演说"(dēmēgorikos logos)、"诉讼演说"(dikanikon logos)与"展示性演说"(epideiktikon logos)三种类型。③ 亚里士多德在《修辞学》中也使用了相同的分类法，只是没有明确指出三者均属于"政治演说"(politikos logos)。④ 他进一步解释说，展示性演说的听众是在观看演说者的说服"能力"(peri tēs dunameōs ho theōros)。⑤ 这说明，在以上三类演说中，展示性演说最直接的以表演为目的，它可能包括一些与城邦公共事务相关的仪式性演说，如雅典著名的葬礼演说，故而，在此意义上展示性演说也可作为"政治演说"之一种。⑥ 但是，笔者

---

① 关于 logos 的其他各种含义，参见 Michael Gagarin, "Probablity and Persuasion: Plato and Early Greek Rhetoric", in Ian Worthington ed. *Persuasion: Greek Rhetoric in Action*, Routledge, 1994, pp.46-47。

② Demosthenes 19 (*On the False Embassy*), 184.

③ [Aristotle], *Rhetoric to Alexander*, I, 1421b5-10.

④ Aristotle, *Rhetoric*, I, 1354b22-23, 1358a35-b8.

⑤ Aristotle, *Rhetoric*, I, 1358b6.

⑥ 法国学者洛侯曾经对雅典公共葬礼演说进行过深入研究。关于葬礼演说所属类型的问题，她指出，它不是纯粹以表演为目的的"展示性演说"，而是兼具政治功能。见 *The Ivention of Athens: The Funeral Oration in the Classical City*, p.120。

所讨论的政治演说则主要集中在与雅典民主制运作最直接相关的公民大会演说和诉讼演说。

在雅典，*dēmēgoria* 是对公民大会演说的专称，它来自于动词 *dēmēgorein*，后者由 *dēmos*（民众）和 *agoreuein*（公开发言）构成，是指"在民众（*dēmos*）面前进行公开演说（*agoreuein*）"。从演说功能的角度，公民大会演说还被称为"提议演说"（*sumbouleutikos logos*），诉讼演说则进一步划分为"起诉演说"（*katēgorikos logos*）和"申辩演说"（*apologetikos logos*）两种。演说在雅典城邦政治活动中的运用，除产生这些专门的演说类型及其相关术语外，更使某些一般性的普通用语发生转义，具有了明确的政治属性。本义是"说"的动词 *eipein*，在指称"演说"方面，似乎不如 *legein* 正式，例如，在柏拉图《会饮》篇中，阿里斯托芬说自己不能 *legein*（演说），而只是 *eipein*（指一般性的说话）。① 但是，*eipein* 在指称某种特定的演说时也被赋予政治意味，它可以特指在公民大会演说中"发表意见"（*gnōmēn eipein*），如果加上前缀 *sun-*，则指在公民大会中为支持某人而进行演说（*suneipein*）。同样，动词 *erein* 本义也是"说"，但由它演变而成的名词 *rhētōr* 则具有更强的政治意味。*rhētōr* 一词曾经出现于公元前5世纪中期的雅典公民大会法令铭文之中，因此它当时可能专指公民大会中的提议者，在某种程度上具有官方色彩。到该世纪晚期以及在整个公元前4世纪，*rhētōr* 既可以指掌握演说技艺的人，如柏拉图《高尔吉亚》篇中，苏格拉底就把专门教授演说术的"智术师"（*sophistēs*）高尔吉亚（Gorgias）称为 *rhētōr*；②同时，该词还用于称呼那些经常在公民大会和公民法庭中进行政治提议与公共诉讼的人，他们一方面擅于演说，另一方面又以演说的方式积极参与城邦政治活动，其角色类似今天的政治家。因此，我们可以说，*rhētōr* 兼具"演说家"与

---

① Plato, *Symposium*, 185c-d.
② Plato, *Gorgias*, 449a.

"政治家"两种含义。① 这也体现出演说和演说技艺在雅典民主政治中所发挥的重要作用。

公元前 4 世纪的政治家埃斯基尼斯(Aeschines)在其公共诉讼演说辞《诉科忒西丰(Ctesiphon)》中,曾经论及民主政体下的政治家所应具备的演说能力。他指出,政治家应该具有表达能力(dunaton eipein),并且接受"rhētōr 的教育"(tēn paideian tēn tou rhētoros),从而通过演说来说服听众(ton logon peithein tous akouontas)。② 我们应该注意到,埃斯基尼斯首先使用在意义上不如 logos 正式的 eipein 指称一般性的表达能力,而后特别强调"rhētōr 的教育",既体现了 rhētōr 的"政治家"身份,同时更说明了演说能力对政治家的重要性。从埃斯基尼斯的表述来看,这种"rhētōr 的教育"在培养政治家的过程中发挥了关键作用,它使得政治家的表达能力(eipein)最终转化为可以用于从事政治活动的演说说服能力(peithein)。柏拉图在《政治家》篇中也曾提出一个与"rhētōr 的教育"含义相似的概念,即 rhētoreia,这是一个源于 rhētōr 的抽象名词,指"rhētōr 的知识",被柏拉图作为一种"与政治技艺相关的知

---

① 可以参见汉森(Hansen)与欧博尔关于 rhētōr 含义的讨论,汉森尤其特别指出,在公元前 4 世纪,由于专业技能的分化,政治家一般不能像公元前 5 世纪的伯里克利那样,兼 rhētōr 与"将军"身份于一身。因此,汉森认为,公元前 4 世纪的政治家包括 rhētōr 与将军两类人。见 Mogens Herman Hansen, *The Athenian Assembly in the Age of Demosthenes*, Oxford: Blackwell, 1987, pp. 50-54。欧博尔的论述见 Josiah Ober, *Mass and Elite in Democratic Athens: Rhetoric, Ideology and the Power of the People*, Princeton: Princeton University Press, 1989, pp. 105-108, p. 110。另外参见 Harvey Yunis, *Taming Democracy: Models of Political Rhetoric in Classical Athens*, Cornell University Press, 1996, p. 10。国内学者关于 rhētōr 政治身份的讨论,参见黄洋:《雅典民主政治新论》,《世界历史》,1994 年第 1 期,第 64 页;晏绍祥:《演说家与希腊城邦政治》,《历史研究》,2006 年第 6 期,第 151—166 页;蒋保:《演说与雅典民主政治》,《历史研究》,2006 年第 6 期,第 148 页;杨巨平、王志超:《试论演说家与雅典民主政治的互动》,《世界历史》,2007 年第 4 期,第 24—32 页。
② Aeschines 3 (*Against Ctesiphon*), 170.

识"(*politikēs epistemēs*)。① 可以说，无论是埃斯基尼斯所说的"*rhētōr* 的教育"还是柏拉图所提出的"演说者的知识"，其核心都是以参与城邦政治活动为目的的演说说服能力。在希腊古典时期，这方面的教育实际上由"智术师"(*sophistēs*)提供，他们向人们展示并传授演说技艺(*tekhnai tou legein* 或 *tekhnai tōn logōn*)，被视为掌握演说技艺的大师，其中著名者如高尔吉亚和普罗泰哥拉(Protagoras)等。② 同时，还有人将演说技艺整理编定成书，亚里士多德将他们称为"编写演说技艺的人"(*hoi tas tekhnas tōn logōn suntithentes*)。③ 现代学者一般认为，托名于亚里士多德的《亚历山大修辞学》其实就属于这类用以传授演说技艺的著作，④它比较完整地保存了各项演说技艺，包括如何设置话题、展开论证、组织语言等内容。大约在公元前 380 年代，柏拉图发明了一个总括这些演说技艺的术语：*rhētorikē*，即"演说术"。⑤

---

① Plato, *The Statesman*, 303e-304a.

② Plato, *Gorgias*, 48a-e, 462b; Plato, *Phaedrus*, 267b.

③ Aristotle, *Rhetoric*, I, 1354a12.

④ 目前一般认为，《亚历山大修辞学》的作者是兰普萨库斯的阿那克西美尼(Anaximenes of Lampsacus)，见 P. Chiron, "The Rhetoric to Alexander", Ian Worthington, ed., *A Companion to Greek Rhetoric*, Blackwell, 2007, p. 90。另外可以参见：Edward Schiappa, "Did Plato Coin Rhetorike", *The American Journal of Philology*, Vol. 111, No. 4. (1990), p. 460; Charles T. Murphy, "Aristophanes and the Art of Rhetoric", *Harvard Studies in Classical Philology*, Vol. 49. (1938), p. 70。

⑤ 严格来讲，*rhētorikē* 其实是阴性形容词，本义是"与演说(家)相关的"，与阴性名词 *tekhnē* 搭配构成词组 *rhētorikē tekhnē*，意思是"演说的技艺"，*tekhnē* 被省略后，独立使用的 *rhētorikē* 才有了专有名词的含义。从存世文献中看，*rhētorikē* 一词用于专指"演说术"，应该是柏拉图的发明，最早出现于《高尔吉亚》篇，时间约为公元前 380 年代，此前的任何文献中均无该词，此后也并未出现普遍使用的迹象。它似乎只在柏拉图学派内部沿用，最终在亚里士多德那里成为一个学术门类的名称，中文一般译作"修辞学"。本书论述中则将该词译作"演说术"，以更贴近其词源，同时不失亚里士多德使用该词的学术性。但在涉及亚里士多德的同名著作时，仍写作《修辞学》。关于 *rhētorikē* 的起源，参见 Edward Schiappa, "Did Plato Coin Rhetorike", pp. 457-470。

但是，当作为哲学家的柏拉图和作为政治家的埃斯基尼斯以肯定的态度论述演说说服能力在城邦政治运作中的作用时，他们使用了"rhētōr 的知识"（rhētoreia）和"rhētōr 的教育"（paideia tou rhētoros）两种称谓，却并未提及"技艺"（tekhnē）一词。在柏拉图看来，"技艺"（tekhnē）与"教育"（paideia）是有明显差异的："在技艺方面"（epi tekhnēi）进行学习，可以使人成为专业的"技师"（dēmiourgos），但是"在教育方面"（epi paideiai）进行学习，则可以使人成为"自由的公民个体"（ton idiōtēn kai ton eleutheron）。① 这说明，"教育"（paideia）被认为是代表着城邦生活的原则，而"技艺"却不具有这种城邦属性。在此观念中，政治家的演说能力被归于"教育"范畴，而非"技艺"范畴。这反映出雅典人对演说的城邦属性的要求：既然演说用于城邦的政治商议和法庭审判场合，它就必须符合城邦政治生活的原则。此即笔者所说的演说的政治属性，它造成了演说术自身所存在的张力。加维从哲学角度讨论了这一问题，他指出，演说术既是一项"技艺"，同时又是一种城邦生活所需要的实践活动（praksis），这两种性质被古希腊哲学家认为是彼此矛盾的。加维还特别说明，在这些哲学家的观念中，政治商议和法庭审判对于公民的城邦生活至关重要，它们所需要的是城邦公民所具有的"品格"（ēthos），而不是一项"技艺"（tekhnē）。②

事实上，作为"技艺"的演说术无非是一系列说服手段，本身并不体现城邦政治生活的原则。掌握演说术的古希腊知识精英们是明确认识到这一点的。亚里士多德曾说，相传为古希腊演说术创始人之一的科拉科斯（Corax），可以运用其"技艺"从相反的两方面说服听众，并使

---

① Plato, *Protagoras*, 312b.

② Eugene Garver, *Aristotle's Rhetoric: An Art of Character*, The University of Chicago Press, 1994, pp. 19-20.

"无理变有理"。① 关于演说术的功能,柏拉图在《高尔吉亚》中以高尔吉亚之口指出,演说术就是一种用以在法庭、议事会和公民大会中说服陪审员和其他听众的能力,而且它是一种从事"竞争"(agōnia)的能力,演说者能够以之实现个人利益。② 我们应该特别注意,柏拉图在这里提出了演说术所适用的场合,即"竞争"(agōnia,也作 agōn)。从柏拉图的著作中,我们还可以看到,他经常把演说比作诗歌、戏剧或体育竞赛③,这些都是雅典人所熟悉的"竞争"形式,而公民大会和公民法庭等政治场合的演说也被视为其中的一种。在民主制雅典的政治演说中,演说者与听众的关系转化为诉辩双方与陪审员(dikastai)的关系,或者政治家与公民大会成员(ekklēsiastai)的关系。④ 亚里士多德将这两种关系通称为听众对演说者的"裁判"(krinein)。⑤ 因为,无论是法庭的审判结果还是公民大会所颁布的法令(psēphisma),都是由陪审员或公民大会成员以投票或举手表决的方式决定的⑥,这些政治演说场合的听众对演说者具有由民主制度所赋予的"裁判"权。在雅典人的观念中,这种"裁判"权是与他们作为诗歌、戏剧或体育竞赛的观众所享有的"裁判"权相一致的。在后面这些"竞争"场合中,观众在很大程

---

① Aristotle, *Rhetoric*, II, 1402a17-24,其中"无理变有理"的译文采用颜一、秦典华译本,见苗力田主编《亚里士多德全集》,第九卷,中国人民大学出版社,1994 年,第 488 页。

② Plato, *Gorgias*, 452e, 456d, 466b-c.

③ 将政治演说与诗人或戏剧竞赛相比,见 Plato, *Phaedrus*, 258b;将政治演说与体育竞技相比,见 Plato, *Gorgias*, 456c-457b; Plato, *Euthydemus*, 271c-272b。

④ ekklēsiastai 来源于 ekklēsia,后者指雅典民主政体中的公民大会,全体雅典成年男性公民均可参加,所以 ekklēsiastai 在民主制雅典被视为全体雅典民众(dēmos),公民大会也常称为 dēmos。

⑤ Aristotle, *Rhetoric*, I, 1358b2-5, II, 1377b21-22.

⑥ 关于民主制雅典公民法庭与公民大会的表决方式,参见 Mogens Herman Hansen, *The Athenian Democracy in the Age of Demosthenes: Structure, Principles and Ideology*, p. 175, p. 202。

度上决定着诗人、剧作家、戏剧演员或体育竞技者的"竞争"胜负。① 诉讼演说中的诉辩双方以及公民大会演说中的敌对政治家之间同样存在"竞争",陪审员和公民大会成员的表决结果在某种意义上就是对演说者说服能力"竞争"胜负的"裁判"。② 这就是政治演说"竞争"性的体现,这种"竞争"性使得政治演说场合中的听众处于主动地位,从而推动了演说者与听众互动关系的充分发展。③ 而演说者与听众的互动关系正是演说表演属性的核心所在。因此可以说,演说术的"技艺"性适用于演说的"竞争"性,这种"竞争"性则集中反映了演说的表演属性。④ 那么,在雅典人肯定演说的政治属性同时排斥演说术的"技艺"性的观念背后,我们所看到的实际是他们对政治演说之表演属性的批评。

亚里士多德从演说术内部阐发了他对政治演说之表演属性的认识。他在《修辞学》中开篇即对当时所流行的演说技艺提出批评,他指出,"现在那些编写演说技艺的人"(nun … hoi tas tekhnas tōn logōn sun-

---

① 尽管在诗歌戏剧竞赛和体育竞技中有专门的裁判员,但是现场观众对表演者的胜负具有决定权,这就是柏拉图所谓"观众的权威"(theatrokratia),见 Plato, Laws, 701a。

② 关于政治演说与戏剧表演和体育竞技的相似性,参见 Harvey Yunis, Taming Democracy: Models of Political Rhetoric in Classical Athens, pp. 180-188。

③ 关于演说听众的主动地位,参见 Simon Goldhill & Robin Osborne, eds., Performance Culture and Athenian Democracy, p. 9。演说者与听众互动关系的充分发展,形成人们对这种关系本身的认识,戈德希尔称之为"元话语",在此前提下,他认为雅典民主制对表演文化中各种表演行为(如演说和戏剧等)的发展具有促进作用,参见 Simon Goldhill, "Literary History without Literature: Reading Practices in the Ancient World", SubStance, Vol. 28, No. 1, Issue 88: Special Issue: Literary History (1999), pp. 63-68;关于雅典民主制与戏剧的关系,参见 Simon Goldhill, "The Great Dionysia and Civic Ideology", The Journal of Hellenic Studies, Vol. 107(1987), p. 62。

④ 戈德希尔将 agōn 作为概括古希腊表演文化的四个核心术语之一,见 Simon Goldhill & Robin Osborne, eds., Performance Culture and Athenian Democracy, p. 2。

tithentes）所传授的内容都是教给演说者如何进行恶语攻击（diabolē），如何引发听众的怜悯（eleos）、愤怒（orgē）以及诸如此类的情感（pathē）。亚里士多德将这些演说技艺统称为"事实之外"（tōn eksō tou pragmatos）的内容，因为它们与演说所涉及的事实本身（pragma）无关，而只是对听众施加影响，使之处于某种特定的心理状态。亚里士多德在此特别针对诉讼演说提出要求，他认为，不就事实本身进行演说，其危险在于演说者会根据自己的意愿歪曲法律。他甚至提出，法律应该限制那些运用情感手段的演说，禁止演说者将听众引向愤怒（orgē）、嫉妒（phthonos）和怜悯（eleos）等情感。① 亚里士多德进而以这种对情感手段的批评为标准评价公民大会演说，在他看来，由于比诉讼演说较少需要情感手段这类"事实之外"的内容，公民大会演说因而"更高尚"且"更适合于城邦政治事务"（kallionos kai politikoteras）。可见，亚里士多德是从城邦法律、政治与道德的层面对演说技艺中的情感手段加以批评的。

然而，尽管有此批评，亚里士多德同时却也承认情感手段对于演说本身的必要性。他在《修辞学》第二卷中指出，既然演说术的目的在于"裁判"，那么演说者就应该在听众面前表现出（phainesthai）某种形象，并且使听众处于某种状态（diakeimenoi）。② 亚里士多德还说明，演说者道德形象的表现对于公民大会演说更有积极效果，而影响听众的心理状态则更为适用于诉讼演说。他继而进一步解释说，演说者面对不同的听众会受到不同的"裁判"，朋友和敌人、愤怒的人与情绪平和的人对待演说者的态度是存在差异的。③ 显然，亚里士多德对情感手段必要性的认识，是以演说者与听众的关系为出发点的。他明确意识到，诉

---

① Aristotle, *Rhetoric*, I, 1354a11-26.
② Aristotle, *Rhetoric*, II, 1377b13-28.
③ Aristotle, *Rhetoric*, II, 1377b28-1378a5.

讼演说之所以更加需要这种影响听众心理状态的情感手段,是因为诉讼涉及的是当事人彼此之间的事务,与作为听众的陪审员没有直接的利益关系;而公民大会演说所讨论的事务则"更具公共性"(koinoteron),听众便会出于自身利益的考虑(peri oikeiōn)做出"裁判"(krinei)。① 我们从中看到,情感手段的作用在于实现演说者与听众之间的有效沟通,它因此成为演说表演功能最基本的实现方式,从而也是演说表演属性最常见的表现形式。②

在《修辞学》中,亚里士多德一方面以第二卷整卷的篇幅对情感手段详加阐述,另一方面却于开篇即对之提出严厉批评。这种矛盾的态度具体而集中反映了他对政治演说之表演属性的认识。我们应该特别注意,亚里士多德在对情感手段进行批评时将它称为"事实之外"的内容,明显是将情感手段与"事实"(deiksai to pragma)对立起来。他强调,诉辩双方在演说中要做的只有"阐明事实是否存在、是否发生"(deiksai to pragma hoti estin ē ouk estin ē genonen ē ou genonen),而"事实"的严重程度及性质——"大"或"小",以及"正义"与否(mega ē mikron, ē dikaion ē adikon)——则应该由陪审员自己去了解(gignōskein),并非由演说者告知(manthanein)。③ 可见,亚里士多德认识到,作为听

---

① Aristotle, *Rhetoric*, I, 1354b22-31.

② 我们可以参见亚里士多德在《诗学》中对情感手段的论述,他在《诗学》中论述戏剧表演时,对情感手段的合理性及重要性给予了特别的强调与阐发,见 Aristotle, *Poetics*, VI, 1449b24-28, XIII, 1452b28ff, XVIII, 1455b34-35。可见,情感手段在演说与戏剧之间是共通的,是一般意义上的表演行为所具有的特征。这也可以佐证,作为演说技艺的情感手段体现了演说的表演属性。另外,哈丁指出,雅典政治演说与戏剧表演的听众具有相似的心理状态,在这一心理层面,政治演说与戏剧表演存在着相似性,见 P. Harding, "Rhetoric and Politics in Fourth-Century Athens", *Phoenix*, Vol. 41, No. 1. (1987), p. 32。关于亚里士多德在《修辞学》和《诗学》中对"情感"手段的分别论述,参见 Christoper Gill, "The Ethos/Pathos Distinction in Rhetorical and Literary Criticism", *The Classcial Quarterly*, New Series, Vol. 34, No. 1. (1984), pp. 154-155。

③ Aristotle, *Rhetoric*, I, 1354a26-31.

众的陪审员只有通过演说获得有关"事实"本身的准确信息,才能在此基础上进一步形成对"事实"的认识与理解,从而做出判断。因此,亚里士多德将诉讼演说的功能局限于"阐明事实"(deiksai to pragma)以向陪审员提供准确的信息,并将情感手段视为对此功能的损害而予以排斥。上文已经说明,情感手段是演说表演属性的基本体现,所以笔者认为,亚里士多德尤其关注政治演说之表演属性对听众的认知所造成的影响,而且在他看来,这种影响主要是负面的。

亚里士多德作为哲学家,更多的从理论角度来审视演说技艺中的情感手段并提出了上述观点,我们发现,他的这些认识实际上是与雅典的政治演说实践相符合的。直接以指导演说实践为目的的《亚历山大修辞学》在讲到诉讼演说的技艺时,特别要求起诉者必须夸大被告的罪行,并且强调情感(pathē)在演说中的作用。它同时还指出,因为情感是人类天性所共有,为听众所共知,所以演说者应该擅于把握听众的情感。① 可见,《亚历山大修辞学》的作者同样懂得情感手段在沟通演说者与听众方面所发挥的重要作用,并且注重如何利用情感手段影响听众对诉讼案件性质的认知。而我们便也因此可以想见,很可能正是通过《亚历山大修辞学》这类传授演说技艺的手册式著作,情感手段在雅典的政治演说实践中才得以普及。从那些反映着演说实践的存世演说辞中,我们了解到,情感手段的确非常普遍的运用于诉讼演说实践当中。演说者往往试图掌控听众的情感,例如:在一篇属于安提丰(Antiphon)名下的诉讼演说辞中,演说者祈求陪审员给予他怜悯(eleethenai)②,并且要求陪审员在判决时不要怀有愤怒与恶意(mē met' orgēs kai diabolēs)。③ 也就是说,他在为自己争得怜悯的同时,还要减弱对手

---

① [Aristotle], *Rhetoric to Alexander*, IV, 1427a1-5; VII, 1428a35-b10.
② Antiphon 5 (*On the Murder of Herodes*), 73.
③ Antiphon 5 (*On the Murder of Herodes*), 71.

利用情感手段所引起的陪审员的愤怒情绪。诸如此类的例子在诉讼演说辞中是不胜枚举的。

继而,我们应该进一步考察演说者在实践中是如何面对亚里士多德所指出的情感手段与"阐明事实"之间的矛盾关系的。在这一问题上,德谟斯提尼早年的财产诉讼演说辞为我们提供了典型例证。刚满20岁的德谟斯提尼在成为正式公民之后,立即对其三位监护人提起一系列诉讼,理由是他们滥用并且吞没了德谟斯提尼所继承的父亲的遗产。其中,控告监护人阿弗波斯(Aphobus)的起诉演说辞保存下来,即《诉阿弗波斯之一》和《诉阿弗波斯之二》,它们可能是德谟斯提尼在同一场诉讼中先后进行的两次演说。① 这两篇演说辞引起我们注意的首先即是对情感手段的集中运用②,德谟斯提尼多次祈求陪审员对他给予同情(suggnōmē)与怜悯(eleos),并且激发陪审员对被告阿弗波斯的愤怒。③ 此外,他还使用非常情绪化的叙述。例如,他在指责阿弗波斯时夸张地说:如果监护期再长些,他将不但得不到任何财产,甚至会被监护人饿死。④ 在《诉阿弗波斯之一》的结尾,德谟斯提尼将亡父引作自己的支持者:如果父亲看到他现在的处境,也会深感悲痛。⑤ 《诉阿

---

① 在雅典的私人诉讼中,诉辩双方各被允许进行两次演说,当案件涉及5000德拉克马以上的金额时,第一次演说时间为30分钟,第二次为9分钟,参见 MacDowell, trans., *Demosthenes*: *Speeches 27-38*, University of Texas Press, 2004, p.40。

② 一般情况下,在诉讼演说中,被告更多的祈求陪审员的怜悯,但是,在德谟斯提尼的这两篇诉讼演说辞中,他作为原告却尤其强调陪审员的怜悯,是非常特别的案例,大概是与德谟斯提尼当时的处境有关。关于诉讼演说中祈求陪审员怜悯的现象,参见 Steven Johnstone, *Disputes and Democracy*: *The Consequences of Litigation in Ancient Athens*, The University of Texas Press, 1999, pp.111-114。

③ 关于祈求陪审员的同情与怜悯,见 Demosthenes 27 (*Against Aphobus I*), 45, 53, 65, 66, 68; Demosthenes 28 (*Against Aphobus II*), 18;关于要求陪审员对阿弗波斯的愤怒,如 Demosthenes 27 (*Against Aphobus I*), 63; Demosthenes 28 (*Against Aphobus II*), 18。

④ Demosthenes 27 (*Against Aphobus I*), 63。

⑤ Demosthenes 27 (*Against Aphobus I*), 69。

弗波斯之二》中也生动描绘了父亲临终前托付阿弗波斯的场景，以争取陪审员的怜悯，并且向陪审员指出：阿弗波斯不顾德谟斯提尼之父的信任，侵吞德谟斯提尼的财产，非但不"值得你们的怜悯"(eleeisthai ... huph' humōn aksiōsei)，而且是最卑鄙的人。① 在德谟斯提尼如此运用情感手段的同时，我们看到，他也尽力强调自己的演说是在"阐明事实"。在《诉阿弗波斯之一》中，德谟斯提尼声明，自己是利用"证据"(marturōn)和"论证"(tekmēriōn)来对事实加以"阐明"的(epideiknus)。② 这里的 epideiknus 是 epideiksai 的分词形式，epideiksai 与亚里士多德所说的"阐明事实"(deiksai to pragma)中的 deiksai(呈现、阐明)同义，只是在后者基础上增加了表示趋向的前缀 epi-。而"证据"(marturos)和"论证"(tekmērion)更与"阐明事实"密切相关。"证据"包括证人证词一类的书面材料，是"阐明事实"的基本依据。"论证"(tekmērion)则是演说中的一个重要术语，亚里士多德在《修辞学》中解释说：如果某人的演说是无法反驳的，他便认为自己进行了"论证"(tekmērion)，因为"论证"(tekmērion)即意味着"被阐明并且被下定结论的"(dedeigmenon kai peperasmenon)。③ 引文中 dedeigmenon 是 deiksai (阐明)的完成时分词形式，这说明，"论证"同样是与"阐明事实"联系在一起的，而且是一种得出肯定结论的"阐明"。在《诉阿弗波斯之二》中，德谟斯提尼也强调自己将使用充分的"论证"(tekmēriois megalois)

---

① Demosthenes 28 (*Against Aphobus II*), 16.
② Demosthenes 27 (*Against Aphobus I*), 47.
③ Aristotle, Rhetoric, I, 1357b7-9, *tekmērion* 是一个难以翻译的概念，其本义是"表征"，从亚里士多德的解释来看，它包含了论证、证明以及得出肯定结论的全部过程，笔者姑且译作"论证"，颜一将此处的 *tekmērion* 译作"证据"，笔者认为易与 *marturos* 相混淆，故不采用。见《亚里士多德全集》，第九卷，苗力田主编，中国人民大学出版社，1994年，第343页。

来"阐明"(*epideiksomen*)与诉讼相关的事实。① 到演说结尾,德谟斯提尼再次说明,他在陪审员面前所进行的"证明"(*pisteis*)皆出自"证据"(*marturōn*)、"论证"(*tekmēriōn*)以及事务的"合理性"(*eikotōn*)。② 我们看到,德谟斯提尼多次指出自己在演说中做到的正是"阐明"与诉讼相关的各种事实,强调其方式是依靠"证据"和"论证",并且将它们统称为"证明"(*pisteis*)。而"证明"在亚里士多德那里被作为演说术的核心概念,亚里士多德将"证明"与情感手段对立起来,情感手段既然属于"事实之外"的内容,那么,"证明"则是针对"事实"本身的。③

通过以上这些比较分析,我们不难发现,德谟斯提尼在演说实践中对"阐明事实"的关注与亚里士多德在理论上的强调存在着明显的一致性。亚里士多德着意突出了"阐明事实"与情感手段之间的矛盾;而德谟斯提尼在现实运用中却试图兼顾二者,因为他作为实际进行演说的诉讼当事人必须使演说同时发挥其表演功能和政治功能,既要利用情感手段实现他与陪审员的有效沟通,又要表明自己的演说具有符合城邦法律与诉讼程序的正当性。可以说,无论是亚里士多德在理论上对"阐明事实"与情感手段之矛盾的强化,还是德谟斯提尼在演说实践中对二者的兼顾与调和,它们都反映出,雅典政治演说事实上处于由其自身的表演属性与政治属性所造成的张力之中。这种张力在涉及城邦公共事务的重要政治演说场合则表现得尤为强烈,它不再只是"阐明事实"与情感手段的关系问题,而是进一步演化为对"公共利益"的关注,以及对政治家"欺骗"民众的批评。

前文曾经论及,亚里士多德认为公民大会演说"更高尚"且"更适合于城邦政治事务"(*kallionos kai politikoteras*),因为它关乎"更具公共

---

① Demosthenes 28 (*Against Aphobus II*), 2,引文中 *epideiksomen* 为第一人称复数形式,在诉讼演说中,当事人往往以第一人称复数自称,表示自己一方的行为。

② Demosthenes 28 (*Against Aphobus II*), 23.

③ Aristotle, *Rhetoric*, I, 1354a13-16.

性"(koinoteron)的事务。这说明雅典人对公民大会演说的政治功能提出更高的要求,为之赋予更重要的政治属性,于是更加凸显了演说的表演属性与政治属性之间的张力。这一点尤其可以从修昔底德笔下的克里昂(Cleon)曾经对雅典公民大会演说的批评中清晰地反映出来。在修昔底德记载的著名的密提林辩论中,公元前5世纪后期的政治家克里昂指责公民大会成员好像是"智术师们的听众"(sophistōn theatais),而不再是"商议城邦事务的人"(peri poleōs bouleuomenois)。① 克里昂将公民大会中进行提议演说的政治家称为"智术师",我们知道,"智术师"在当时主要是以其演说技艺著称的,他们是掌握和运用演说技艺的大师,他们所进行的演说因而成为表演属性的集中体现。同时,克里昂将公民大会成员称为theatais(观众),这一般是对戏剧表演场合中的观众的称呼,克里昂用它来强调,公民大会演说竟然堕落为一种纯粹的演说技艺的表演;而且在他看来,这种表演功能已经完全取代了公民大会演说应有的政治功能,即"商议城邦事务"(peri poleōs bouleuesthai)的功能。克里昂还指出,公民大会成员对政治家演说技艺的过分注重,以及他们对公民大会演说政治功能的忽视,使得他们成为容易"被欺骗"(apatasthai)的对象。② 此外,克里昂既然将公民大会中的政治家称为"智术师",他也就必然了解"智术师"演说技艺的力量,这种力量正如柏拉图在《会饮》中所做的比喻:他以谐音方式将高尔吉亚的说服力量比作能够让人变成石头的"戈尔贡之首"。③ 可以说,克里昂在这里也

---

① Thucydides, *History of the Peloponnesian War*, III. 38. 7.

② Thucydides, *History of the Peloponnesian War*, III. 38. 5,赫斯克详细分析了密提林辩论中克里昂与对手迪奥多图斯(Diodotus)之间关于政治家"欺骗"民众的互相批评,见 Jon Hesk, *Deception and Democracy in Classical Athens*, Cambridge University Press, 2000, pp. 248-255;尤尼斯也对其中克里昂的演说进行过分析,见 Harvey Yunis, *Taming Democracy: Models of Political Rhetoric in Classical Athens*, Cornell University Press, 1996, pp. 90-92。

③ Plato, *Symposium*, 198c1-5.

明确意识到演说的表演属性对听众认知所造成的巨大影响,同样这种影响被他认为是负面的,而且非常严重:不仅像亚里士多德所说的那样在诉讼演说中影响陪审员对案件性质的理解,更是在公共事务方面对民众进行"欺骗",甚至使民众完全丧失自主的认知能力,从而导致民众无法正常从事政治商议。

我们从克里昂的这一批评中看到,他对公民大会演说政治功能的要求主要是"商议城邦事务",而演说技艺所代表的表演属性则被认为是与这种政治功能相对立的,甚至是对它的妨害。这就像诉讼演说中"阐明事实"与情感手段的矛盾关系一样,反映出一种针对政治演说自身所具有的双重属性的批评,即肯定其政治属性,否定和排斥其表演属性。但是,表演属性实际上是演说作为一种公共表演行为所固有的,雅典民主政治依靠演说进行运作,难以避免这种表演属性。当雅典民众作为听众出席公民法庭或公民大会时,他们便成为演说现场的说服对象。在听取演说的过程中,现场听众这一身份相对于他们作为陪审员或公民大会成员的政治身份更占据主导地位,这也造成演说技艺得以发挥重要作用。然而,当政治家和哲学家对演说的表演属性加以批评时,他们要求演说者不能把政治演说场合的听众仅当作现场的被说服者,或者不能把政治演说仅视为发挥说服能力的表演行为;相反,应该重视演说听众的政治身份,以实现演说的政治功能为首要目的。这种批评分离了演说的表演属性与政治属性,并且强化了二者之间存在的张力。那么,我们接下来要问,像德谟斯提尼这样主要凭借演说来从事政治活动的政治家,在政治演说的实践中是如何面对这一张力的?而且,这一张力对政治家演说的影响与制约作用又主要体现在哪些方面?这将是笔者在下一节重点讨论的问题。

第二节 *rhētōr*：作为表演者的政治家

前文已经说明，在古希腊的雅典，*rhētōr* 可以指那些经常在公民大会中进行政治提议（*sumbouleuein*）并且在法庭中进行公共诉讼的人，他们以这种方式积极参与城邦政治活动，扮演政治家的角色。通过存世的演说辞，我们可以看到，雅典人至少在观念中强调了这些人特殊的政治身份。在雅典民众看来，这些相当于政治家的 *rhētōr* 掌握一定的政治知识，据亚里士多德所说，这类政治知识包括：城邦财政、与其他城邦之间的战和关系、城邦的防卫、粮食的进出口以及立法问题。① 同时，这些人从事的政治活动使他们在城邦中具有一定的权势。埃斯基尼斯在一篇公共诉讼演说辞《诉提马库斯》（*Against Timarchus*）中曾经提到，提马库斯与赫格山德鲁斯（Hegesandrus）凭借自己的权势，使得皮塔拉库斯（Pittalacus）放弃了对他们的控告。埃斯基尼斯特别指出，皮塔拉库斯之所以放弃控告，是因为他看到赫格山德鲁斯在公民大会的讲台上进行演说（*parēiei epi to bēma*），在法庭中与阿里斯托丰（Aristophon）进行诉讼，而且，赫格山德鲁斯的兄弟也在公民大会中进行演说（*edēmēgorei*），针对外交问题进行政治提议（*sumbouleuein*）。② 埃斯基尼斯这里所说的提马库斯、赫格山德鲁斯及其兄弟正是 *rhētōr*，他们的政治活动在某种程度上被民众视为地位与权势的体现。

相应的，雅典人对这些 *rhētōr* 的政治身份提出了特殊的要求。欧博尔曾经详细分析从演说辞中表现出的 *rhētōr* 与普通公民个体（*idiotēs*）之间的区别：*rhētōr* 往往被要求在城邦政治事务方面承担更大

---

① Aristotle, *Rhetoric*, I, 1359b19-1360a37.

② Aeschines 1 (*Against Timarchus*), 64.

责任,同时也就必须经历更多风险。① 关于 rhētōr 的这种特殊政治身份,在这里有必要一提的是所谓"rhētōr 资格审查"(dokimasia rhētorōn)。根据某些演说辞的说法,在公民大会中进行政治提议演说的 rhētōr 需要符合一定的资格要求,因此要对他们进行相关的资格审查(dokimasia)。但是,这项所谓的"rhētōr 资格审查"制度仅出现在演说辞之中,缺少其他资料的佐证,而且它被归于"古代的立法者"(ho palaios nomothetēs)梭伦的名下②,可能是一项古老或者起源模糊的制度。所以,欧博尔怀疑它在公元前4世纪是否真正实行③,汉森也曾指出,rhētōr 作为公民大会中的演说者,实际上不必接受资格审查(dokimasia)。④ 由此看来,"rhētōr 资格审查"反映的主要是雅典人在观念层面上对 rhētōr 政治身份的要求,而且笔者认为,这是对 rhētōr 政治身份的"公职化"的要求。因为雅典民主制度要求各类城邦公职人员(arkhai)必须接受资格审查(dokimasia),作为履行公共职责的保证,这在亚里士多德的《雅典政制》中有明确的记载。⑤ 那么,将资格审查的范围扩及并非属于公职人员的 rhētōr,也就暗示着要求 rhētōr 的政治身份应该与城邦公职人员一样,在政治活动中承担必要的责任。当然,这种要求更多的存在于观念层面,但是它是与 rhētōr 实际的政治活动与社会地位相符合的,因此实际上也为 rhētōr 的政治行为确立了某种准则。所以,正如本章最初所引之例,德谟斯提尼在承认自己的 rhētōr 身份时,特别强调自己所做的是政治提议(sumbouleuōn),其目的则是实

---

① Josiah Ober, *Mass and Elite in Democratic Athens: Rhetoric, Ideology and the Power of the People*, Princeton: Princeton University Press, 1989, pp. 108-112.

② Aeschines 1.7,关于"rhētōr 资格审查"的详细内容,参见本书第二章第一节。

③ Josiah Ober, *Mass and Elite in Democratic Athens: Rhetoric, Ideology and the Power of the People*, p. 110.

④ Mogens Herman Hansen, *The Athenian Assembly in the Age of Demosthenes*, Oxford: Blackwell, 1987, p. 55.

⑤ Aristotle, *The Athenian Constitution*, LV.

现民众的公共利益(sumpherein humin)。① 在一篇公民大会演说辞中，德谟斯提尼也曾论及，进行提议演说的人应该恪守城邦政治运作的原则，确保城邦事务的顺利发展，而不是为了赢得听众的好感(kharis)。②

然而，雅典政治演说如笔者在上一节所论述的那样，其本身具有明显的表演属性，在某种程度上，它要通过实现表演功能，才能发挥在雅典民主政治运作中的作用。于是，在城邦政治活动中扮演政治家角色的 rhētōr 一旦进入特定的演说场合进行政治演说，他便不得不试图利用演说技艺实现了与听众之间的有效沟通，并且实现对听众的成功说服，这也就实现了政治演说的表演功能。因此，作为"政治家"的 rhētōr 在特定的演说场合中便首先成为一位表演者——进行现场表演的"演说家"。那么，雅典人对政治演说之表演属性的批评与排斥也转化为对这些 rhētōr 运用演说技艺方式的指责。在德谟斯提尼的《诉安德洛提翁》(Against Androtion)中，我们可以看到这种指责的基本形式。这篇演说辞是德谟斯提尼为迪奥多鲁斯控告安德洛提翁所作，时间大约在公元前 355 年，是存世最早的一篇德谟斯提尼的公共诉讼演说辞。在这篇演说辞一开始，德谟斯提尼即称被告安德洛提翁为"掌握演说技艺的人"(tekhnitēs tou legein)③，此处的 tekhnitēs 来源于 tekhnē（技艺），是指"掌握某种技艺的人"，德谟斯提尼用它来称呼被告，说明这种称谓显然具有贬义色彩，这是与雅典人排斥演说"技艺"及其体现的表演属性相一致的。接下来，德谟斯提尼进一步批评演说者的技艺对城邦政治运作所造成的严重危害。他指出，法律的目的是防止民众(epi tōi dēmōi)被演说者说服和欺骗(mēde peisthēnai mēd' eksapatēthēnai)，而且，不能将城邦事务交付于演说者的说服力量(ou …

---

① Demosthenes 21 (*Against Meidias*), 189, 引文中 *sumpherein humin* 本义是"为了你们的利益"，其中"你们"(*humin*) 指演说听众，被视为雅典全体民众。
② Demosthenes 3 (*Olynthiac III*), 21.
③ Demosthenes 22 (*Against Androtion*), 4.

tēi tōn legontōn dunamei to pragma katastēsai),而是应该遵循法律,选择"正义且有利于民众"(*dikaion ... hama kai sumpheron tōi dēmōi*)的政策。① 我们看到,德谟斯提尼在这里将演说者用以实现演说表演功能的"技艺"和说服能力与城邦"法律"、"正义"以及"公共利益"明确对立起来,而这一对立正是来源于雅典政治演说自身固有的表演属性与政治属性之间的张力。德谟斯提尼意在表明,*rhētōr* 作为"政治家",应该通过发挥演说的政治功能,履行自己在城邦公共事务方面的责任,这就要使自己的演说符合城邦的法律和民众的公共利益;相反,作为"演说家"与特定场合中演说表演者的 *rhētōr*,则不应凭借自己的演说"技艺"(*tekhnē*)与说服"力量"(*dunamis*)来"欺骗"民众。也就是说,在德谟斯提尼看来,演说者绝不能利用演说的表演功能来妨害其政治功能的发挥,同时对民众的政治认知造成严重的负面影响。

以上例证说明,年轻的德谟斯提尼已经明确意识到作为政治家的 *rhētōr* 在进行演说时面临的张力,并且懂得运用这种张力来攻击对手的演说。当德谟斯提尼日后成为具有高超演说能力和重要影响力的政治家时,他本人对演说技艺的运用更成为主要的批评对象。德谟斯提尼不仅同样被称为"掌握演说技艺的人"(*tekhnitēn logōn*)②,而且受到远为激烈的攻击。政敌埃斯基尼斯不仅指责德谟斯提尼的演说技艺是与法律对立的(*tekhnas tois nomois*)③,演说的内容是对法律的破坏(*rhēmasi tous nomous anairēsein*)④,他们甚至给德谟斯提尼冠以"智术师"(*sophistēs*)、"演说辞作者"(*logographos*)以及"可怕的演说匠人"

---

① Demosthenes 22 (*Against Androtion*), 11.
② Aeschines 3 (*Against Ctesiphon*), 200.
③ Aeschines 3 (*Against Ctesiphon*), 35.
④ Aeschines 3 (*Against Ctesiphon*), 16,另见 Aeschines 3 (*Against Ctesiphon*), 202,两处说法完全相同。

(*deinos dēmiourgos logōn*)之名。① 上一节已经提到,"智术师"主要以擅于演说著称,他们可以利用魔法般的说服力量完全掌控听众的情感与认知,并且有偿地向人们传授这种技艺;而"演说辞作者"在这里则特指那些代人写作诉讼演说辞而收取报酬的人。② 所以,在埃斯基尼斯看来,德谟斯提尼与这些"智术师"和"演说辞作者"一样,将政治演说作为一项赚取报酬的职业(*ergalomenou kai mistharnountos*)。③ 埃斯基尼斯甚至将德谟斯提尼比作"智术师苏格拉底"(*Sōkratēn ton sophistēn*),指责德谟斯提尼在公民法庭中利用诉讼演说的机会教授他的学生如何进行欺骗,并且在回家之后还要向学生夸耀自己怎样凭借欺骗手段赢得了诉讼。④

赫斯克在欧博尔的基础上对这些有关演说技艺的批评进行了详细分析。欧博尔曾经从雅典社会"精英"与"大众"的阶层关系角度考察雅典人对演说技艺的态度,将是否掌握演说技艺作为"精英"与"大众"阶层差异的突出表现之一。他指出,雅典人对演说技艺的态度是正反并存的,作为"精英"的演说者虽然接受过演说技艺的教育,却声称不善演说,而作为"大众"的演说听众对于演说者掌握演说技艺的事实以

---

① Demosthenes 19 (*On the False Embassy*), 246; Aeschines 3 (*Against Ctesiphon*), 200, 202, 215.

② *logographos* 还可以指"散文作家"和"史话作家",欧博尔曾经分析修昔底德著作中对该词的使用,他指出,在修昔底德那里,*logographos* 兼具"散文作家"、"史话作家"与"演说辞作者"的含义,因此,欧博尔倾向于认为,*logographos* 的不同含义之间不存在完全的区别。同时,欧博尔概括了 *logographos* 一词从"散文作家"和"史话作家"向"演说辞作者"的转义过程。见 Josiah Ober, *Political Dissent in Democratic Athens: Intellectual Critics of Popular Rule*, Princeton University Press, 1998, p.55。另外,关于"演说辞作者"的产生,参见 C. Carey and R. A. Reid, eds, *Demosthenes: Selected Private Speeches*, Cambridge University Press, 1985, p.14。

③ Aeschines 3 (*Against Ctesiphon*), 220.

④ Aeschines 1 (*Against Timarchus*), 173-175.

及不善演说的伪装都给予默许。① 赫斯克进一步考察则发现,各种有关演说技艺的批评在程度上是有差别的,演说者可以承认或者默认自己对演说技艺的掌握与运用,却坚决不肯接受"智术师"和"演说辞作者"这两种称谓,甚至提出反驳与回击。因此,赫斯克特别关注后一种程度更为激烈的批评方式。他不仅接受欧博尔的观点,将雅典人对"智术师"和"演说辞作者"的排斥解释为"精英"与"大众"对立关系的反映②,更分析了古典时期的雅典人在民主政治意识形态及道德层面上对"智术师"和"演说辞作者"的批判。赫斯克认为,在当时雅典人的观念中,"智术师"和"演说辞作者"两种称谓是与"欺骗"($apat\bar{e}$)联系在一起的,并且与雅典民主政体相对立。③

赫斯克所指出的这一对立,在笔者看来,则是雅典政治演说的表演属性与政治属性之间张力的集中体现。与欧博尔不同,笔者从雅典政治演说自身性质的角度来分析 rhētōr 在运用演说技艺方面所受到的批评,如前文所论,演说技艺实际上是实现演说自身所固有的表演功能的主要手段,而"智术师"和"演说辞作者"在某种程度上则代表演说技艺的最高水平。所以,笔者认为,埃斯基尼斯将德谟斯提尼指斥为"智术师"和"演说辞作者",更直接的是对德谟斯提尼演说表演本身及其说服力量的否定。赫斯克所发现的"智术师"与"欺骗"之间的联系,也说明埃斯基尼斯意识到演说表演属性对听众的认知所造成的负面影响。埃斯基尼斯指出,德谟斯提尼的演说会使听众忘记($eis\ l\bar{e}th\bar{e}n$)诉讼案

---

① Josiah Ober, *Mass and Elite in Democratic Athens: Rhetoric, Ideology and the Power of the People*, pp. 190-191.

② Ibid., pp. 170-174.

③ John Hesk, "The Rhetoric of Anti-Rhetoric in Athenian Oratory", Simon Goldhill & Robin Osborne, eds., *Performance Culture and Athenian Democracy*, Cambridge University Press, 1999, pp. 211-218.

件本身①,他甚至还将德谟斯提尼称为"巫师"(ton goēta)。② 而且,我们看到,埃斯基尼斯在批评中也明显表现出对演说现场性的关注。他指责德谟斯提尼只看重"在演说当中"(metaksu legōn)受到好评,却丝毫不在意过后自己是否会成为全希腊最卑鄙的人;③只关心"当下的演说"(tōn authēmeron logōn),而不在乎城邦的安全。④ 可见,埃斯基尼斯是以作为"政治家"的 rhētōr 所应具有的道德与责任为准则,来否定作为"演说家"的德谟斯提尼在特定政治演说场合中的表演。

作为政治家的 rhētōr 彼此之间的这些批评,必然对他们的政治演说方式形成一定的制约。埃斯基尼斯就曾明确提出,rhētōr 的演说应该与城邦法律相一致(to auto phtheggesthai ton rhētora kai ton nomon)。⑤ 他也的确尽力表现出自己演说的这种合理性。我们从埃斯基尼斯存世的公共诉讼演说辞《诉提马库斯》和《诉科忒西丰》中看到,每一篇的开始部分都是对相关法律集中而详细的阐释:前者涉及"rhētōr 资格审查"(dokimasia rhētorōn)的法律,后者则涉及公职人员述职审查(euthuna)的法律。⑥ 埃斯基尼斯试图以此表明,自己对被告的起诉是严格依据城邦法律进行的。而且,他还要向听众显示自己在演说方面的节制。

---

① Aeschines 3 (*Against Ctesiphon*),206.

② Aeschines 3 (*Against Ctesiphon*), 207;关于用"巫师"和"魔法"来批评演说技艺的表述方式,参见赫斯克的论述,John Hesk,"The Rhetoric of Anti-Rhetoric in Athenian Oratory",Simon Goldhill & Robin Osborne, eds. *Performance Culture and Athenian Democracy*, Cambridge University Press, 1999, pp. 212。

③ Aeschines 2 (*On the Embassy*),130.

④ Aeschines 3 (*Against Ctesiphon*),208.

⑤ Aeschines 3 (*Against Ctesiphon*),16.

⑥ 埃斯基尼斯在《诉提马库斯》中关于城邦法律地位的阐释,参见本书第四章第一节。

埃斯基尼斯经常强调自己的演说是"适中的"(*metriōs*)①和"简短的"(*brakhea*),并易于领会(*tous logous eumatheis*)。② 尤其在面对政敌德谟斯提尼时,埃斯基尼斯更加着意突出自己演说的节制与德谟斯提尼滥用演说技艺的鲜明对比。关于二人各自进行公民大会演说(*dēmēgorēsas*)的方式,埃斯基尼斯以肯定的态度指出,他本人是"安静"的,只有在需要提出政治建议的时候才进行演说(*siōpō kai legō bouleusamenos*),而且这种"安静"(*siōpē*)来自于其"生活的适中"(*hē tou biou metriotēs*)。③ 相反,埃斯基尼斯却用夸张的说法指责德谟斯提尼,称他没有一天不进行公民大会演说④,并批评其演说是"刺耳且多余的"(*pikrōn kai periergōn*),他甚至将德谟斯提尼本人称为"由言辞构成的人",像"奥洛斯管"(*aulos*)一样,除去"舌头"(*tēn glōttan*)则别无所有。⑤ 在突出自己与德谟斯提尼政治演说方式明显对立的同时,埃斯基尼斯还特别指出,参与政治活动的政治家(*andros politeuomenou*)应该"根据时机进行演说"(*dia khronou legein*),其演说的目的是为了城邦的公共利益。⑥ 但是,德谟斯提尼对演说的滥用却违背了城邦的法律和民主政体(*epi tous nomous ... epi tēn dēmokratian*)。⑦ 此处我们同样看到,埃斯基尼斯对德谟斯提尼演说表演的批评,是以作为政治家的

---

① Aeschines 1(*Against Timarchus*),3;Aeschines 3(*Against Ctesiphon*),9.

② 关于"适中",例如 Aeschines 1(*Against Timarchus*),3;Aeschines 3(*Against Ctesiphon*),9;关于"简短",例如 Aeschines 3(*Against Ctesiphon*),9,17;关于"易于领会",例如 Aeschines 1(*Against Timarchus*),8.

③ Aeschines 3(*Against Ctesiphon*),217-218;关于埃斯基尼斯对"演说"与"生活"对应关系的表述,详见本书第二章第一节。

④ Aeschines 3(*Against Ctesiphon*),220.

⑤ Aeschines 3(*Against Ctesiphon*),229;引文中所谓"奥洛斯管"(*aulos*),是古希腊的一种管乐,依靠簧片发声,在古希腊语中,这种簧片与舌头均称为 *glōtta*,因此才有埃斯基尼斯的这一比喻。

⑥ Aeschines 3(*Against Ctesiphon*),220.

⑦ Aeschines 3(*Against Ctesiphon*),202.

rhētōr 所承担的政治职责及其演说的政治功能为根本出发点的。而且，在埃斯基尼斯看来，德谟斯提尼滥用演说的行为之所以破坏民主政体，是因为他剥夺了民主政治中普通公民（tōn idiōtōn kai dēmotikōn anthrōpōn）所享有的 isēgoria 的权利。① 这里 isēgoria 一词由 isos（平等的）与 agoreuein（公共演说，特指公民大会演说）构成，是指雅典公民在公民大会中进行演说的平等权利，是雅典民主政治的基本原则之一。② 根据这一原则，每个雅典公民均可自愿进行公民大会演说（ho boulomenos ... dēmēgorei）；但是，德谟斯提尼对演说的滥用，使得公民大会演说为"掌权者"（ho dunasteuōn）所专擅，民众丧失平等演说的权利，导致政局面临寡头统治（oligarkhia）的威胁。③

那么，面对埃斯基尼斯的这种攻击，德谟斯提尼又是如何为自己的演说方式加以辩解的呢？首先，德谟斯提尼同样从 isēgoria 的权利出发，把自己的演说视为对这种平等权利的践行，同时将埃斯基尼斯对他滥用演说的批评转化为对他的 isēgoria 权利的剥夺。德谟斯提尼指出，埃斯基尼斯的批评是在禁止人们"走向民众进行演说"（proselthein tōi dēmōi kai logou tukhein）。④ 我们应该特别注意德谟斯提尼这里使用的表述方式：logou tukhein，tukhein 是指由于某种机遇而做某事，并非刻意而为，logou tukhein 则说明任何人都可以在某种时机的要求下进行演说（logos），它一方面体现了演说的平等权利，另一方面也指出了演说的方式是"随机"的，在一定程度上相当于埃斯基尼斯所说的"根据时机进行演说"（dia khronou legein）。可见，利用 logou tukhein 的表述方式，

---

① Aeschines 1 (*Against Timarchus*), 173.
② 有关 isēgoria 的讨论，可以参见 J. D. Lewis, "Isegoria at Athens: When Did It Begin?", *Historia: Zeitschrift für Alte Geschichte*, Bd. 20, H. 2/3 (2nd Qtr., 1971), pp. 129-140.
③ Aeschines 3 (*Against Ctesiphon*), 220.
④ Demosthenes 18 (*On the Crown*), 13.

德谟斯提尼试图表明,自己并没有滥用演说,而只是践行了雅典公民所享有的 *isēgoria* 的权利。① 因此,他指责说,埃斯基尼斯的批评不符合城邦的政治原则(*oute politikon*),而且也是不正义的(*oute dikaion*)。② 在此基础上,德谟斯提尼则进一步着重表现自己是如何履行政治家的职责的。既然作为政治家的 *rhētōr* 在进行演说时以"政治提议"(*sumbouleuein*)为主要职责,德谟斯提尼便多次自称为"提议者"(*sumboulos*)。③ 最为突出的,是德谟斯提尼在《金冠辞》中关于自己曾经进行的一次公民大会演说的精彩描述。据他所说,马其顿的腓力二世占领埃拉提亚(Elatea)的消息传至雅典,雅典民众陷入极度恐慌的状态,立即召开公民大会,会上人们不知所措,竟无一人提议,在此"时机"的"召唤"下(*ho kairos ... ekalei*),德谟斯提尼独自一人"走上前来"向民众演说(*parelthōn eipon eis humas*),演说结束后,所有人都接受了他的提议。④ 德谟斯提尼以这一事例集中证明,自己的演说是"根据时机"进行的,并没有滥用,而且他演说的宗旨是为实现城邦的利益,对城邦的公共事务发挥了至关重要的作用。

在为自己的政治演说进行了以上辩解之后,德谟斯提尼转而批驳埃斯基尼斯,尤其针对后者在演说方面自我标榜的节制。德谟斯提尼

---

① 赫斯克也曾注意到,在雅典人的观念中,rhētōr 对演说技艺的运用不能超出 isēgoria 的限度,见 John Hesk, "The Rhetoric of Anti-Rhetoric in Athenian Oratory", Simon Goldhill & Robin Osborne, eds. *Performance Culture and Athenian Democracy*, p. 215.

② Demosthenes 18 (*On the Crown*), 13.

③ 例如:Demosthenes 18 (*On the Crown*), 66, 69, 101, 172, 190, 192, 209;关于这种自称的作用,参见 Harvey Yunis, *Taming Democracy*:*Models of Political Rhetoric in Classical Athens*, pp. 272-273.

④ Demosthenes 18 (*On the Crown*), 169-179,引文中 *humas*(你们)指雅典民众。关于德谟斯提尼这段描述的详细分析,参见 Harvey Yunis, *Taming Democracy*:*Models of Political Rhetoric in Classical Athens*, pp. 268-277,尤尼斯认为,德谟斯提尼可能是在模仿修昔底德笔下的伯里克利,甚至有意将自己塑造为一个"救世主"的形象,另见 Harvey Yunis, ed., *Demosthenes*:*On the Crown*, Cambridge University Press, 2001, p. 207.

强调"提议者"(*sumboulos*)与"诬告者"(*sukophantēs*)的不同:前者在涉及城邦事务的问题上表达自己的观点,并且对此负责;后者则在需要进行演说的时候反而"保持安静"(*sigēsas*),事后却又对他人加以诽谤。① 可见,德谟斯提尼将埃斯基尼斯在《诉科忒西丰》中所褒扬的"安静"(*siōpē*)与"诬告"(*sukophantia*)联系起来,将埃斯基尼斯在演说方面的节制解释为政治家职责与道德的丧失。德谟斯提尼从而指出,埃斯基尼斯的"安静"(*hēsukhia*)并非"正义且有利于城邦的"(*dikaia kai sumpherousa tēi polei*)②,他在《金冠辞》中反复重申这种批评:埃斯基尼斯在时机需要时拒绝进行提议演说③,在关乎民众利益的事务上保持缄默(*aphōnos*);④但是,在攻击他人的时候,埃斯基尼斯却以其"训练有素的嗓音"清晰而滔滔不绝地讲出那些蓄谋已久的言语,这些演说毫无益处,只能伤害其他公民,并且给城邦带来"普遍的羞耻"(*koinēn aiskhunēn*)。⑤

我们看到,德谟斯提尼有意突出埃斯基尼斯的演说技艺与其"安静"之间的强烈反差,而且将这种对演说技艺的批评特别集中在嗓音与朗诵技巧方面。这里需要说明的是,对于作为演说表演者的 *rhētōr* 来说,良好的嗓音和朗诵技巧是非常必要的条件要求;而从雅典政治演说场合的物理环境来看,这种要求又是与当时的戏剧表演相通的。雅典普尼克斯(Pnyx)山上的公民大会会场为露天结构,其中与会者往往数千,进行政治演说的 *rhētōr* 处于类似戏剧表演的环境之中,甚至在某些情况下,剧场便被直接作为召开公民大会的场所。于是,戏剧表演中的朗诵技巧必然有助于 *rhētōr* 进行政治演说。亚里士多德就曾指出,

---

① Demosthenes 18 (*On the Crown*), 189.
② Demosthemes 18 (*On the Crown*), p. 308.
③ Demosthemes 18 (*On the Crown*), p. 196.
④ Demosthemes 18 (*On the Crown*), p. 198.
⑤ Demosthemes 18 (*On the Crown*), p. 308.

当时的演说与戏剧表演一样,都过度注重朗诵技巧(*hupokrisis*)。① 亚里士多德对此现象表示异议,他认为这体现了"城邦公民们的缺点"(*tēn mokhtherian tōn politōn*),但他同时也意识到,由于演说本身的要求,演说者又不得不对朗诵技巧进行研究。② 在后世的普鲁塔克笔下,我们可以更清楚地看到戏剧表演中的朗诵技巧对雅典政治演说的客观作用。根据普鲁塔克所记载的轶闻,德谟斯提尼第一次在公民大会中演说时,被听众打断并且被嘲笑缺乏经验,原因是他演说的声音无力,气息不连贯。与德谟斯提尼相熟的演员撒图鲁斯(Satyrus)曾经传授给他朗诵的技巧。③ 另一篇托名普鲁塔克的传记也称,悲剧演员安德洛尼库斯(Andronicus)曾经指出德谟斯提尼缺乏朗诵技巧,并在这方面对其进行教导,德谟斯提尼本人也承认朗诵技巧(*hupokrisis*)是演说术中最重要的一项。④

然而,在演说的政治功能和 *rhētōr* 的政治职责面前,良好的嗓音与朗诵技巧却可能成为被对手攻击的焦点。据德谟斯提尼所说,埃斯基尼斯在从事政治活动之前曾经是悲剧演员,在朗诵技巧方面应该受过专业的训练,这既是他在进行政治演说时所具有的优势,同时更成为德

---

① *hupokrisis* 是动词 *hupokrinomai* 的名词形式,*hupokrinomai* 本义是"回答",被用以指称戏剧表演中演员间的唱和,也就是演员把剧本搬演上舞台的意思,因此,名词 *hupokrisis* 成为戏剧表演的专门术语,用于演说领域则可以相当于"朗诵"。西方学者一般认为,这种演说朗诵其实是背诵,并非手持演说辞的朗读,但是汉森表示怀疑,参见 Mogens Herman Hansen, *The Athenian Democracy in the Age of Demosthenes: Structure, Principles and Ideology*, translated by J. A. Crook, Blackwell, 1990, p.142.

② Aristotle, *Rhetoric*, III, 1403b31-1404a3,其中"城邦公民们的缺点"(*tēn mokhtherian tōn politōn*)可以引申为"城邦政体的缺点"。参见《亚里士多德全集》,第九卷,第494页;《罗念生全集》,第一卷,第304页。

③ Plutarch, *Demosthenes*, 6.3-7.3.

④ [Plutarch], *Lives of the Ten Orators*, 845a-b.

谟斯提尼激烈批评的对象。① 在《使团辞》中,德谟斯提尼用夸张的方式指出:埃斯基尼斯是所有雅典人中嗓音最大(*megiston ... tēi phōnēi*)并且表达最清楚(*saphestat' an eipein*)的人;但是,由于他所讲的并不是"真实"(*talēthes*),故而"在所有公民大会中"埃斯基尼斯都无法胜过德谟斯提尼。② 在这里,德谟斯提尼将埃斯基尼斯良好的嗓音和朗诵技巧与政治演说传达"真实"信息的功能对立起来,在接下去的演说中,德谟斯提尼则更为着力否定埃斯基尼斯的这些优势对政治演说所发挥的作用。他讽刺说,埃斯基尼斯曾经训练过发声技巧(*pephōnaskēkōs*),希望能够在悲剧表演中利用自己的嗓音来征服(*kathupokrinoumenon*)观众,结果却被哄下舞台,他于是才结束演员生涯,成为现在的政治家。德谟斯提尼提醒陪审员,埃斯基尼斯作为政治家所造成的危害并不是在戏剧舞台上(*ouk epi tēs skēnēs*),而是"在城邦最重要的公共事务方面"(*en tois koinois kai megistois tēs poleōs*),因此决不能认为"他的演说是好的"(*kalon phtheggomenōi*)。③ 这里的 *kalon* 在古希腊语中具有道德意味,可以指"美好而高尚",与德谟斯提尼接下来的进一步阐释相

---

① 德谟斯提尼对埃斯基尼斯嗓音与朗诵技巧的批评,近年来特别引起研究古希腊表演文化的西方学者的关注,对这些批评进行分析的论著如:Pat Easterling, "Actors and Voices: Reading between the Lines in Aeschines and Demosthenes", Simon Goldhill and Robin Osborne, ed., *Performance Culture and Athenian Democracy*, pp. 154-166; Anne Duncan, "Demosthene versus Aeschines: The Rhetoric of Sincerity", *Performance and Identity in the Classical World*, Cambridge University Press, 2006, pp. 58-89。这些分析主要关注古希腊戏剧表演对政治演说的影响,伊斯特林(Easterling)的研究涉及戏剧演员与政治家在社会地位与社会活动范围中的联系;邓肯(Duncan)还特别分析了普鲁塔克在《德谟斯提尼传》中的描写,邓肯认为,普鲁塔克有意将德谟斯提尼与戏剧表演紧密联系在一起。另外,霍尔也比较全面的从表演形式的角度讨论了古希腊戏剧表演对政治演说的影响,见 Edith Hall, "Lawcourt Dramas: Acting and Performance in Legal Oratory", *The Theatrical Cast of Athens: Interactions between Ancient Greek Drama and Society*, 2006, pp. 353-392。笔者在下文的分析中主要关注 *rhētōr* 的演说表演与其政治职责之间的关系。
② Demosthenes 19 (*On the False Embassy*), 206-208.
③ Demosthenes 19 (*On the False Embassy*), 336-337.

呼应。他说,"美好的嗓音"(euphōnian)如果为"高尚而爱荣誉的人"(khrēstou kai philotimou ... anthrōpou)所拥有,会有利于所有人;但是,如果为"卑鄙的人"(ponērou)所拥有,人们则应该禁止他进行演说。① 可见,德谟斯提尼是将埃斯基尼斯对演说朗诵技巧的运用置于 rhētōr 的政治职责与道德要求的标准之下加以审视与批评的。在《金冠辞》中,德谟斯提尼重申这一批评,讽刺了埃斯基尼斯嗓音的洪亮及其在朗诵技巧方面的刻意训练。② 同时,德谟斯提尼还对埃斯基尼斯在诉讼现场的演说表演进行攻击,称埃斯基尼斯借助诉讼的机会进行其个人"演说与发声技巧的展示"(logōn epideiksin tina kai phōnaskias),而非审判政治家的罪行。德谟斯提尼进而强调说,rhētōr 的"价值"(timion)并不在于他的演说与嗓音,而在于"与民众有共同的选择"(to tauta proaireisthai tois pollois),以及与"父邦"(hē patris)同仇敌忾。③ 这些批评也都说明,在德谟斯提尼看来,作为演说现场的表演者,rhētōr 固然是在利用朗诵等演说技艺进行一种"展示"(epideiksis);但是,作为政治家,rhētōr 则首先必须使其演说符合城邦与民众的政治需要,否则这种"展示"即是毫无意义的。

综上所述,作为政治家的 rhētōr 在进行政治演说的过程中高度关注演说技艺的运用方式,他们一方面攻击对手滥用演说技艺,另一方面又为自己的演说方式寻求合理依据。这些批评与自我辩解的核心均在于雅典人对 rhētōr 政治职责的特殊要求:rhētōr 的政治演说应该遵循城邦的法律、政体与道德准则,其功能应该是在"阐明事实"的基础上发

---

① Demosthenes 19 (*On the False Embassy*), 339.
② Demosthenes 18 (*On the Crown*), 306-308.
③ Demosthenes 18 (*On the Crown*), 280.

布真实的政治信息,并且提出最好的政治建议(*ta beltista legein*)①,以实现城邦的公共利益。与此相对的是,*rhētōr* 不能把政治演说纯粹当作演说技艺的表演,因为演说技艺本身是具有危险性的,掌握演说技艺的 *rhētōr* 可以像"智术师"或戏剧演员一样来掌控并征服他的听众,对听众的认知能力造成严重的负面影响,导致其做出错误的政治决策,从而损害城邦的公共利益,甚至危及民众正常的政治参与以及民主政治的良好运作。作为政治家的 *rhētōr* 认识到演说技艺的这种危险性,并据此攻击对手的演说方式。这种攻击在作为修辞策略的同时,也把有关演说技艺危险性的认识传达给雅典民众,使民众逐渐形成一种对 *rhētōr* 政治演说的批评意识,达到制约 *rhētōr* 演说表演的目的。② 正如德谟斯提尼所发现的,听众是最具权威的(*tous akouontas … kurious*),他们掌控着"演说者的力量"(*tēs tōn legontōn dunameōs*)。因此,德谟斯提尼特别声明,他在演说方面的"任何经验"(*tis empeiria*)均用于城邦的公共事务(*en tois koinois*),以增进民众的利益,这是所有人都看到的。③ 结合上一节的分析,*rhētōr* 在进行政治演说时所受到的这种制约以及 *rhētōr* 的政治职责与其演说表演的对立,在根本上皆源于雅典政治演说自身双重属性的张力,即演说固有的表演属性与其政治属性之间的矛盾。既然雅典人主要以演说的形式来操作自己的民主政治,这一矛盾也就必然深刻地内化于雅典民众作为陪审员(*dikastai*)或公民大会成

---

① *ta beltista legein* 的表述方式在演说辞中经常出现,即指政治家提出最好的政治建议,例如 Demosthenes 3 (*Olynthiac III*), 11, 12, 18; Demosthenes 9 (*Philippic III*), 2, 56, 63。

② 赫斯克将 *rhētōr* 之间关于彼此演说技艺的攻击称为"反修辞的修辞"(rhetoric of anti-rhetoric),赫斯克认为,这种"反修辞的修辞"可以强化民众对 *rhētōr* 的警惕与怀疑,赫斯克甚至将它引申至民众对自身统治地位的关注。见 John Hesk, "The Rhetoric of Anti-Rhetoric in Athenian Oratory", Simon Goldhill & Robin Osborne, eds. *Performance Culture and Athenian Democracy*, p. 230. 笔者的分析则主要集中在演说表演本身,推测 *rhētōr* 之间的这种攻击对其演说表演以及听众的认知能力所可能造成的影响。

③ Demosthenes 18 (*On the Crown*), 227.

员(*ekklēsiastai*)所进行的政治参与之中。那么,*rhētōr* 在运用演说技艺方面的自我辩解和彼此攻击,很可能在一定程度上也促使民众反思自身通过这种政治参与而获得政治认知的方式,使其意识到:在政治演说场合不是单纯观看 *rhētōr* 的演说表演;而是要从 *rhētōr* 的说服"能力"(*dunamis*)的影响中摆脱出来,并且对这种"能力"加以掌控,从而在 *rhētōr* 的演说表演面前保持相对清醒的认知能力,真正去关心城邦的政治事务与公共利益。

第二章　政治家私人生活的展示

公元前330年关于授予德谟斯提尼金冠的诉讼,可以说是对德谟斯提尼政治生涯的一次重要总结与评判,埃斯基尼斯在演说中对德谟斯提尼提出"有力的演说,恶劣的生活"(*deinos legein*, *kakos biōnai*)这一批评。① 从第一章的论述可以知道,演说(*legein*)是政治家意义上的 *rhētōr* 从事城邦公共政治活动的最基本形式,在埃斯基尼斯的表述中,生活(*biōnai*)则成为这种政治行为的对立面。这里的"生活"(*biōnai*)是指"私人生活"(*idios bios*),有时也称为 *tropos*(做某事的方式、方法),特指"生活方式",与城邦的公共领域相对应,包括出身及个人成长经历、家庭治理和人际关系,这些内容连同公民义务的履行情况(作为公民兵参加战争、富有阶层交纳财产税和提供公益捐助等)经常出现于各类诉讼演说辞中。② 这些关于诉讼当事人个人生活经历和公民义务的内容往往与诉讼案件本身无关,被称为"事实之外"的内容(*eksō tou pragmatos*),它们在诉讼演说中更多是发挥一种修辞策略的作用,被演说者用来塑造自己与对手的道德形象,属于修辞技艺中的"品格塑造"(*ēthopoiia*)。演说者通过揭露对手的私人生活来贬损其品格,同时通过自我标榜赢得听众的好感。这种修辞策略虽然广泛使用,但无论在理论上还是实践中都遭到

---

① Aeschines 3 (*Against Ctesiphon*), 174.
② 财产税称为 *eisphora*,公益捐助称为 *leitourgia*,主要包括战舰捐助和合唱队捐助两项。

批评,被指斥为谎言(*pseudos*)、污蔑(*loidoria*)和恶语中伤(*diabolē*)。

然而,我们还应看到它的另外一面:这些有关私人生活的展示用在政治家身上,有哪些必要性,又会产生怎样的社会和政治功能?在古典时期的雅典人看来,对政治家进行全面了解是民主制的体现,而这种了解不仅是政治家在公民大会中进行提议演说时的公共形象,更包括他作为雅典公民在日常生活中的各种表现。雅典人虽然在概念上对"公"(*koinos*)与"私"(*idios*)进行明确的范畴区分,但是在现实的城邦生活中,他们却将"公""私"领域紧密联结在一起。从事城邦公共活动的政治家有必要在民众面前全方位展示自己的私人生活,内容包括个人生活经历、整个家庭以及亲友与仇敌。德谟斯提尼与埃斯基尼斯的诉讼演说辞使我们得以看到这种展示是如何进行的,那些激烈的抨击、不留情面的中伤和巧妙的嘲讽看似与诉讼主题无关,但是在雅典民主政治的特殊语境中,它们却有着非常重要的意义。

本章即以德谟斯提尼与埃斯基尼斯在诉讼演说中关于彼此私人生活的展示为重点考察对象,首先阐明雅典民主制度和观念对这种展示的要求以及这种展示本身所处的具体修辞语境,并且详细列举和分析德谟斯提尼与埃斯基尼斯展示私人生活的内容及方式;其次,第二节专门讨论他们如何在诉讼场合中相互表述彼此的人际关系,这是私人生活展示的重要组成部分之一;最后在第三节试图论述政治家私人生活的展示在雅典民众的政治认知方面可能具有的社会功能,政治家在将这种展示诉求于社会舆论认可的同时,也在强调着这种展示对社会舆论的影响。

第一节 "*rhētōr* 资格审查":从制度到修辞

从演说辞证据来看,政治家有必要公开展示私人生活以证明自己品格高尚,这在雅典民主政体中似乎是一种制度要求,即所谓"*rhētōr* 资格审查"(*dokimasia rhētorōn*)。前文曾经论及(第一章第二节),关于这一制度的表述，很大程度上可能是出于将 rhētōr "公职化"的观念，而该制度在实际中的执行情况，其实并无直接而确定的证据。但是，无论"rhētōr 资格审查"是一项确实得以执行的制度还是一种观念倾向，它都是对政治家进行提议演说的制约，是将政治家的公共政治行为与其私人生活紧密联结在一起的一种制约方式。这就为政治家在法庭诉讼场合展示私人生活的合理性提供了保证。

关于"rhētōr 资格审查"内容比较详细的说明，存在于埃斯基尼斯《诉提马库斯》(Against Timarchus)第 28 至 30 节当中，具体包括四项：一、家庭责任的承担情况(parekhōn oikēsin)；二、军事义务的履行情况(estrateumenos)；三、是否出卖肉体(peporneumenos 或者 hētairēkōs)；四、是否浪费接受的遗产。没有通过这些审查的人便没有资格作为 rhētōr 在公民大会和议事会中进行政治提议演说。埃斯基尼斯控告提马库斯的理由正是后者曾经身为男妓，根据法律本来没有政治提议的资格。①

这种审查制度要求政治家的私人生活应该与其政治行为相一致，并且以前者来制约后者。在雅典的民主政体中，原则上所有成年男性公民均可参与城邦政治，在公民大会和议事会中进行演说。公民权以及与之相符的生活方式既是政治参与的首要前提，同时也成为政治参与的制约力量，特别是针对那些积极从事政治活动的政治家们。所以，在雅典人的观念中，政治家必须生活在城邦的民众之中②，与民众面对面③，并且过一种符合城邦原则和公民身份的生活，只有这样，政治家才能合理地从事政治活动，发挥公共影响力。④ 埃斯基尼斯在《论使

---

① Aeschines 1 (*Against Timarchus*), 19-20.
② Aeschines 2 (*On the Embassy*), 182.
③ Demosthenes 19 (*On the False Embassy*), 69.
④ 同样，要终止一位政治家的公共影响力，雅典人往往采取将其逐出城邦的方式。关于放逐政治家的讨论，可以参见 M. I. Finley, *Politics in the Ancient World*, Cambridge University Press, 1983, pp. 118-119。

团》中指出,政治家应该作为自由人与民众生活在一起,有合法的婚姻和后代,这是取得民众信任的条件。① 狄那库斯(Dinarchus)也曾指责德谟斯提尼隐瞒个人财产,其实是说他避免公开自己的私人生活,因而其政治行为是没有信用的。同时,狄那库斯列举了德谟斯提尼的私人生活,包括没有合法的子女、出卖父亲遗产和逃脱兵役②,与埃斯基尼斯所说的"rhētōr 资格审查"内容基本一致。其观念也正如埃斯基尼斯在解释"rhētōr 资格审查"的各项内容时所强调的,政治家在这些方面的私人生活与其公共政治行为之间被认为存在着必然的联系:不能赡养父母者,则不会照料其他公民;不履行军事义务者不能为城邦而战并保卫其安全,也就没有资格为城邦提出政治建议(mēde sumbouleuein aksiou)。同样,出卖肉体者对自己的身体(to sōma)都造成侵害(eph' hubrei),也势必出卖城邦公共事务(ta koina tēs poleōs rhaidiōs ... apodōsesthai);而不能照管好自己的私人家庭事务(tēn idian oikian)的人,更不会照管好城邦的公共事务(ta koina tēs poleōs);"在私人方面"(idiai)品行卑劣的人,"在公共方面"(dēmosiai)也不会高尚。③ 这一观念强化了埃斯基尼斯对提马库斯男妓行为的指控与批判,埃斯基尼斯特别描绘了提马库斯及其客人米斯格拉斯(Misgolas)的生活方式,突出其与正当的公民生活的矛盾,意在证明提马库斯个人的男妓行为通过其 rhētōr 的政治身份会给城邦的公共事务造成怎样的危害。在《诉安德洛提翁》(Against Androtion)中,德谟斯提尼同样揭发被告安德洛提翁曾为男妓的经历,强调法律不允许这样的人进行提议演说,依据显然也是"rhētōr 资格审查"。而且他更为明确地指出,男妓行为的生活方式是属于寡头政体的,与民主制相对立,这就将私人生活与城邦政体

---

① Aeschines 2 (On the Embassy), 23.
② Dinarchus 1 (Against Demosthenes), 70-71.
③ Aeschines 1 (Against Timarchus), 28-30.

的意识形态联系了起来。① 因此,指控男妓行为的关键在于,它是与民主政治的城邦生活原则相违背的,标志着政治家对民众的背离。公元前 330 年,埃斯基尼斯在对德谟斯提尼的抨击中,也暗示阿里斯通(Ariston)曾经向德谟斯提尼出卖肉体。②

如果说,在埃斯基尼斯对提马库斯的控告中,揭露男妓行为与诉讼本身存在着直接的必然联系;那么,德谟斯提尼所说安德洛提翁的男妓经历以及埃斯基尼斯对德谟斯提尼与阿里斯通之暧昧关系的暗示则更多的是一种修辞策略。因为对安德洛提翁的控诉是一个"违法提议"案件(graphē paranomōn),与安德洛提翁的提议资格本身并不直接相关。③ 而埃斯基尼斯在《诉科忒西丰》(Against Ctesiphon)中

---

① Demosthenes 22 (Against Androtion), 30-32.

② Aeschines 3 (Against Ctesiphon), 162:埃斯基尼斯将阿里斯通与德谟斯提尼二人称为 paskhōn 与 prattōn,这两个分词构成一组对应关系,prattōn 是"获取"的意思,表示施加行为的主动方,而 paskhōn 指"接受",表示行为的被施加者,在埃斯基尼斯《诉提马库斯》中它们的不定式形式 paskhein 和 prattein 分别用来指称提马库斯在出卖肉体时与其客人米斯格拉斯各自的行为,是一种隐晦的说法,见 Aeschines 1.41。关于同性恋问题,以赞颂同性之爱为主旨的柏拉图《会饮》篇却也透露出雅典民众对同性恋的反感,父亲们会让奴隶严格监护男孩子,不准他们接近"爱人"(tois erastais),见 Plato, Symposium, 183c4-d2,其中,tois erastais 指同性恋中的主动方,而男孩子是"被爱者"(tois erōmenois)。黄洋曾经指出,虽然男性同性恋得到雅典人允许甚至赞同,但是男妓出卖肉体的行为却为法律所禁止。见黄洋:《从同性恋透视古代希腊社会——一项历史学的分析》,《世界历史》,1998 年第 5 期,第 75 页。

③ 其实,如果德谟斯提尼的说法属实,本可以直接提起关于安德洛提翁提议资格的起诉,或者被告早已被取消了政治提议演说的资格。这一道理德谟斯提尼本人也是懂得的,在后来德谟斯提尼反驳埃斯基尼斯对提马库斯的指控时,也曾指出同样的矛盾性:提马库斯长期从事公民大会提议演说的事实可以证明埃斯基尼斯的控告是虚假的,见 Demosthenes 19 (On the False Embassy), 286。而且,在《诉安德洛提翁》中,德谟斯提尼对安德洛提翁私人生活的攻击除了后者曾为男妓之外,还有其父是城邦债务人(Demosthenes 22.33-34),哈丁认为这两项如果属实,安德洛提翁的公民权则将不保,他因此指出,这些攻击纯属编造,见 Harding, "Comedy and Rhetoric", Ian Worthington, ed., Persuasion: Greek Rhetoric in Action, Routledge, 1994, pp. 212-213.

对德谟斯提尼同性恋行为的暗示更是与当时的诉讼本身无关。因此，我们可以把这些说法视为污蔑或者恶言中伤，古希腊人称为 loidoria 和 diabolē，在演说中属于亚里士多德所拒斥的"事实之外"（eksō tou pragmatos）的内容。而且，在演说实践中，恶语污蔑他人者会受到指责，例如，德谟斯提尼在声称安德洛提翁曾经身为男妓的同时，也批评后者对他人的污蔑，污蔑的内容包括说他人出身奴隶、父亲是男妓等。① 最严重的污蔑甚至可能被控以"诽谤罪"（dikē kakagorias, kakagoria 本义是"公开讲坏话"），包括污蔑他人杀害父亲和殴打母亲等。这些属于"诽谤罪"的内容在法律上被统称为 aporrēta，意思是"不可言说的事情"。② 但是，只要注意避免这些 aporrēta，在一定限度内把攻击政治家的私人生活作为塑造其恶劣道德形象的修辞策略，其正当性便受到"rhētōr 资格审查"及其相应观念的保证。

特别值得注意的是，埃斯基尼斯反复强调城邦的"公共"领域与政治家的身体和家庭等"私人"领域的对立，在这两个领域中，政治家的道德品格（ēthos）被视为一致的，而他在私人领域中的生活表现就是其道德品格的有力证据。埃斯基尼斯表明，之所以如此，是因为一个人从童年起通过日常私人生活而形成的"本性"（phusis）是不会改变的。③ 因此，埃斯基尼斯在论述法律对公民及政治家的要求时，从公民的童年时期讲起；④在揭示提马库斯的私人生活时，同样也从童年时期讲起。⑤ 而且，这种由私人生活（idios bios）所体现出的政治家的"本性"（phusis）

---

① Demosthenes 22 (*Against Androtion*), 61.

② 存世的吕西阿斯（Lysias）第十和十一篇演说辞（*Against Theomnestos* I, II）就是有关 dikē kakagorias 的演说辞。参见托德（Todd）的导论与注疏，同时托德还讨论了 aporrēta 的问题，见 S. C. Todd, *A Commentary on Lysias, Speeches 1-11*, Oxford University Press, 2007, pp. 631-635.

③ Aeschines 1 (*Against Timarchus*), 11.

④ Aeschines 1 (*Against Timarchus*), 7, 9-11.

⑤ Aeschines 1 (*Against Timarchus*), 39.

与"品格"(ēthos),在埃斯基涅斯这里还被表述为与政治家的演说(logos)构成一组对应关系。① 在《诉提马库斯》中埃斯基涅斯特别要求听众提防"这些用演说和生活来违犯法律的人们"(tous para tous nomous ē legontas ē bebiōkotas)②,他在将"演说"与"生活"并举的同时,更进一步强调作为政治家的 rhētōr 不能只注重演说(tōn logōn)而忽略生活(tou biou)。因为,如果一个人品格高尚(andros kalou kai agathou),即使他的演说是"拙劣而粗陋"(kakōs kai haplōs)的,也仍然能够对听众有益。与此相反,一个品格"蛮劣"的人(anthrōpou bdelurou)就算非常善于演说(eu panu lekhthēi),也对听众无益。③ 在"演说"与"生活"的这一对应关系中,揭示与抨击政治家的私人生活来制约其在公共行为中滥用修辞技艺,本身也因而成为一种修辞策略,它被埃斯基涅斯反复使用,于是出现了本章最开始所引用的"有力的演说,恶劣的生活"这种批评方式。④ 埃斯基涅斯强调,评判政治家不能仅凭其演说,更要考察其生活,并且将这一对应关系与民主政体联系在一起。他说,如果不顾政治家的生活是否高尚,而一味依赖其演说,则会导致法律废弛,民主政体颠覆的后果。⑤《论使团》则从正面说,雅典民众对政治家的判决是将生活看得比演说更重要。⑥ 在后来的《诉科忒西丰》中,埃斯基涅斯重申,民众必须要求政治家的演说有与之相称的生活与品格作为基础(bion aksiokhreōn kai tropon sōphrona,其中 tropon 指"生活方式",即"有

---

① 在赫斯克看来,演说辞中对 ēthos 和 phusis 的强调,以及用它们来针对演说者的演说技艺的做法,是一种"反修辞的修辞",见 John Hesk, "The Rhetoric of Anti-Rhetoric in Athenian Oratory", Simon Goldhill & Robin Osborne, eds. *Performance Culture and Athenian Democracy*, 224。

② Aeschines 1 (*Against Timarchus*), 5.
③ Aeschines 1 (*Against Timarchus*), 30-31.
④ Aeschines 3 (*Against Ctesiphon*), 174.
⑤ Aeschines 1 (*Against Timarchus*), 179.
⑥ Aeschines 2 (*On the Embassy*), 150.

价值的生活和有节制的生活方式"），同时指出，这是挽救民主政体的方法。①

从存世的三篇埃斯基尼斯演说辞来看，埃斯基尼斯最先在指控提马库斯时提出了"演说"与"生活"的对应模式，进而将这种修辞策略主要针对德谟斯提尼，到公元前 330 年，埃斯基尼斯在对德谟斯提尼进行直接而集中的批评时，强化了该模式。笔者此处要说明的是，"演说"与"生活"的对应模式是埃斯基尼斯针对德谟斯提尼这样一位具有高超演说能力且兼具重要影响力的政治家而发明的一种修辞策略。德谟斯提尼在一篇早期演说辞《诉安德洛提翁》中抨击被告身为男妓的恶劣生活，也曾指出安德洛提翁的"演说"与"生活"均违法，但是此处强调的是演说的内容，并非演说技艺，他没有将对安德洛提翁生活的批评与对其演说技艺的批评结合起来。② 而埃斯基尼斯在《诉提马库斯》中则是从演说技艺的角度将"生活"置于与"演说"相抗衡的地位。我们应该了解的是，埃斯基尼斯的这次指控其实并非针对提马库斯一人，更包括德谟斯提尼，而后者才是埃斯基尼斯真正的对手。公元前 346 年，德谟斯提尼与埃斯基尼斯共同加入了与马其顿缔结和约的使团。返回雅典后不久，德谟斯提尼在提马库斯支持下准备控告埃斯基尼斯出使

---

① Aeschines 3 (*Against Ctesiphon*), 249.

② Demosthenes 22 (*Against Androtion*), 24, 德谟斯提尼说: *ou monon eirēkot' auton paranoma, alla kai bebiōkota paranomōs*, 虽然将"演说"(*eirēkota*) 与"生活"(*bebiōkota*) 并举，但是从文义看，*eirēkota paranoma* 在雅典特指"违法提议"，其中 *paranoma* 可以视为分词 *eirēkota* 的宾语，所以，这里的"演说"显然是针对内容，并非演说技艺；而德谟斯提尼对安德洛提翁演说技艺的批评在《诉安德洛提翁》的开始部分就曾单独提出：德谟斯提尼称安德洛提翁是 *tekhnitēs tou legein*, 见 Demosthenes 22 (*Against Androtion*), 4; 德谟斯提尼指出民众不应被政治家的演说能力 (*tēi tōn legontōn dumamēi*) 所欺骗，见 Demosthenes 22 (*Against Androtion*), 11。可见，《诉安德洛提翁》中，德谟斯提尼并没有把对安德洛提翁演说技艺的批评与对其生活方式的批评联系起来。关于德谟斯提尼对安德罗提翁演说技艺的批评，参见本书第一章第二节。

马其顿期间的受贿行为,所以,埃斯基尼斯对提马库斯政治提议资格提起指控,正是为了先发制人地削弱德谟斯提尼一派的力量。从此,他与德谟斯提尼之间的矛盾便开始进入我们的视野,二人的诉辩交锋也为我们保存了许多关于政治家私人生活的精彩展示。

德谟斯提尼的《使团辞》(公元前 343 年)就是为控告埃斯基尼斯出使马其顿期间的受贿行为所作,保存下来的版本篇幅宏大,共 343 节,全篇整体上可以从 177 节分为两部分。前半部分阐述了诉讼所针对的事实的过程,后半部分从 177 节开始其实是集中对埃斯基尼斯的品格进行抨击,同时还包括对案件性质和影响的评论以及一些感情激烈的呼吁等,目的都是激发陪审员对埃斯基尼斯的愤怒。① 其中第 199 至 200 节是德谟斯提尼首次关于埃斯基尼斯私人生活的揭示。第 177 节首先总结说,完成展现真实情况的任务之后,将要面临的挑战则是埃斯基尼斯接下去进行的申辩演说是在欺骗听众。这里,我们可以注意到德谟斯提尼揭示埃斯基尼斯私人生活时所处的演说场合的具体语境:他是在介绍埃斯基尼斯的"出场"。不妨把它与埃斯基尼斯在《诉提马库斯》中介绍米斯格拉斯的"出场"相比较。据埃斯基尼斯的说法,米斯格拉斯曾经是提马库斯做男妓时的客人,在埃斯基尼斯对提马库斯的控告中作为主要证人而被介绍"出场"。埃斯基尼斯特别强调要求听众注意米斯格拉斯是"怎样一个人",用反讽方式称其为 kalos kagathos("美丽而高尚的人",在传统意义上是对贵族的称谓)②,并详细描绘其贵族式会饮生活的场景,显然是为了强化米斯格拉斯与民众

---

① 麦克道威尔(MacDowell)也指出德谟斯提尼《使团辞》这两个部分的划分,并且认为第二部分充分体现了德谟斯提尼演说术之精彩,但是第一部分很可能被德谟斯提尼作为演说的核心部分,见 Douglas M. MacDowell, ed., *Demosthenes*: *On the False Embassy* (*Oration 19*), p.27.

② Aeschines 1 (*Against Timarchus*), 41.

的阶层差异,引发对他的厌恶感。在即将传唤米斯格拉斯"出场"时,埃斯基尼斯则质疑他是否羞于在民众面前"露脸"(aiskhneitai ..., mē deiksai to prosōpon to heauton humin,这里的主动词 aiskhneitai 是将来时态)①,进而形容其容貌看上去比实际年轻,提醒听众不要对此感到惊讶。② 与此相似的,在德谟斯提尼揭示埃斯基尼斯的私人生活之前,同样强调了后者的即将"出场":"这个不洁之人将敢于面对你们,并且用洪亮的嗓音来讲述他所过的生活"(ho akathartos houtos tolmēsei blepein eis humas, kai ton bebiōmenon hautōi bion autika dē mal' erei lamprai tēi phōnēi)③,我们应该注意这里的将来时态 tolmēsei(将敢于)是指即将"出场"的埃斯基尼斯会采取的行动,不定式动词 blepein(面对)与"露脸"是同义的,还应该注意强调埃斯基尼斯的嗓音与埃斯基尼斯强调米斯格拉斯的容貌是一致的,都突出了被介绍"出场"者的外在特征。

　　这种"出场"介绍的具体场合性语境,说明了起诉演说(katēgorikon)中展示被告政治家私人生活的修辞地位:它处于阐述诉讼事实本身结束之后,在被告即将进行申辩演说之前,先为他塑造一个遭人鄙夷与憎恨的道德形象。与埃斯基尼斯揭示提马库斯的私人生活一样,德谟斯提尼开始也是从埃斯基尼斯的童年经历讲起。《使团辞》第 199 至 200 节按照时间顺序列举了埃斯基尼斯不同时期的生活:童年时期(paida onta)曾经协助母亲主持某种神秘宗教的入教仪式,在一群迷狂的人当中朗读宗教文本(tas biblous anagignōskonta);后来为城邦的公职人员作低级书记员(hupogrammateuonta),在此期间经不住一点小利的诱惑,贪污了两三德拉克马的金钱;最后则担任演员,在别人

---

① Aeschines 1 (*Against Timarchus*),46.
② Aeschines 1 (*Against Timarchus*),49.
③ Demosthenes 19 (*On the False Embassy*),199.

出资捐助的合唱队中维持生计(en khorēgiois allotriois)。① 德谟斯提尼在这里突出了埃斯基尼斯的贫穷与贪婪:他自己没有能力为城邦提供公益捐助,反而设法占有城邦和他人的财产。② 同时,对于埃斯基尼斯的演员身份,德谟斯提尼也加以讽刺,称之为 tritagōnistein,可能指扮演戏剧表演中的第三位角色,即次要角色,因此有担任三等演员的意思。③ 在揭示了这些内容之后,德谟斯提尼特别指出,有如此生活经历的埃斯基尼斯其实根本没有资格控告提马库斯的男妓行为。这是在暗示,埃斯基尼斯的私人生活证明他同样不能正当地从事公共政治活动。德谟斯提尼随后列举埃斯基尼斯的一系列罪行:是"受贿者"(dōrodokos)、"谄媚者"(kolaks)、"受诅咒者"(tais arais enokhos)、"说谎者"(pseustēs)和"出卖朋友者"(ton philon prodotēs)。④ 第249节重复对埃斯基尼斯出身及早年经历的攻击:他的母亲通过主持入教仪式和净化仪式来占有信徒的家产(tas tōn khrōmenōn oikias),以此抚养她所有的儿子;他的父亲依靠教授读写维持生活;埃斯基尼斯兄弟几人则为城邦公职人员作低级书记员和助手来赚钱,最后被选为书记员,在议事会的圆顶厅任职两年。德谟斯提尼紧接着说,"现在"埃斯基尼斯参加出使马其顿的使团,不考虑如何正确行事,而是"颠覆"了使团(anetrepsen

---

① 担合唱队捐助的富有公民称为"合唱队长"(khorēgos),khorēgion 则是他为合唱队提供的训练场所,往往是他本人的住所,除训练外,捐助者可能还为合唱队成员提供饮食。参见 Douglas M. MacDowell, ed., Demosthenes: On the False Embassy (Oration 19), p. 289.

② 尤尼斯指出,德谟斯提尼有意突出埃斯基尼斯与合唱队长的对比,见 Harvey Yunis, trans., Demosthenes, Speeches 18 and 19, p. 174.

③ 关于 tritagōnistein 和 tritagōnistēs 含义,参见 Douglas M. MacDowell, ed., Demosthenes: On the False Embassy (Oration 19), p. 289, p. 305; Harvey Yunis, ed., Demosthenes: On the Crown, p. 186. 关于德谟斯提尼对埃斯基尼斯演员身份的讽刺与批评,参见本书第一章第二节。

④ Demosthenes 19 (On the False Embassy), 201.

kai katedusen)。① 第281节再次提及埃斯基尼斯父母,称其父为"教人写字的教师"(*tou grammatistou*),称其母为"教徒的召集者"(*tēs tous thiasous sunagousēs*),并指出,另一个像他母亲这样的人曾经被判死刑,证明雅典民众对秘仪祭司的否定。② 然后特别强调,这样的父母培养的儿子对城邦没有任何用处:他们没有为城邦提供马匹、舰船,没有参加军队,没有进行公益捐助,没有交纳财产税,而且也不曾承担任何风险。③ 从德谟斯提尼在《使团辞》中对埃斯基尼斯家庭出身和早年经历的以上三次攻击中,我们可以明显看出其用意。每一次攻击之后都是埃斯基尼斯在城邦公共事务中的恶劣行为,家庭与成长过程被认为决定着日后从事政治活动的品行。埃斯基尼斯父亲读写教师的职业,以及母亲秘仪祭司的身份,会引发听众对埃斯基尼斯的质疑与厌恶;同时,德谟斯提尼暗示埃斯基尼斯及其家庭成员的贫穷并且有意突出他们贪图钱财,在他看来,这也直接导致了埃斯基尼斯在出使马其顿期间的受贿行为。

这些攻击在公元前330年的《金冠辞》中变本加厉,德谟斯提尼运

---

① Demosthenes 19 (*On the False Embassy*),250.

② 《使团辞》中德谟斯提尼对埃斯基尼斯母亲秘仪祭司身份的说法使我们联想到俄耳甫斯教,雅典人对此种秘仪一般持批评否定态度,参见欧里庇德斯(Euripides)悲剧《西波吕托斯(Hippolytus)》,第952至957行,雅典国王忒修斯(Theseus)说:"现在你尽管去夸口,去用了素食骗人,奉俄耳甫斯为祖师,去胡说吧,尊奉那许多文书里出来的烟雾,在这时候你却被捉住了!我警告大家要避开这样的人,因为他们用了庄严的语言去拉人,一面计画着坏事。"见周作人译本,《欧里庇德斯悲剧集》,中,中国对外翻译出版公司,2003年版,第750页。值得注意的是,其中954行"尊奉那许多文书里出来的烟雾"(*bakkheue pollōn grammatōn timōn kapnous*),直译为"为那些圣书里出来的烟雾而发狂",这里指出的宗教文本(*grammatōn*)和发狂的(*bakkheue*)的信仰者,与德谟斯提尼对埃斯基尼斯母亲所主持的秘仪特征的表述相一致,德谟斯提尼也强调埃斯基尼斯在一群迷狂的人们当中朗读宗教文本(*tas biblous anagignōskonta*)。俄耳甫斯教以拥有大量宗教文本闻名,部分文本流传至今。

③ Demosthenes 19 (*On the False Embassy*),282.

用更加激烈与夸张的方式揭露埃斯基尼斯的家庭出身。从《金冠辞》的说法看,埃斯基尼斯的父亲不仅是教授读写的教师,甚至曾身为奴隶;其母也从秘仪祭司变成妓女;而埃斯基尼斯本人则直接被称为 *tritagōnistēs*(可能指戏剧表演中扮演第三位角色的演员,或者指三等演员)。① 而且,德谟斯提尼甚至使用喜剧中经常出现的极具嘲弄意味的文字游戏,称埃斯基尼斯给父亲的名字加上表示否定的前缀 a-,从 *Tromēs*(发抖的人,形容胆小)改为 *Atromētos*(勇敢的人),把母亲的名字从 *Empousa* 改为 *Glaukothea*②,*Empousa* 是冥界的一种怪兽,常用于称呼妓女的孩子③,*Glaukothea* 则指"头发灰白的女神"。在这些攻击与污蔑中,同样揉合了埃斯基尼斯的政治行为,德谟斯提尼用讽刺口吻说,埃斯基尼斯是"在昨天或者前天"才成为雅典公民和政治家的(*Athēnaios kai rhētōr*),而且,由于其"本性"上就是"恶劣的"(*ponēros phusei*),所以在从事政治活动时以反对民众为名出卖了自己(*misthōsas sauton kata toutōni politeuei*)。④ 后面的第 257 至 265 节中德谟斯提尼重复对埃斯基尼斯成长过程的攻击,同时用自己的生活经历与之对比。德谟斯提尼少年时期没有贫困之忧,接受正当教育(*ta prosēkonta didaskaleia*),成年之后担任公益捐助,交纳财产税,并且所从事的政治活动(*politeumata*)受到雅典人和其他希腊人的赞许。⑤ 相反,埃斯基尼斯自幼家境贫穷,在他父亲的读写学校里协助工作,成年后帮助母亲主持秘仪,成为公民之后则担任书记员,再后来成为蹩脚演员。⑥ 德谟斯提尼由此转向对埃斯基尼斯之 *politeia* 的攻击,这里的 *politeia* 并非"政体",而是指

---

① Demosthenes 18 (*On the Crown*), 129.
② Demosthenes 18 (*On the Crown*), 130.
③ *Empousa* 曾经出现于阿里斯托芬的喜剧《蛙》,第 288 至 293 行。
④ Demosthenes 18 (*On the Crown*), 130-131,引文中 *toutōni*(他们)指雅典民众。
⑤ Demosthenes 18 (*On the Crown*), 257.
⑥ Demosthenes 18 (*On the Crown*), 258-262.

埃斯基尼此人的政治参与方式，也即埃斯基尼斯的公共政治行为，德谟斯提尼说，它是与城邦的"运气"（tukhē）相对立的。① 第265节总结了二人生活经历的这一对比，同样用于解释各自的政治行为的差异：埃斯基尼斯（pepoliteusai）帮助敌人，而德谟斯提尼则为了"父邦"（huper tēs patridos）行动。

针对德谟斯提尼的攻击，埃斯基尼斯在辩驳的同时，也予以回击。埃斯基尼斯的《论使团》是回应德谟斯提尼《使团辞》的申辩演说，埃斯基尼斯在其中声明，自己的父亲曾经在体育竞技中获奖，在"三十僭主"寡头政变期间财产被吞噬，后来协助恢复民主政体，自己的母亲在寡头政体时期也曾随夫流亡科林斯。② 这里埃斯基尼斯证明父亲生活方式的高尚，因为参加体育竞技的人在希腊是受人尊敬的；同时也表明父亲并非贫穷，而是拥有财产的；更重要的是，还强调了埃斯基尼斯的家庭是与雅典民主政体同患难共命运的。关于自己的兄弟，埃斯基尼斯同样说明他经常参加体育锻炼，曾经参军作战，担任将军，出使波斯，负责城邦财政，生有合法的孩子。③ 而且，埃斯基尼斯还用自己的孩子、亲属和祖墓来表明自己是与城邦紧密联系在一起的，绝不会为钱财而做出可耻行径，他尤其强调的是，自己的"本性"（phusis）不会被马其顿所改变。④ 至于德谟斯提尼，埃斯基尼斯在《论使团》中首先揭露他曾经被控逃脱战阵，然后暗示其妻子与人通奸，没有合法的孩子，并且对其公民身份提出质疑⑤，同时更着重说明德谟斯提尼是所谓的"智术师"（sophistēs）和"演说辞作者"（logographos）：收取费用代写诉讼演说辞（logous eis dikastēria graphonta misthou），甚至把写好的演说辞事先拿

---

① Demosthenes 18 (On the Crown), 263-264.
② Aeschines 2 (On the Embassy), 147-148.
③ Aeschines 2 (On the Embassy), 149.
④ Aeschines 2 (On the Embassy), 152.
⑤ Aeschines 2 (On the Embassy), 148-150.

给雇主的对手看。① 在公元前 330 年的《诉科忒西丰》中,埃斯基尼斯重申了他在解释"rhētōr 资格审查"时强调的观念②,即批评德谟斯提尼在私人生活中(idiai)是卑鄙的父亲,不能善待朋友和亲属,因此在公共行为中(dēmosiai)不会成为"高尚的民众领袖"(dēmagōgos khrēstos),也不会关心民众。③ 不仅如此,埃斯基尼斯还更详细的揭示了德谟斯提尼的家庭出身,《论使团》中只是将德谟斯提尼称为斯基泰人(Skuthēi)和蛮族人(barbarōi)④,《诉科忒西丰》中则具体说明,德谟斯提尼的外祖父曾经把雅典在黑海的一处港口出卖给敌人,逃亡之后从蛮族的僭主那里获得土地,并娶斯基泰女人为妻。⑤ 根据公元前 4 世纪的雅典法律,父母双方均为公民,子女才能成为公民,而德谟斯提尼的母亲不是雅典公民,德谟斯提尼于是也本就不能获得公民权。而且,这一揭示还把德谟斯提尼的出身与受贿联系起来:其外祖父收取僭主礼物的行为(lambanei dōrean)与"受贿"(dōrodokia)很可能存在着影射关系。⑥ 同时,斯基泰是雅典人对蛮族想象的典型,在埃斯基尼斯的表述中,德谟斯提尼的斯基泰血统使他成为"讲希腊语的蛮族人"(barbaros hellēnizōn tēi phōnēi),是雅典民众的敌人(polemios tōi dēmōi)。⑦ 关于德谟斯提尼的 logographos 职业,埃斯基尼斯重申他把雇主的情况泄露给对手,当他能够通过参与政治而获取金钱时,便不再从事其他行当了。在此,埃斯基尼斯强调德谟斯提尼的贪婪:不以私人的收入谋生,而是

---

① Aeschines 2 (*On the Embassy*), 165-166,从演说术角度对"智术师"和"演说辞作者"的批评,参见本书第一章第一节。

② 参见 Aeschines 1 (*Against Timarchus*), 28-30。

③ Aeschines 3 (*Against Ctesiphon*), 78.

④ Aeschines 2 (*On the Embassy*), 180, 182.

⑤ Aeschines 3 (*Against Ctesiphon*), 171-172.

⑥ Aeschines 3 (*Against Ctesiphon*), 171, *lambanein dōrean* 与 *dekhesthai dōrean* 意思相同,而 *dōrodokia*(受贿)正是由 *dōrea*(礼物)和 *dekhesthai*(接受)组成的。

⑦ Aeschines 3 (*Against Ctesiphon*), 172.

依靠民众的危险(ton bion ouk ek tōn idiōn prosodōn porizetai, all' ek tōn humeterōn kindunōn)。① 关于德谟斯提尼如何对待自己的"身体"与"生育"(tōi heautou sōmati kai paidopoiiai)，埃斯基尼斯则运用"假省"(paraleipsis)的手法，并且将它们与"城邦"(tēi polēi)对举②，同样与他对"rhētōr 资格审查"的解释相一致。另外，埃斯基尼斯还多次重复德谟斯提尼曾经逃脱战阵③，并强调其缺乏民众所认可的教育(paideia)，将他称为 apaideutos。④ 同时，埃斯基尼斯使用第一人称复数"我们"，表明自己和民众从小就接受正当教育，不但记得赫西俄德的诗句⑤，而且更以 paideia 为标准来区分"美"(ta kala，也指"高尚")与"丑"(ta aiskhra，也指"羞耻")。⑥

对于上述德谟斯提尼与埃斯基尼斯之间关于彼此私人生活的互相攻击，有些西方学者过于强调其修辞性，认为它们在一定程度上模仿喜剧的表现形式，尤以德谟斯提尼对埃斯基尼斯的攻击为典型。例如，罗维(Rowe)即指出，德谟斯提尼《金冠辞》中对埃斯基尼斯的描绘模仿了喜剧，目的是将后者塑造为喜剧舞台上经常受到讽刺的"骗子"

---

① Aeschines 3 (*Against Ctesiphon*), 173, 引文中 humeterōn(你们的)指雅典民众。

② Aeschines 3 (*Against Ctesiphon*), 174:tōi heautou sōmati kai paidopoiiai 与 tēi polēi 均为与格，在句中处于对应位置。所谓"假省"，是一种修辞策略，以故意不说的方式表示强调，特别是像此处涉及家庭伦理道德问题，假省或者某种隐讳说法更是比较常用，而有趣的是，洛布古典丛书的早期英译略去"生育"(paidopoiiai)一词，似乎也在有意回避伦理问题，见 William Heinemann, *The Speeches of Aeschines*, Loeb Classcial Library,1919, p.445。

③ Aeschines 3 (*Against Ctesiphon*), 148, 151, 152, 155, 159, 175, 187。

④ Aeschines 3 (*Against Ctesiphon*), 130.；在雅典，受到认可的传统教育(paideia)模式包括以荷马与赫西俄德(Hesiod)为主的诗歌教育、体育教育和音乐教育等。

⑤ Aeschines 3 (*Against Ctesiphon*), 134-135.

⑥ Aeschines 3 (*Against Ctesiphon*), 260.

(alazōn)一类的人物。① 哈丁甚至更加强调喜剧效果在政治演说中的体现。② 针对罗维的观点,狄克(Dyck)曾经提出反驳,他从德谟斯提尼在公元前330年的诉讼中所处的具体的演说语境出发,认为德谟斯提尼把埃斯基尼斯描绘成喜剧人物在当时的演说中是不可行的,不会起到说服效果。狄克指出,德谟斯提尼所面临的主要困难是案件涉及法律问题,因此,在狄克看来,德谟斯提尼在《金冠辞》中对埃斯基尼斯的描绘是为了将听众的注意力从法律问题上移开。③ 但是,我们不难发现,无论这些关于私人生活的攻击在演说中具有怎样的修辞作用,它们都是政治家用来将对手塑造为背离城邦生活规范形象的手段,这些手段在"rhētōr 资格审查"的基础上得到进一步发挥,包括指责对手不能正常治理家庭,没有合法子女,逃脱兵役,甚至具有可疑的公民身份、蛮族血统,本人及父母从事受人鄙夷的职业,缺乏正当教育等。④ 与此相反,政治家在诉讼演说中展示自己的私人生活,则是为了辩驳对手的攻击,证明自己遵循城邦原则,符合"rhētōr 资格审查"的规范,并为城邦做出贡献,因而有资格从事政治活动。

同时,在德谟斯提尼与埃斯基尼斯的彼此攻击中值得我们特别注意的是,他们还共同强调了对手在城邦公共事务中对金钱的贪婪与受

---

① Galon O. Rowe, "The Portrait of Aeschines in the Oration on the Crown", *Transactions and Proceedings of the American Philological Association*, Vol. 97 (1966), p. 402.

② 哈丁(Harding)举安多基德斯(Andocides)攻击希波博鲁斯(Hyperbolus)私人生活的例子,认为唯一的解释是在法庭中造成喜剧效果,同时,哈丁还论述了喜剧的幽默性对政治演说的影响,并且分析了德谟斯提尼《金冠辞》中攻击埃斯基尼斯私人生活的内容,分别见 Harding, "Comedy and Rhetoric", Ian Worthington, ed., *Persuasion: Greek Rhetoric in Action*, p. 201, pp. 196-197, pp. 214-216。

③ Andrew R. Dyck, "The Function and Persuasive Power of Demosthenes' Portrait of Aeschines in the Speech 'On the Crown'", *Greece & Rome*, 2nd Ser., Vol. 32, No. 1. (Apr., 1985), pp. 43-44.

④ 哈丁总结了攻击政治家私人生活的模式,见 Harding, "Comedy and Rhetoric", Ian Worthington, ed., *Persuasion: Greek Rhetoric in Action*, pp. 198-199。

贿行为，并且把这种恶劣的品性与其家庭出身和生活经历紧密联系起来。这一强调可能与他们的诉讼案件本身有关，也可能由于"受贿"(dōrodokia)罪名最符合当时雅典民众对政治家的偏见。① 然而，笔者则认为，这种贪婪与受贿的指责更是强调了经济因素在连结政治家的私人生活与其公共行为方面的重要纽带作用。在当时的雅典，从事政治活动同样必须有一定的经济实力，这虽然也许不是制度的规定，但却是现实的需要。我们发现，政治家主要来自能够交纳财产税和提供公益捐助的阶层，这种经济义务似乎是对政治家公共行为的一种保证。哈里斯在考察埃斯基尼斯家庭和早年经历之前，特别论述了公元前4世纪的雅典对政治家的经济要求，指出，尽管当时绝大多数雅典公民在法律和政治权利上是平等的，但是军事和经济责任仍然依据财产来分配；个人财富对于享受社会特权来说，虽不是充分条件，但却是必要条件。②

在此意义上，"rhētōr 资格审查"特别要求政治家能够管理好自己的家产，而政治家也有必要公开自己的经济状况。而且，必要的经济实力也可以保障政治家接受正当的教育，过一种受人尊重的生活。民众在一定程度上可以容忍政治家这种适度的优越性，政治家本人在展示自己的生活方式时，也注意避免引发反感，例如，德谟斯提尼特别强调，要尽可能谦逊地(hōs an dunōmai metriōtata)叙述自己的生活经历。③

---

① P. Harding, "Rhetoric and Politics in Fourth-Century Athens", Phoenix, Vol. 41, No. 1. (1987), pp. 31-32.

② Edward M. Harris, Aeschines and Athenian Politics, Oxford University Press, 1995, pp. 17-21.

③ Demosthenes 18 (On the Crown), 256；再如上文埃斯基尼斯表明自己所受的教育时，用第一人称复数"我们"，将自己与听众置于同等位置，见 Aeschines 3 (Against Ctesiphon), 134-135。与此相反，德谟斯提尼在《诉美狄亚斯》中，特别强调了财富被用来行恶的一面，德谟斯提尼指出，美狄亚斯利用自己的财富迫害民众，见 Demosthenes 21 (Against Meidias), 98, 109。

政治家还会申明自己的财富是用于城邦的公共事务,同时也凭借财产税和公益捐助等经济义务向民众要求某种回报,主要是对他的同情与好感(kharis)。① 相反,在德谟斯提尼对埃斯基尼斯的攻击中,一方面他强调埃斯基尼斯家庭贫穷以及担任低级书记员的经历,意在说明埃斯基尼斯非但没有能力为城邦做出经济贡献,反而受到城邦与民众的恩惠,所以他根本没有资格争取民众的同情与好感,更不应该反对城邦。② 另一方面,德谟斯提尼还着重揭示埃斯基尼斯本人及其父母的谋生方式,低级读写教师、秘仪祭司和妓女都为人所不齿。其逻辑是,由于这些谋生手段会造成对财富的不正当态度,导致贪婪,埃斯基尼斯在政治活动中也自然会受贿并出卖城邦利益。③ 埃斯基尼斯也如此攻

---

① 欧博尔的主要关注点就是精英与民众的关系,详细分析了雅典人如何看待在教育和经济方面精英与民众之间的不平等,欧博尔发现,对精英优越性的嫉妒情绪是存在的,但同时,民众可以容忍这种不平等,接受精英或者政治家享有优越性的事实。在教育方面,民众对精英或政治家优越性的容忍,见 Josiah Ober, *Mass and Elite in Democratic Athens: Rhetoric, Ideology and the Power of the People*, p. 185;经济方面的不平等则更为复杂:首先,民众对富有阶层有着客观的经济需要;其次,在意识形态上,欧博尔认为精英与民众之间依靠某种"虚构"的表达方式(欧博尔称为 fiction)来弱化这种不平等,实现彼此接受;再次,欧博尔提出,雅典人利用政治权利的平等来控制经济方面的不平等,精英或政治家展示自己财富的前提是,把财富用于城邦的公共事务。欧博尔的结论是,通过这些方式民众容忍精英或政治家的优越性,可以鼓励政治家更好的从事政治活动,也将他们与民众更紧密的连结在一起,见 Josiah Ober, *Mass and Elite in Democratic Athens: Rhetoric, Ideology and the Power of the People*, Princeton University Press, 1989, pp. 240-247;欧博尔还专门论述了富人凭借自己为城邦担任的经济义务而向民众要求好感的现象,见 Josiah Ober, *Mass and Elite in Democratic Athens: Rhetoric, Ideology and the Power of the People*, pp. 226-230。

② 德谟斯提尼强调,民众让埃斯基尼斯担任书记员是对埃斯基尼斯的一种恩惠,是民众使埃斯基尼斯成为自由人并且变得富有,见 Demosthenes 19 (*On the False Embassy*), 249; Demosthenes 18 (*On the Crown*), 131。

③ 伊斯特林(Easterling)就曾指出,德谟斯提尼描述埃斯基尼斯身世的修辞作用在于说明,埃斯基尼斯低贱的谋生方式使他更容易受到腓力二世贿赂的诱惑。见 Pat Easterling, "Actors and Voices: Reading between the Lines in Aeschines and Demosthenes", Simon Goldhill and Robin Osborne, ed., *Performance Culture and Athenian Democracy*, p. 155。

击德谟斯提尼,指出后者作为"演说辞作者"的贪婪同样表现在政治活动中。根据这些表述,从政治家的个人家庭经济状况,到他的谋生方式,再到他为城邦提供的经济支持(财产税和公益捐助)以及他所从事的政治活动,正是在此过程中贯穿着政治家始终如一的"本性"(*phusis*)和道德品格(*ēthos*)。用展示私人生活的方式来证明政治家的"本性"与品格是演说的修辞目的,这种修辞策略以"*rhētōr* 资格审查"制度及其相应民主观念为基本出发点,同时也表达并强化着民主制雅典对政治家个人经济实力的某些现实要求。我们可以看到,诉讼演说中关于政治家私人生活的展示作为"事实之外"的修辞策略,其修辞性是如何与雅典民主政治的历史语境紧密联系在一起的。

第二节 "亲友"与"仇敌":政治家的人际关系

埃斯基尼斯在《诉科忒西丰》中指出,揭露德谟斯提尼的私人生活(*idion bion*)需要长篇大论(*makroterou logou*),他随后便列举了三个事例以表明其品格之恶劣:其一,德谟斯提尼曾经弄伤自己,然后在战神山议会中诬告堂兄弟伤害罪(*tēn tou traumatos graphēn*);其二,德谟斯提尼参与指控克非索多图斯(Cephisodotus),后者是德谟斯提尼父亲的老友,德谟斯提尼担任战舰捐助时,曾经与作为将军的克非索多图斯共事并受到后者的款待;其三,德谟斯提尼在担任合唱队长(*khorēgos*)时被美狄亚斯(Meidias)殴打,后来却为了 30 米纳(*mnai*)而放弃了对美狄亚斯侵犯行为(*tēn hubrin*)的控告。① 这些内容反映出如下问题:首先,政治家处理自己人际关系的方式被视为其私人生活的一个重要组成部分,同时也是证明其道德品格的主要方式之一;其次,从埃斯基尼

---

① Aeschines 3 (*Against Ctesiphon*), 51-52,其中"米纳"(*mna*)是雅典货币单位。关于德谟斯提尼被美狄亚斯殴打一事,详见下一节。

斯所选择的三个事例来看,它们分别涉及德谟斯提尼如何对待亲属、朋友和敌人,这其实体现了雅典人所理解的人际关系的基本模式:"亲友"与"仇敌",这一模式所要求的道德准则是善待并帮助亲友,同时抵抗且攻击敌人;①再有,我们还应注意到,一方面,以上三个事例均为诉讼案件,另一方面,尽管其中第一个伤害罪的指控发生于战神山议会,但是大多数诉讼的场所主要还是公民法庭,我们所了解的德谟斯提尼对其监护人的控告以及他与政敌埃斯基尼斯之间的重要公共诉讼都是在法庭中进行的,因此可以说,政治家的人际关系主要是在公民法庭中通过诉讼的方式展示于民众面前的。

我们将看到,法庭诉讼形式本身就是诉辩双方关系的一种"表演"。在演说辞中,诉讼被称为 agōn,与当时的戏剧竞赛、诗歌竞赛和体育竞赛的名称是一样的,也就是说,当事人将自己的诉讼行为当作一种竞争活动(agōnizesthai),强调自己与对手在诉讼中的彼此对立关系。在现实生活中,人际关系的性质是多样的,各种纷争的形式也非常复杂,虽然存在仇敌这种极端情况,但是很多纷争中当事人所处位置未必总是明确的。但是,当社会层面的人际关系和纷争被"搬演"于法庭的"演说舞台"时,双方当事人必须以诉辩者的身份明确各自在诉讼中的立场,突出自己与对手的对立关系,因此,这种 agōn 的诉讼形式强化了诉辩双方的"仇敌"关系(ekhthra);与此相对应,它也同时强化了诉

---

① Lynette G. Mitchell and P. J. Rhodes, "Friends and Enemies in Athenian Politics", *Greece & Rome*, 2nd Ser., Vol. 43, No. 1. (Apr., 1996), p. 11;而且,该文以实证方式研究公元前雅典政治家之间实际的友谊与敌对关系,从多篇演说辞中甄选出丰富的例证,颇具参考价值。但是,与他们所采取的实证方式不同,笔者是把"亲友"与"仇敌"作为演说者所表述的一种人际关系模式来进行分析。正如米切尔(Mitchell)和罗德斯(Rhodes)所说,这种"亲友"与"仇敌"的模式必然与希腊人所习惯的两分法的思维方式密切相关,然而笔者在后文将指出,法庭诉讼形式也影响了演说中关于人际关系的叙述,强化了"亲友"与"仇敌"的模式。

辩双方与各自支持者之间的"亲友"关系(philia)。① 或者说,法庭诉讼把现实中复杂的人际关系约简为"亲友"与"仇敌"的典型模式。②

在德谟斯提尼早年对其监护人阿弗波斯的财产诉讼中,被告阿弗波斯是德谟斯提尼的堂兄,但是据德谟斯提尼所说,他拒绝在亲友范围内解决这次财产纷争,因此,德谟斯提尼不得不在法庭中争取自己的公正(tōn dikaiōn tugkhanein)。③ 于是,他通过起诉演说的表述,将自己与阿弗波斯的关系置于"亲友"与"仇敌"的模式之中。从《诉阿弗波斯之一》中,我们可以比较明显地看到,德谟斯提尼关于自己与阿弗波斯之关系的叙述分为两个层面,其一是社会层面的现实的亲属关系,其二则是在法庭诉讼的特殊场合中所着意强调的"亲友"与"仇敌"模式。第 13 至 16 节叙述了阿弗波斯作为德谟斯提尼的监护人进行交割财产的过程,这是发生在亲属范围内的事件,透露了社会层面的现实的亲属关系。根据这里的说法,阿弗波斯在其他亲属作证的情况下确认自己已经接收德谟斯提尼的部分财产。德谟斯提尼此处特别指出,当时在场

---

① 克莱斯特(Christ)指出,philia 既用于指称家族内部的亲属关系,也用于指称家族之外的朋友关系,而且,在克莱斯特看来,当现实生活中的纷争转化为法庭诉讼中诉辩双方的"仇敌"关系时,会凸显共同体中正常社会关系的破坏,演说者为了抵消这种消极影响,就更加强调"亲友"关系的重要性,见 Matthew R. Christ, *The Litigious Athenian*, p. 167。

② 约翰斯通(Johnstone)特别关注社会层面的一般纷争在进入法庭诉讼的特殊场合时,其叙事语境和叙事模式所发生的转化,这种转化其中就包括诉辩双方彼此关系的明确对立,除此以外,还有陪审员作为第三方的介入等,详见 Steven Johnstone, *Disputes and Democracy: The Consequences of Litigation in Ancient Athens*, The University of Texas Press, 1999, pp. 4-5, pp. 47-49。笔者的论述重点则在于,诉讼演说中对人际关系的展示,即如何运用"亲友"与"仇敌"的对立模式。关于诉讼之 agōn 的特征,另见克莱斯特的讨论:Matthew R. Christ, *The Litigious Athenian*, 1998, p. 163。

③ Demosthenes 27 (*Against Aphobus I*), 1, tōn dikaiōn tugkhanein 是法庭常用语,指获得正义的判决,在 Demosthenes 27 (*Against Aphobus I*), 2 中,teuksesthai tōn dikaiōn 被重复强调,这里 teuksesthai 是 tugkhanein 的将来时形式。

者包括自己的姨夫德谟卡瑞斯(Demochares),他来作证的目的是,如果阿弗波斯不按约定赡养德谟斯提尼的母亲并且归还德谟斯提尼的财产,德谟卡瑞斯可以与之交涉,而阿弗波斯当时也没有对德谟卡瑞斯的监督表示异议。这段叙述在一定程度上反映出亲属之间复杂的现实关系:纷争在亲属间是潜在的,而它未必会导致极端的"仇敌"关系,相反可以通过不同血缘关系的亲属之间的彼此监督制约而得以解决。而且,在这段叙述中,德谟斯提尼也没有使用极端词汇将阿弗波斯称为"仇敌"。直到演说辞的结尾部分(第65至69节),德谟斯提尼才明确指出,被告"像最可恨的仇敌"(*hōsper ekhthistoi*),不念及亲友关系(*tēs oikeiotētos*),不像朋友(*philoi*)和亲属(*suggeneis*)。① 与第64节之前的事实陈述不同,结尾部分的主要作用是争取陪审员的同情,表明诉讼本身的性质,并且要求对被告的判决,这些相比于事实陈述部分更具修辞性。可见,由于第13至16节与第65节在演说中分属不同位置,承担不同的说服功能,所以第13至16节从相对"客观"的视角展示了社会层面的现实亲属关系,而第65节则针对法庭诉讼的特定场合,参照"亲友"与"仇敌"的修辞模式来表述德谟斯提尼与阿弗波斯在诉讼当中的关系。

阿弗波斯败诉后,拒绝将田地归还德谟斯提尼,声称自己离婚后已将田地作为偿还的嫁资给予了妻兄奥内托尔(Onetor),而奥内托尔亦支持阿弗波斯的说法。德谟斯提尼为此又对奥内托尔提出指控,他在《诉奥内托尔之一》中力图证明阿弗波斯与奥内托尔二人说谎,在详细的事实陈述之后特别提出了一种反证:如果二人所说属实,那么,阿弗波斯离婚后不以金钱(*arguriou*)形式偿还嫁资,而是给予所有权存在争议的田地(*khōrion amphisbētoumenon*),这本来会引发他与奥内托尔的矛盾;但是,在法庭诉讼中奥内托尔却以"最亲近"的身份(*hōs oikeiotatos*)

---

① Demosthenes 27 (*Against Aphobus I*), 65.

支持阿弗波斯,并未表现出受到后者不公正的对待(oud' hōs adikoumenos)的愤怒。① 德谟斯提尼是要向听众指明,阿弗波斯与奥内托尔的说法与他们在诉讼中所表现出的"亲友"关系相矛盾,他们实际上并没有解除姻亲关系,而是合谋说谎骗取德谟斯提尼的财产。② 也就是说,在他看来,诉讼中所展示的"亲友"或"仇敌"关系应该与现实生活中的人际关系状况保持一致。这种反证之所以能够具有说服力,原因在于雅典人很可能就是将诉讼行为视作"亲友"与"仇敌"关系的直接体现。

从以上分析中我们可以比较明显地看出,"亲友"与"仇敌"模式是法庭诉讼场合的修辞要求的结果,是对现实社会中复杂人际关系所进行的一种基本的范畴划分,强调了现实人际关系的极端表现形式。演说者不仅用这一模式来展示诉讼中的人际关系,还用它来评判和表述一般人际关系。在许多存世的私人诉讼演说辞中,我们都会看到双方当事人之间的现实纷争如何被描绘成极端的"仇敌"关系。③ 但是,笔者在这里重点关注的是作为政治家的德谟斯提尼在涉及城邦事务的公共诉讼中如何展示自己的人际关系。我们注意到,这类公共诉讼均以城邦利益为名义,那么我们首先要问,德谟斯提尼与其他政治家之间的"亲友"与"仇敌"关系在城邦公共利益面前又被表述为具有怎样的地位呢?

德谟斯提尼的《诉美狄亚斯》比较直接的涉及该问题。根据这篇演说辞的说法,德谟斯提尼之所以控告美狄亚斯,是因为在一次狄奥尼索斯节的戏剧竞赛现场,美狄亚斯殴打了担任合唱队长的德谟斯提尼,

---

① Demosthenes 30 (*Against Onetor I*), 31.
② 《诉奥内托尔之一》要证明奥内托尔之妹并未与阿弗波斯真正离婚,而是仍然生活在一起,见 Demosthenes 30 (*Against Onetor I*), 4-5。
③ 伊塞乌斯(Isaeus)的存世演说辞主要是有关财产诉讼的,我们可以从中找到丰富的例子。

并且在节日庆典之前蓄意毁坏德谟斯提尼出资准备的庆典用具,阻挠其进行公益捐助。为此,德谟斯提尼在控告美狄亚斯时选择了公共诉讼中非常严重的一种形式:*probolē*。这种诉讼首先在公民大会中进行,并由民众表决是否支持起诉者的控告,之后再通过法庭审判给出正式的判决结果,其中,公民大会中的控诉程序就称为 *probolē*,有预审的意思。① 德谟斯提尼对美狄亚斯的控告在公民大会中已经获得民众的支持,《诉美狄亚斯》是准备在之后的法庭审判中使用的演说辞。从该篇演说辞可以看出,美狄亚斯将对德谟斯提尼所选择的诉讼形式提出驳难,认为他与德谟斯提尼之间的矛盾本应采取私人诉讼的形式(*dikas idias*)②,因此,德谟斯提尼在演说中面临的一个主要挑战就是为自己坚持 *probolē* 的诉讼形式进行辩解,说明其正当性。在此语境中,德谟斯提尼讨论了私人仇恨与公共利益的关系。

德谟斯提尼指出,自己是以合唱队长的身份遭到美狄亚斯侵犯的,该身份以城邦为名义(*ho te gar khoros ēn tēs poleōs*)③,这就强调了诉讼的公共性质。德谟斯提尼在演说辞的其他地方对自己合唱队长的身份还进行了再三声明④,并将"立法执政官"(*thesmothetēs*)和"执政官"(*arkhōn*)的公共身份作类比,证明美狄亚斯侵犯身为合唱队长的德谟

---

① *probolē* 由 *pro-*(在……之前)和 *bolē*(攻击)构成,可以理解为"预先攻击""先发制人"。

② Demosthenes 21 (*Against Meidias*), 25-28:据德谟斯提尼的说法,美狄亚斯声称他与德谟斯提尼之间的矛盾是 *hubris*,但是根据雅典法律,关于 *hubris* 的诉讼也属于公共诉讼,即 *graphē hubreōs*,德谟斯提尼为了突出自己所选择的 *probolē* 诉讼形式的重要性,模糊了 *dikas idias* 与 *graphē hubreōs* 之间的界限,将它们归于一类,与 *probolē* 相对立,参见麦克道威尔的注疏:Douglas M. MacDowell, ed., *Demosthenes Against Meidias* (*Oration 21*), p.247。

③ Demosthenes 21 (*Against Meidias*), 26.

④ Demosthenes 21 (*Against Meidias*), 31, 34, 55, 61, 74.

斯提尼实际上就是侵犯了法律以及属于民众和城邦的荣誉。① 德谟斯提尼从而坚称自己是以法律和民众的名义控告美狄亚斯②,反驳所谓私人矛盾的说法。③ 接下去,他又指责美狄亚斯将私人仇恨介入公共事务:在德谟斯提尼担任合唱队长进行公益捐助期间,美狄亚斯却以私人身份(*idiōtēn onta*)出于仇恨(*ekhthros*)而对他进行侵犯,完全不顾城邦的公共庆典和法律。④ 德谟斯提尼进而举例说明,在法律和民众意愿面前,私人仇恨应该受到抑制⑤,而美狄亚斯的做法却是将私人仇恨凌驾于公共利益之上,破坏了法律和民主政体的平等公正原则。⑥ 在德谟斯提尼看来,面对美狄亚斯的侵犯,没有人会"鲁莽而愚蠢"(*alogistos ē … athlios*)到仍然愿意为公共事务出资,德谟斯提尼自己的捐助行为也会被认为是"疯狂"(*maneis*)或者出于 *philotimia*。⑦ 这里的 *philotimia* 本义是"爱荣誉",一般情况下为褒义,是指一种通过从事公共事务而争取荣誉的美德,有时则指"野心",偏向于贬义。⑧ 在德谟斯提尼这里,其含义则更加微妙:他将 *philotimia* 与"疯狂"联系起来,突出了反讽意味,并且同时强调"鲁莽"与"愚蠢",意在表明,私人仇恨一旦介

---

① Demosthenes 21 (*Against Meidias*), 31-34.
② Demosthenes 21 (*Against Meidias*), 40.
③ 据德谟斯提尼的说法,美狄亚斯很可能声称,德谟斯提尼之所以控告自己,是由于德谟斯提尼是自己的敌人,见 Demosthenes 21 (*Against Meidias*), 29。
④ Demosthenes 21 (*Against Meidias*), 61.
⑤ Demosthenes 21 (*Against Meidias*), 62-65.
⑥ Demosthenes 21 (*Against Meidias*), 66-67.
⑦ Demosthenes 21 (*Against Meidias*), 66, 69.
⑧ 关于 *philotimia* 一词的多种含义,麦克道威尔曾经给出比较全面的总结,他认为该词在公元前 5 和 4 世纪具有不同的含义,在公元前 5 世纪和前 4 世纪早期,更偏重于个人的荣誉感,公元前 4 世纪中后期则具有为城邦公共利益做出贡献的意思,见 Douglas M. MacDowell, ed., *Demosthenes*: *On the False Embassy* (*Oration 19*), pp. 223-224。同时参见 Christos Kremmydas, Commentary on Demosthenes Against Leptines, Oxford University Press, 2012, pp. 191-192。

入公共事务,也就同时造成对私人利益的功利化考虑,这将有损于雅典人对 philotimia 的正当理解,从而阻碍城邦公共利益的实现。

德谟斯提尼的上述议论意在强调诉讼行为的公共性质,而否认私人仇恨的因素。但是我们发现,在私人人际关系与公共利益的问题上,雅典人的确表现出一种功利化的价值判断。与德谟斯提尼同时代的雅典政治家吕库古斯(Lycurgus)曾经指出,在当时的社会现实中,为了公共事务而引发私人仇恨的人(ton idiai kinduneuonta kai huper tōn koinōn apekhthanomenon)并不被视为"爱城邦"(philopolin)者,相反却是"好事者"(philopragmona)。① 德谟斯提尼在公民大会演说中也曾表示,他并不如此"愚蠢"(aphrōn),以至于在进行政治提议的时候引发他人的仇恨(apekhthanesthai)。② 这一观念深刻影响着政治家的公共诉讼行为,他们更会从功利的角度来考虑诉讼行为对自己人际关系的影响以及由此产生的后果,力求在城邦公共利益和有利于个人的良好人际关系之间取得平衡。对于他们来说,为前者而牺牲后者的做法是不受鼓励的。③ 我们将看到,《使团辞》中德谟斯提尼为自己控告埃斯基尼斯所进行的辩解以及关于个人人际关系状况的说明,正是以这种功利化的考虑作为基本出发点之一。

公元前 343 年德谟斯提尼对埃斯基尼斯受贿行为的控告涉及雅典与马其顿之间的重要外交事务,但是,德谟斯提尼却在《使团辞》中表现出对被告的宽容,将自己处理人际关系的方式与民众对待政治家的态度联系起来:民众并不嫉妒政治家(ou phthonerōs),因此德谟斯提尼自己也可以在一定程度上容忍其他政治家的过失。他指出,如果埃斯

---

① Lycurgus, *Against Leocrates*, 3.
② Demosthenes 3 (*Olynthiac III*), 21.
③ 克莱斯特指出,雅典人在对待诉讼行为方面表现出矛盾性,他们一方面鼓励人们为了自己所受到的伤害而进行报复,另一方面又把诉讼视为爱好纷争的表现,见 Matthew R. Christ, *The Litigious Athenian*, p.161。

基尼斯的行为是由于愚蠢无知,就会放过他;然而,事实上埃斯基尼斯却是因为卑鄙而受贿,必须受到控诉。① 同时,德谟斯提尼还强调埃斯基尼斯是以公共身份接受审判的,如果埃斯基尼斯以私人身份在演说时讲一些蠢话,可以不作追究;但他作为使节而被金钱收买欺骗民众的行径,则不能被放过。② 这种宽容的姿态已经暗示着德谟斯提尼对个人人际关系与公共利益的双重关注,而对前者的功利化考虑还更加明显的体现在《使团辞》各处。例如,德谟斯提尼在演说中声称,埃斯基尼斯因受贿而将雅典盟邦弗基斯(Phocis)出卖给马其顿,埃斯基尼斯将对此提出质问:为什么弗基斯人自己不来进行控诉? 德谟斯提尼辩驳道:这是因为弗基斯人不愿意为了公共利益(*huper tōn koinōn sumphorōn*)而与埃斯基尼斯结下私人仇恨(*idian ekhthran*)。③ 我们发现,德谟斯提尼所表述的弗基斯人的这种观念与雅典人对公共利益和私人人际关系的看法是一致的,或者说,他正是将雅典人的观念置于弗基斯人身上,用这种迂回的方式表明,自己的控告行为在代表公共利益的同时,还承担着引发埃斯基尼斯私人仇恨的风险。这显示了德谟斯提尼对自我人际关系的功利化考虑。再如,关于出使马其顿期间赎买人质一事,德谟斯提尼强调自己与其他使节的对立:其他使节收取腓力二世的贿金,德谟斯提尼却出钱赎买拘留于马其顿的俘虏(*tous aikhmalōtous*)。④ 在叙述了自己赎买人质的过程并且展现了自己的慷

---

① Demosthenes 19 (*On the False Embassy*), 98-101,这里使用的是标准版节号,相当于洛布古典丛书版 Demosthenes 19 (*On the False Embassy*), 102-105,由于标准版的节号缺少 105 至 109,洛布古典丛书将 91 至 109 节重新编订节号,因此,标准版与洛布古典丛书的《使团辞》在这一部分的节号有区别,但文本内容是一致的。参见洛布古典丛书相关说明,*Demosthenes*, Vol. II, Loeb Classical Library, Harvard University Press, 1926, revived 1939, p. 245。

② Demosthenes 19 (*On the False Embassy*), 182.

③ Demosthenes 19 (*On the False Embassy*), 80.

④ Demosthenes 19 (*On the False Embassy*), 166-170.

慨与信守诺言的品格之后,德谟斯提尼转而从功利角度对自己的这一行为作出评价。他指出,在别人获取金钱时自己却花费金钱,这并非只是为了在民众面前表现出 philotimia(爱荣誉),自己也没有愚蠢(ou athlios oud' aphrōn)到放弃一种既更有利于整个城邦(meizonas ōpheleias pasēi tēi polei)又不损害自己利益(aneu dapanēs)的做法。① 我们注意到,这里与《诉美狄亚斯》一样,也是将 philotimia 与"愚蠢"联系起来,德谟斯提尼由此表露出对公共利益和个人利益的权衡,这种权衡依然离不开他与被告之间的"仇敌"关系。关于控告埃斯基尼斯的动机,德谟斯提尼反问道:"有很多仇敌难道快乐吗?"(hēdu pollous ekhthrous ekhein)并且表示,自己作为起诉者将面临被仇敌摧毁的危险。而后,他还说明自己与埃斯基尼斯之间先前并无仇恨(apekhtheia)。② 接下去,他又进一步辩解说,采取控告行为也不是为了在金钱方面获得个人利益,因为与控告埃斯基尼斯相比,收取腓力二世的贿金并且与被告等其他使节同流合污反而更加有利可图。③ 这里,德谟斯提尼的主要目的在于表明自己的诉讼行为是为维护城邦公共利益,否认其中存在私人仇恨的因素;但是他却反复表现出对自己私人人际关系的功利化考虑,并向听众指明自己可能做出的另一种选择,这种选择不会引发埃斯基尼斯的私人仇恨,还能带来金钱。德谟斯提尼要告诉听众,自己是在权衡过私人利益和城邦公共利益的基础上选择了控告行为,以使其诉讼之出于公共利益的声明更具真实感与可信性。

我们可以认为,以上表述是德谟斯提尼采取的一种修辞策略,他利用了雅典人对诉讼行为中双方当事人私人关系的关注以及与之相应的功利化价值取向。这非常生动地体现了展示私人人际关系的重要性:

---

① Demosthenes 19 (*On the False Embassy*), 173.
② Demosthenes 19 (*On the False Embassy*), 221.
③ Demosthenes 19 (*On the False Embassy*), 222.

在公共诉讼场合，雅典民众对政治家之间私人关系的兴趣似乎优先于对城邦公共利益的考虑。① 因此，在《诉美狄亚斯》中，德谟斯提尼尽管极力强调诉讼的公共性质，却仍然详尽叙述了自己与美狄亚斯之间的私人仇恨，内容涉及美狄亚斯兄弟与德谟斯提尼的监护人合谋强迫德谟斯提尼担任战舰捐助②，以及后来美狄亚斯对德谟斯提尼的多次诬告行为。③ 德谟斯提尼在叙述之前特别指出："陪审员们，我想你们当中有些人要听我们（指德谟斯提尼与美狄亚斯）彼此间的仇恨（*tēn ekhthran*）。"④这说明，对于陪审员和其他听众来说，公共诉讼首先是双方当事人之间"仇敌"关系的展示。所以，政治家在公共诉讼中面临着一种张力：他一方面要将诉讼行为诉求于城邦公共利益，另一方面，又不能忽视诉讼行为在雅典民众眼中所表现出的特征。《诉科忒西丰》中，埃斯基尼斯重提德谟斯提尼控告那些与他一同前往马其顿的使节，指责德谟斯提尼是"背叛朋友的卑鄙的人，表现出忠实于民众"（*prodotēs ōn tōn philōn kai ponēros, pistos tōi dēmōi phanēsesthai*）。⑤ 德谟斯提尼则在《金冠辞》中批评道，诉讼现场的埃斯基尼斯伪装（*prospoiēi*）成德谟斯提尼的仇敌（*ekhthros*）⑥，事实上却是对民众心怀恶

---

① 吕西阿斯的演说辞《诉埃拉托斯提尼》（*Against Eratosthenes*）也可为此提供佐证，该篇演说辞一开始就指出：本应首先陈述诉辩双方之间的仇恨（*ekhthra*），现在却要阐释被告"对城邦的仇恨"（*pros tēn polin ekhthra*）；但这并不意味着被告与原告之间不存在仇恨，而是此次诉讼也涉及民众的公共利益。这种辗转迂回的特别说明正反映出作为演说听众的陪审们对诉辩双方之间的私人仇恨往往给予优先关注。见 Lysias 12（*Against Eratosthenes*），2。

② Demosthenes 21（*Against Meidias*），77-82。

③ Demosthenes 21（*Against Meidias*），102-122：包括诬告德谟斯提尼逃离战阵和杀人等。

④ Demosthenes 21（*Against Meidias*），77。

⑤ Aeschines 3（*Against Ctesiphon*），81。

⑥ Demosthenes 18（*On the Crown*），124。

意的背叛者(prodotēn einai kai kakonoun humin apephēnen)。① 我们从中看到,埃斯基尼斯意欲向听众表明,德谟斯提尼把自己塑造为城邦与民众利益捍卫者的形象是一种伪装和欺骗,诉讼行为其实无非是德谟斯提尼放弃与其他政治家私人朋友关系并结为仇敌的结果。这里,埃斯基尼斯正是利用了雅典民众对诉讼行为的认识,按照"亲友"与"仇敌"的模式把公共诉讼表述为政治家之间私人关系的展示,来反驳德谟斯提尼对公共利益的诉求。对此,德谟斯提尼则强调说,雅典人的祖先建立法庭是让人们来指控那些对城邦犯下罪行的人(tis ēdikēkōs ti tugkhanēi tēn polin),并不是让诉辩双方为了私人事务(apo tōn idiōn)而彼此诽谤。② 同时,他还要求听众不能将诉讼行为只看作"政治家之间的竞争"(rhētorōn agōna),试图转移他们的注意力,去审视城邦的政治事务(tōn pepoliteumenōn)。③ 我们知道,无论是声称自己为了公共利益,还是责难对手出于私人仇恨,很大程度上都是演说者的修辞策略;而公共诉讼实际上表现出的则往往是政治家之间在从事城邦政治活动的过程中所结成的某种人际关系,这种政治关系代表着不同政治家在政策选择方面的一致或分歧,有助于民众对政治事务的认识。于是我们要问,既然雅典人把主要兴趣投注于政治家私人人际关系的展示之上④,那么,这种展示对于民众理解政治家之间的政治关系又具有怎样的作用呢?

---

① Demosthenes 18 (*On the Crown*), 135,引文中 humin(你们)指雅典民众。
② Demosthenes 18 (*On the Crown*), 123.
③ Demosthenes 18 (*On the Crown*), 226.
④ 克莱斯特指出,在公共诉讼中,尽管陪审员们本应该关注的是没有社会关系的政治家(rhētores)之间的彼此攻击,但事实上他们却更关注私人矛盾。这说明克莱斯特也认识到,雅典民众对公共诉讼中的政治家之私人人际关系的兴趣多于对其政治关系的兴趣。Matthew R. Christ, *The Litigious Athenian*, p.164.

《诉美狄亚斯》中德谟斯提尼对美狄亚斯处理人际关系的方式的批评特别值得注意。德谟斯提尼指责美狄亚斯不能区分仇敌（*ekhthron*）与朋友（*philon*）：虽然美狄亚斯指控德谟斯提尼犯有杀人罪，但是却又允许德谟斯提尼为民众和整个城邦主持议事会成员的神圣的就职仪式，允许德谟斯提尼率领雅典代表参加涅墨亚节日庆典（*tōi Dii tōi Nemeiōi*），并且允许德谟斯提尼被选为负责复仇女神（*tais Semnais*）祭祀活动的官员（*hieropoion*）。① 德谟斯提尼意在向听众说明，由美狄亚斯的诬告展示出的二人之间的仇敌关系，是与美狄亚斯在公共事务方面对德谟斯提尼表现出的态度相矛盾的。德谟斯提尼的这一指责反映了雅典人对政治家人际关系的一般看法：政治家之间的仇敌或朋友关系，无论在私人领域的日常生活中、在诉讼行为中还是在公共事务中，应该保持一致。接下去，德谟斯提尼关于美狄亚斯诬告阿瑞斯塔库斯（Aristarchus）一事的叙述更加明确地表达了这种观念。据德谟斯提尼的说法，美狄亚斯企图通过控告阿瑞斯塔库斯而牵连德谟斯提尼。② 德谟斯提尼在叙述中着意突出美狄亚斯对待阿瑞斯塔库斯的前后矛盾的方式：美狄亚斯在前一天还像朋友一样出入阿瑞斯塔库斯的家宅，转天却在议事会中激烈攻击阿瑞斯塔库斯，要求逮捕他并处以死刑，过后，美狄亚斯仍然到阿瑞斯塔库斯家中亲切交谈，发誓说未曾讲过他的坏话，并请他担任美狄亚斯与德谟斯提尼之间的调解人。③针对美狄亚斯的这种行为，德谟斯提尼提出对待朋友与仇敌的正当方

---

① Demosthenes 21 (*Against Meidias*), 114-115：涅墨亚节日是以宙斯为名义举办的全希腊的庆典活动，率领雅典代表参加该活动是公益捐助的形式之一，参见 Douglas M. MacDowell, ed., *Demosthenes Against Meidias* (*Oration 21*), p. 338。

② Demosthenes 21 (*Against Meidias*), 116, 118，麦克道威尔指出，德谟斯提尼是阿瑞斯塔库斯的朋友，见 Douglas M. MacDowell, ed., *Demosthenes Against Meidias* (*Oration 21*), p. 339。

③ Demosthenes 21 (*Against Meidias*), 116-119。

式:如果朋友做了恶事,应该从轻惩罚,只消解除友谊关系即可,而报复与控告则是他的仇敌(tois ekhthrois)和受害人所采取的行动。① 根据德谟斯提尼的这种表述,私人人际关系在诉讼中被置于首要地位:是否采取诉讼行为取决于当事人双方的仇恨或友谊,出于私人仇恨的诉讼是得到肯定的,而朋友之间的彼此控告则不受鼓励,甚至遭到指责。

通过以上内容,我们已经明显看到诉辩双方私人关系的展示对于雅典人理解诉讼行为和公共事务中形成的人际关系具有至关重要的作用。政治家之间由于政策选择而导致的分化与结盟,在公共诉讼演说中同样被表述为私人关系的延伸并且最终归结于私人关系。公元前343年德谟斯提尼对埃斯基尼斯的指控很大程度上反映了两种外交政策的对立,德谟斯提尼当时彻底否定雅典与马其顿之间的腓罗克拉底和约(Peace of Philocrates),埃斯基尼斯则坚持维护和平。② 当时另一位颇具影响力的政治家欧布鲁斯(Eubulus)的主要政策是限制雅典的军事行动以缩减城邦开支,这与埃斯基尼斯的和平政策相一致。从德谟斯提尼和埃斯基尼斯二人的演说辞中我们了解到,欧布鲁斯作为埃斯基尼斯的支持者出现在当时的诉讼现场,并且因此受到德谟斯提尼的质问与谴责。这里我们要特别留意德谟斯提尼所选择的首要的质问内容:欧布鲁斯的亲人和朋友受到指控的时候,欧布鲁斯都没有为他们辩护;而埃斯基尼斯曾经与阿里斯托丰(Aristophon)合谋借由指控腓罗尼库斯(Philonicus)而攻击欧布鲁斯,因此成为欧布鲁斯的仇敌之一(tōn ekhthrōn),却为什么能够在诉讼中得到欧布鲁斯的支持?在此之后,德谟斯提尼的质问才涉及政策问题:欧布鲁斯支持埃斯基尼斯,要

---

① Demosthenes 21 (*Against Meidias*), 118.
② 巴克勒(Buckler)指出,德谟斯提尼和埃斯基尼斯分别代表了雅典对待马其顿问题上两种相反的外交政策,同时,在这种政治分歧之上,二人之间还存在着私人仇恨。见 John Buckler, "Demosthenes and Aeschines", Ian Worthington, ed., *Demosthenes: Statesman and orator*, Routledge, 2000, p.114。

求民众表决通过雅典与马其顿的和约,这难道表明与埃斯基尼斯之间的仇恨已经化解(*diēllaksai*)了吗？接下去,德谟斯提尼继续质问:欧布鲁斯在公民大会中坚决表示抵抗马其顿的腓力二世,但是为何又来帮助埃斯基尼斯呢？最后,德谟斯提尼诘难道:欧布鲁斯既然曾经指控他人的受贿行为,难道就不应该同样指控埃斯基尼斯吗？后者因受贿而损害了雅典的盟邦。① 我们发现,在德谟斯提尼对欧布鲁斯的这四次质问中,居于首位的竟然是欧布鲁斯与埃斯基尼斯之间的私人关系。在德谟斯提尼看来,欧布鲁斯本应在诉讼中帮助亲友而攻击敌人,这是必须首先遵循的人际关系原则,但是欧布鲁斯在政策选择方面对埃斯基尼斯的支持却违背了这一原则。而且,在德谟斯提尼的表述中,欧布鲁斯与埃斯基尼斯之间的仇敌关系又是通过之前的一次诉讼行为得以证实的。这再次体现出雅典人把诉讼行为首先最直接的理解为私人关系的展示,而诉讼所涉及的政策选择和诉讼本身所针对的罪行则属其次。

针对德谟斯提尼的指控,埃斯基尼斯在申辩演说的最后部分强调了政策选择方面的分歧。他追溯历史,指出在"三十僭主"的寡头政变之后重建的民主政体中有许多人以非法方式成为公民,他们宣扬战争拒绝和平,而如今仍然有许多人坚持同样的政策,这将摧毁雅典民众(*tois polemois, eks hōn ho dēmos kataluetai*)。② 可见,埃斯基尼斯将作为政敌的德谟斯提尼加以类型化,将自己与德谟斯提尼个人之间的诉讼转化为与一类主战派政治家之间的对立。埃斯基尼斯改用复数(*houtoi*,"他们")来指称自己的对手,并且在这些人面前将自己塑造为孤立的形象:是"他们在联合起来攻击我"(*houtoi nun ep' eme sustraphentes hēkousi*)、"他们在审判我"(*eme … krinousin*)、"只有我在接受审查"

---

① Demosthenes 19 (*On the False Embassy*), 290-293.

② Aeschines 2 (*On the Embassy*), 177.

(*monos tas euthunas didōmi*)。① 我们在这里看到，埃斯基尼斯的表述似乎暂时脱离了对私人关系的关注，但是他紧接下去向陪审员的诉求则又返回到他与德谟斯提尼之间的"仇敌"关系上来。埃斯基尼斯把自己的父母兄弟子女带至诉讼现场，请求陪审员不要将他们交于"仇敌"和德谟斯提尼之手（*mē tois ekhthrois autous mēd' anandrōi kai gunaikeiōi tēn orgēn anthropōi paradounai*）②，应该注意到，一个被特别加以强调的单数词组 *anandrōi kai gunaikeiōi tēn orgēn anthropōi* 重新从复数 *tois ekhthrois*（仇敌）中凸显出来，该单数词组的意思是"这个没有男子气的而在性格上类似女人的人"，即德谟斯提尼。埃斯基尼斯用这种方式将诉讼行为归结于德谟斯提尼对他的私人仇恨。而且，埃斯基尼斯尽管仍然强调自己作为"个人"（*idiōtēs*）独自身处"政治竞争"之中（*en de tois politikois agōsi monos*）③，但是在演说结尾他却同样从这种虚构的孤立境地中重返诉讼现场，在这里他其实并不孤立，他可以获得欧布鲁斯等人的支持。埃斯基尼斯向听众说明，这些支持者既包括政治家和将军，同时也有他的朋友（*tōn philōn*）。④ 这场公共诉讼从而最终被表述为政治家之间"亲友"与"仇敌"关系的展示。

　　本节的分析表明，在公共诉讼场合中，政治家的私人人际关系是以"亲友"与"仇敌"的模式被展示出来的，雅典民众从这种展示出发来理解政治家之间的诉讼行为以及政治家们在从事城邦公共事务的过程中由于不同的政策选择而结成的政治关系。综合上一节的论述来看，政治家的家庭出身、经济状况、谋生方式和私人人际关系共同构成了其完整的私人生活（*idios bios*）。这种私人生活的展示虽然与雅典民主政治存在着深刻的联系，但是我们也看到其具体内容当中存在着污蔑与诽

---

① Aeschines 2 (*On the Embassy*), 178.
② Aeschines 2 (*On the Embassy*), 179.
③ Aeschines 2 (*On the Embassy*), 181.
④ Aeschines 2 (*On the Embassy*), 184.

谤、夸张与歪曲,不乏迎合民众的兴趣和偏见的因素。我们因此会提出疑问:在涉及城邦政治事务的重要公共诉讼中,雅典民众难道就是将主要兴趣集中在政治家私人生活的丑闻和政治家之间私人仇恨的"表演"之上吗?甚至于,他们就是依靠演说所展示的政治家的私人生活来做出判决,并且按照私人人际关系的逻辑来评定政治家的政策选择和公共行为吗?这种私人生活的展示是否能够真正增进民众对政治家的了解?遗憾的是,我们无法确证所展示内容的真实性①,更无法了解听众的反应,不知道他们对于那些被披露的政治家的私人生活会信以为真,还是仅仅付诸一笑。但是,我们却能够在演说辞中找到一些反映政治家私人生活的展示与社会舆论之间的互动关系的线索,从而证明这种展示在民众政治认知方面可能具有的社会功能。接下来,笔者就将详细分析演说辞中的相关内容,更近距离考察政治家私人生活的展示过程及其意义。

第三节 "尽人皆知"的私人生活:诉讼演说与社会舆论

针对埃斯基尼斯关于私人生活的抨击,德谟斯提尼在《金冠辞》中提出,评判一个政治家重要的是审视其参与城邦政治活动的所作所为(*tois pragmasi kai tois politeumasi* 和 *tōn pepoliteumenōn*)。② 对这一反驳,作为起诉方而首先进行演说的埃斯基尼斯似乎早已了解。他在起诉演说《诉科忒西丰》中先已提醒听众,德谟斯提尼会在演说中美化自己的

---

① 哈里斯曾经尝试利用德谟斯提尼与埃斯基尼斯演说辞的内容来研究埃斯基尼斯可能的真实家庭背景,也许值得参考,见 Edward M. Harris, *Aeschines and Athenian Politics*, pp. 21-29,哈里斯所采取的基本判断方法是,如果政治家本人在演说辞中针对被攻击的某些问题保持沉默,不予反驳,那么,这些问题就很可能是真实的。

② Demosthenes 18 (*On the Crown*), 122, 226.

公共政治行为,歪曲事实,甚至于将没有做的事也讲得详细而生动。①与此相反,德谟斯提尼的私人生活却是人所共知的老生常谈:埃斯基尼斯重复强调 arkhaia de kai lian homologoumena 和 palaia kai lian proōmologēmena,其中 arkhaia 和 palaia 是指"从最初"和"很久以来"便为人们所认同;而且,埃斯基尼斯还说明,关于德谟斯提尼私人生活的说法对于听众来说是非常可信的(houtōs esti pista kai gnōrima tois akouousin)。② 我们从中看到,一方面,对政治家私人生活的揭示与政治家关于公共行为的自我标榜被明确表述为对立关系,体现了政治家的公共行为需要受其私人生活制约的民主观念。另一方面,这种制约被表述为与一种舆论机制相结合,演说者借助"尽人皆知"的社会舆论来证明自己揭示政治家私人生活的可信性,用以限制政治家谎称自己的政治功绩。同时,也正是经由这一舆论机制,演说者才能够更具说服力地将听众的视线引向演说现场之外,去关注那些不为政治家的修辞技巧所控制的社会因素。既然政治家被认为是与民众一起生活在城邦之中,与民众"面对面",那么他们的日常私人生活也应该被想象为处于民众的监视之下。

实际上,称政治家的私人生活是"尽人皆知"的说法,在演说辞中屡见不鲜。问题在于,现实中的雅典民众是否真的能够完全了解政治家的私人生活;或者,"尽人皆知"只是一种修辞性的说法,就像亚里士多德在《修辞学》中建议演说者使用的那样,而这一说法本身却缺少严肃的真实性。关于私人生活"尽人皆知"的修辞性,我们可以从德谟斯提尼《诉美狄亚斯》中更清楚地看到。德谟斯提尼说美狄亚斯在"所有时间"(tou pantos khronou)中选择的恶劣生活方式是"尽人皆知"的,要求听众不要让"现在的时刻"(ton paronta kairon)变得比"所有时间"更

---

① Aeschines 3 (*Against Ctesiphon*), 54, 229.
② Aeschines 3 (*Against Ctesiphon*), 53.

具权威性(*kuriōteron*)和可信性(*pistoteron*)。① 这里"现在的时刻"是指演说现场,德谟斯提尼诉求有关美狄亚斯私人生活的社会舆论,明显是为反驳美狄亚斯的现场演说并作为诋毁其现场表现的一种修辞策略。而关于美狄亚斯的出身,德谟斯提尼则说:"你们无人不知他这些不可言说的身世"(*tis ouk oiden humōn tas aporrētous ... tas toutou gonas*)②,美狄亚斯的身世就像悲剧中的人物一样。这里有意突出"尽人皆知"与"不可言说"的矛盾,用"尽人皆知"来讽刺美狄亚斯刻意隐瞒自己的身世,同时以悲剧作类比,更增强了讽刺性,而关于美狄亚斯出身的真实情况则被掩盖在德谟斯提尼接下去按照悲剧人物的模式对美狄亚斯所进行的描绘之下了。

但是,"尽人皆知"的说法并不能仅仅解释为这种简单的修辞性,它还受到演说者更严肃的对待。赫斯克发现了演说辞中针对"尽人皆知"这一说法的"反修辞"现象,也就是有些演说者会指出对手所说"尽人皆知"的虚假性,反驳说并不是所有人都知道。③ 赫斯克的发现提醒我们,"尽人皆知"的说法在当时雅典人看来,并非完全空洞的套语,相反却同样受到可信性的拷问。笔者认为,"尽人皆知"被表述为一种社会舆论机制,在演说中展示政治家的私人生活方面也一定有其特殊而实在的意义。埃斯基尼斯与德谟斯提尼关于 *phēmē* 的辩论为我们进一

---

① Demosthenes 21 (*Against Meidias*), 186-187.

② Demosthenes 21 (*Against Meidias*), 149;有疑问的是,这里的 *aporrētous* 是否与 *dikē kakagorias* 中的 *aporrēta* 有关,也就是说,关于德谟斯提尼此处所要揭示的美狄亚斯的出身,是否有涉及"诽谤罪"中 *aporrēta* 的内容。但是麦克道威尔直接译为"秘密",见Douglas M. MacDowell, ed., *Demosthenes Against Meidias* (*Oration 21*), p.177。

③ Jon Hesk, "The Rhetoric of Anti-Rhetoric in Athenian Oratory", Simon Goldhill and Robin Osborne, ed., *Performance Culture and Athenian Democracy*, pp.227-229,在赫斯克看来,这种针对"尽人皆知"的"反修辞"现象本身也是一种修辞策略,所以赫斯克把它称为"反修辞的修辞"(rhetoric of anti-rhetoric)。赫斯克主要从修辞策略角度对这种现象进行了例证分析,笔者接下去则尝试对它背后可能隐藏的社会政治功能加以探索。

步详细考察该问题提供了很好的讨论素材。*phēmē* 来源于动词 *phēmi*（说、讲），可以指"传闻、流言"，从埃斯基尼斯与德谟斯提尼的表述看，在某种意义上，它也有着"社会舆论"的意思。

这一辩论，是从埃斯基尼斯控告提马库斯开始的。埃斯基尼斯说，关于所指控的提马库斯的私人生活是"尽人皆知"的，而且在埃斯基尼斯看来，与这种"尽人皆知"的社会舆论相比，法庭中提交的证据似乎都是次要的：他表示，因为"尽人皆知"，所以没有必要"加以证明"（*tas apodeikseis poieisthai*），提交证据（*marturian*）也只是为了遵守法庭程序。① 后来，埃斯基尼斯又将这种"尽人皆知"的社会舆论称为 *phēmē*。② 但是，在《使团辞》中，德谟斯提尼批评埃斯基尼斯诉求"尽人皆知"与 *phēmē*，指责这是为缺乏证据而寻找借口，并且反驳道，并非所有人都了解提马库斯，相反，埃斯基尼斯出使马其顿期间的受贿行为却是"尽人皆知"的。③

我们有必要仔细分析埃斯基尼斯关于 *phēmē* 的表述。首先，埃斯基尼斯明确强调 *phēmē* 是关于政治家的私人生活的。《诉提马库斯》第127节说，"关于这些人的生活（*bion*）与行为（*prakseis*），某种并非虚假的 *phēmē* 自然而然地（*apo tautomatou*）在城邦中传布，它（指 *phēmē*）将私人的行为（*tas idias prakseis*）传播于众人（*tois pollois*）。"而且，这种 *phēmē* 对于政治家在城邦公共行为中的道德形象至关重要，第129节说，"所有在公共方面热爱荣誉的人（*hoi dēmosiai philotimoi*）都相信，名声来自于良好的 *phēmē*（*para tēs agathēs phēmēs*）。"前文曾经说明（本章第一节），在当时雅典人的观念中，政治家的私人生活（*idios bios*）被认为是其道德品格（*ēthos*）的体现，而这种道德品格决定着政治家的公共

---

① Aeschines 1 (*Against Timarchus*), 44.
② Aeschines 1 (*Against Timarchus*), 127-129.
③ Demosthenes 19 (*On the False Embassy*), 243-244.

行为。从埃斯基尼斯对 phēmē 的上述表述中,我们可以看到,phēmē 正是被作为与这一观念相适应的社会舆论机制,保证了民众得以了解政治家的私人生活,从而评判其道德品格,进而约束其公共政治行为。其次,埃斯基尼斯对提马库斯私人生活的叙述使我们感到,他所说的这种 phēmē 很可能的确存在。埃斯基尼斯介绍了提马库斯广泛而复杂的社会关系,后者作为男妓与商人、异邦人均有交往,同时还描绘了提马库斯既出入于普通民众不了解的贵族式的生活场合,又混迹于民众所熟悉的赌场。① 这些社会关系自然会使关于提马库斯私人生活的传言广为传播,形成埃斯基尼斯所谓"尽人皆知"的 phēmē。因此,听众很可能真的倾向于相信埃斯基尼斯的说法,而忽略证据证明,德谟斯提尼关于缺乏证据的指责就显得没有力度。而且,德谟斯提尼针对埃斯基尼斯的 phēmē 说法而指出埃斯基尼斯的受贿行为也是"尽人皆知",但这一指责更不容易令人信服。因为,如前所述,phēmē 是关于政治家在城邦内部的生活方式的社会舆论,而埃斯基尼斯的受贿发生于雅典城邦之外,与此有关的传言相比于埃斯基尼斯所说的 phēmē 则缺少社会基础。

  接下去,埃斯基尼斯在《论使团》中对德谟斯提尼的上述反驳进行回应,提出了关于"尽人皆知"的舆论机制的另一个问题。埃斯基尼斯重申 phēmē 的含义,它是来自于公民全体的(to plēthos tōn politōn),是自发而非出于任何成见(automaton ek mēdemias prophaseōs),而且是实事求是的(hōs gegenēmenēn praksin)。与此相反的是"诬告"(sukophantia),它是一个人向民众进行灌输(pros tous pollous heis anēr aitian embalōn),发生在所有公民大会之中和议事会场合(en te tais ekklēsiais

---

① 关于提马库斯参加贵族式的会饮场所之描述,见 Aeschines 1 (Against Timarchus), 41-42;关于提马库斯出入赌场的描述,见 Aeschines 1 (Against Timarchus), 53,此处埃斯基尼斯特别指出,听众中有人曾经看到赌场中的情景,或者至少也听说过。

hapasais pros te tēn boulēn),目的是攻击他人(*diapallēi tina*)。① 这里值得我们注意的是,埃斯基尼斯特别指出公民大会场合,他将政治家之间的诬告与攻击置于该场合,并且将它们与 *phēmē* 对立起来。公民大会作为信息来源,不仅被排斥于社会舆论之外,而且成为反驳的主要对象。对公民大会场合的类似看法也见于德谟斯提尼《诉美狄亚斯》,在批评美狄亚斯没有很好履行公益捐助的经济义务时,德谟斯提尼着重针对的是美狄亚斯在公民大会中虚假夸耀自己提供的公益捐助,并且重复强调"所有的公民大会"(*en hapasais tais ekklēsiais*)和"每一次公民大会"(*kath' hekastēn tēn ekklēsian*)。② 德谟斯提尼在《诉安德洛提翁》中也突出表明安德洛提翁在公民大会中的言行与德谟斯提尼诉讼演说所展示的内容之间的对立,并且强调安德洛提翁在公民大会之中(*en tōi dēmōi*)污蔑他人。③ 两者对待公民大会场合的这种相同态度引起我们的质疑:德谟斯提尼与埃斯基尼斯强调政治家的自我标榜以及彼此的诬告与攻击是发生在公民大会场合,然而,我们却从存世演说辞中看到,这些内容主要见于法庭诉讼演说,而公民大会演说辞则几乎没有政治家的彼此攻击,只是偶然出现一些并不指名的暗示。④ 这一矛盾很可能与史料的局限性有关;但是,即使公民大会和公民法庭一样,实际上也存在政治家彼此诬告、攻击和自我夸耀的现象,为什么是公民大会而非法庭被单独指出,并置于 *phēmē* 的对立面,作为反驳对象呢?

解答该问题,我们也许还要回到公民大会场合与埃斯基尼斯所表述的 *phēmē* 各自的性质上来。公民大会是政治家参与城邦公共事务的最主要场合,政治家在公民大会中进行政治提议,发布各种信息,甚至

---

① Aeschines 2 (*On the Embassy*), 145.
② Demosthenes 21 (*Against Meidias*), 153-154.
③ Demosthenes 21 (*Against Meidias*), 59-61.
④ 参见本书第三章第二节关于德谟斯提尼第二篇《反腓力辞》的分析。

影响民众的公共舆论。德谟斯提尼说,政治家"第一位"的地位(*eprōteuen*)正是来自公民大会(*en tōi dēmōi*),这种权威地位体现为政治家的"领导"(*hēgountai*)和民众的"被说服"(*peithesthe*)。① 同时,公民大会也是政治家塑造自我公共形象的主要"舞台",前文曾论及,亚里士多德特别强调政治家在公民大会中更有必要表现出高尚的道德形象。② 实际上,政治家的这种形象塑造是为了表明自己在城邦的公共事务方面扮演怎样的角色。下一章,我们将看到德谟斯提尼是如何着意强调公民大会演说场合的上述重要地位的。其实,埃斯基尼斯也注意到公民大会对社会舆论的影响,我们可以比较埃斯基尼斯关于 *phēmē* 与公民大会中的"诬告"的说法,二者一样,也有"传播于众人"的特征;③而且,这种来自于公民大会的社会舆论是政治家反复通过公民大会场合给民众认知造成的累积结果,我们因此也更能理解埃斯基尼斯和德谟斯提尼对"所有公民大会"的强调。但是,在埃斯基尼斯的表述中,只有来自公民大会之外的关于政治家私人生活的 *phēmē* 才是真正"尽人皆知"的社会舆论,被强调为是"自发"的和"类似于神灵"的(*hōs theōi*),但这只是一种将 *phēmē* 进行神圣化的想象,以突出它与公民大会所传达的信息的对立,埃斯基尼斯说,后者是政治家彼此诬告的"邪恶"行径(*tōn de sukopantōn hōs kakourgōn*)的结果。④ 于是,展示政治家的私人生活似乎已经不仅为了反驳政治家在演说现场的谎言,它更要通过诉诸 *phēmē* 而参与到实际的社会舆论机制当中,这被用来对

---

① Demosthenes 19 (*On the False Embassy*), 297-298.
② 参见本书第一章第一节。
③ Aeschines 1 (*Against Timarchus*), 127 关于 *phēmē* 的表述有 *tois pollois*,同样,在 Aeschines 2 (*On the Embassy*), 145 中关于 *sukophantia* 的表述也有 *pros tous pollous*。
④ Aeschines 2 (*On the Embassy*), 145,引文中 *hōs theōi* 与 *hōs kakourgōn* 构成明显的对照关系,分别指"神圣"与"邪恶"。

抗那种由政治家在公民大会中制造的社会舆论。①

我们很可能会认为,这种对 *phēmē* 的神圣化想象,也就是被刻意赋予特别意义的"尽人皆知"的社会舆论,同样也是一种修辞策略。的确如此,但我们同时也看到,它更为精致与严肃,把听众的注意力引向舆论这种社会因素,并且让听众在各类不同的社会舆论中进行选择。对 *phēmē* 的表述正是为了指导这一选择,在各种来源的有关政治家的不同信息中,听众应该选择这种"神圣"的 *phēmē*,而诉讼现场所揭示的政治家的私人生活又恰被强调与这种 *phēmē* 相一致。这种修辞策略的说服力似乎是基于这样一种假设:与公民大会所控制的那部分社会舆论相对立的公民法庭也在主导着关于政治家私人生活的社会舆论。这种假设很可能在一定程度上有着来自民众社会经验的现实依据。当时雅典人真正"面对面"的生活存在于村社(*dēmos*)范围内,一个社会精英或政治家的私人生活能够为全体民众所了解,则主要通过公民法庭这一"舞台"。② 我们对

---

① 欧博尔认为,演说者对 *phēmē* 的诉求说明,在雅典人的观念中,对政治家的评判更主要的是依靠他在社会层面的整体表现,而不是法庭中审判现场的演说。也就是说,在欧博尔看来,展示政治家私人生活是用来抗衡政治家演说的修辞力量。见 Josiah Ober, *Mass and Elite in Democratic Athens: Rhetoric, Ideology and the Power of the People*, p. 150。笔者的分析则试图修正欧博尔的观点,更强调演说者对 *phēmē* 的想象及其与其他来源的社会舆论之间的关系。

② 欧博尔讨论了雅典社会"面对面"特征的问题,综合评价了芬利、怀特海德(Whitehead)与奥斯邦(Osborne)等人关于该问题的观点,欧博尔指出,雅典村社范围内的"面对面"属于社会层面,不等于城邦范围内政治层面中的"面对面",见 Josiah Ober, *Mass and Elite in Democratic Athens: Rhetoric, Ideology and the Power of the People*, pp. 31-32。日后,欧博尔对自己的观点进行了补充和修正,从整个城邦范围来说,雅典并非实际上的"面对面"社会,但是它可以给人一种"面对面"的感受,城邦公共政治生活的模式鼓励了人们的交流,促进了交流网络的形成,见 Josiah Ober, "Classcial Athenian Democracy and Democracy Today", *Athenian Legacies: Essays on the Politics of Going On Together*, Princeton University Press, 2005, p. 41。关于公民法庭是雅典上层人物经常进行竞争性社会表演的舞台的观点,见 Edith Hall, "Lawcourt Dramas: Acting and Performance in Legal Oratory", *The Theatrical Cast of Athens: Interactions between Ancient Greek Drama and Society*, 2006, p. 368.

德谟斯提尼生平的了解也证明了这一点,正是他在各时期的诉讼演说辞帮助我们重构他大致的生活经历。尽管我们不完全了解这些演说辞在当时的流传情况,但是我们可以合理的推测,大多数雅典民众不是通过阅读书面的演说辞来认识德谟斯提尼的,而是作为陪审员或一般听众出席公民法庭,或者听闻来自法庭诉讼的相关消息时对其进行了解。这种口头的传播方式,通过演说辞得以部分地保存,借助这类重要史料,我们可以大致看到政治家是如何在公民法庭中将私人生活展示于民众的。

在对其监护人提起财产诉讼时,德谟斯提尼刚登记为正式公民。财产诉讼在法律上属于 dikē,即所谓"私人诉讼",直接涉及诉讼者本人的家庭关系和财产状况。因此,我们有理由认为,德谟斯提尼很可能通过这次财产诉讼首次将自己的私人生活展示于公共视野之中。于是,我们将从相关的演说辞中找到一些线索,来说明德谟斯提尼对这一展示过程的特别关注。德谟斯提尼在《诉阿弗波斯之一》和《诉奥内托尔之一》的"开场白"中,都表明了同一种态度:财产纷争这种私人矛盾本来是可以在私人范围内解决的,没有必要诉诸公民法庭。《诉阿弗波斯之一》第 1 节说,与阿弗波斯的矛盾可以在"亲戚之间解决"(*peri hōn diapherometha tois oikeiois epitrepein*),本不需要通过法律程序(*ouden an edei dikōn oude pragmatōn*);《诉奥内托尔之一》第 2 节又说,这一矛盾可以在朋友之间解决(*en tois philois*),不必"从你们(指陪审员)这里得到判决"(*mē labein humōn peiran*)。这其实是一种普遍的观念,也见于其他私人诉讼演说辞。我们看到,面对公民法庭这样一个具有公共权威的场合,当事人对自己的私人生活表现出某种回护态度。① 更值得我们注意的是,德谟斯提尼在《诉阿弗波斯之一》第 1 节

---

① 参见 Lysias 32 (*Against Diogeiton*), 1-2; Demosthenes 48 (*Against Olympiodorus*), 40。克莱斯特对此现象的论述,见 Matthew R. Christ, *The Litigious Athenian*, The Johns Hopkins University Press, 1998, pp. 170-173。

中的一个补充说明：亲友了解纷争情况，而法庭中的陪审员则不了解（*humas tous ouden tōn hēmeterōn akribōs epistamenous*）。① 德谟斯提尼《诉阿弗波斯之二》第 22 节也说，由于德谟斯提尼年轻，陪审员们还不知道他是怎样一个人。这与后来作为政治家的德谟斯提尼被揭示私人生活时所强调的"尽人皆知"完全相反。我们可以说，德谟斯提尼把他与监护人的这场诉讼作为民众对他私人生活的了解从"不知"到"知"的实现过程。

  我们重点来看德谟斯提尼的《诉阿弗波斯之一》，与他成熟期的演说辞相比，这一篇的风格非常平实，除了多次直接要求陪审员给予自己同情之外，没有太多对被告品格的抨击，主要内容是详尽说明父亲遗产的数目以及自己的经济状况。德谟斯提尼将自己的私人生活尽量清晰的交待给陪审员。其中包含两个相对完整的叙事，第 13 至 16 节是阿弗波斯出征科基拉岛（Corcyra）之前与德谟斯提尼进行财产交割手续的过程；第 49 至 51 节是德谟斯提尼与阿弗波斯在诉诸法庭解决纠纷之前的仲裁过程，两者都是在公众视野之外发生的事件。在整个展示过程中，我们更应关注德谟斯提尼对公民身份与公民责任的特别强调。第 7 至 8 节德谟斯提尼提及自己交纳财产税的情况，并指出，财产税使城邦成为个人财产情况的最好证人。第 36 节他再次强调自己登记为公民后立即由监护人交纳了财产税，将对自己公民身份的审核与财产税紧密联系起来。第 64 节中德谟斯提尼将此次诉讼案件与自己作为富有公民应尽的经济义务联系起来：如果财产没有被监护人吞没，德谟斯提尼本可以承担公益捐助和大量的财产税。第 66 节则最为集中指出，因为财产被吞没，所以他甚至不能正常履行一个公民的义务：不能为妹妹提供嫁妆，不能支付自己的生活费用，更不能交纳财产税。德谟

---

  ① 这里使用的人称"你们"（*humas*，指陪审员）不清楚了解"我们"的事（*tōn hēmeterōn*），似乎有意强调私人事务与公众视野的对立。

斯提尼在《诉阿弗波斯之二》中重申了以上内容,如第 2 节中德谟斯提尼表明,愿意将自己的财产情况公开,第 19 节中德谟斯提尼再次强调,自己的责任在于安排母亲和妹妹,并且继承父亲继续为城邦担任公益捐助的义务。德谟斯提尼意识到,如果败诉,可能会因为无力缴纳罚金(*epōbelia*)而丧失公民权①,因此,通过以上一系列表述,他把自己的经济状况与公民在私人领域的家庭责任和对城邦的公共义务联系起来,把这次财产诉讼演变为对德谟斯提尼公民身份的再审核。

我们发现,德谟斯提尼所指出的这些责任和义务是与"*rhētōr* 资格审查"的相关内容一致的,包括赡养父母、管理家庭;他还尤其强调了富有公民与城邦之间的重要经济联系,即财产税和公益捐助。我们有理由推测,在此次私人诉讼中,德谟斯提尼是按照民众对政治家在城邦生活方面要求的模式来展示自己的私人生活的。而且,据德谟斯提尼所说,被告强迫德谟斯提尼担任战舰捐助,意在阻止其指控行为,德谟斯提尼则为了坚持诉讼而承担捐助义务。② 这也说明,德谟斯提尼很可能意识到,此次诉讼本身以及在诉讼中的自我展示对他日后的政治生涯和公共形象具有重要意义。③ 公元前 348 年德谟斯提尼在控告美狄亚斯的演说辞中重提这次财产诉讼以及与之相关的公益捐助;④而公元前 330 年埃斯基尼斯抨击德谟斯提尼的私人生活时也曾影射他早年的这次财产诉讼,并且与德谟斯提尼当年把自己塑造成未来的政治

---

① Demosthenes 27 (*Against Aphobus I*), 67; Demosthenes 28 (*Against Aphobus II*), 18.

② Demosthenes 28 (*Against Aphobus II*), 17.

③ 通过这次财产诉讼,德谟斯提尼逐步进入政治家群体,并且造成了对其日后政治生涯产生影响的人际关系,树立了未来的政敌,参见 Raphael Sealey, *Demosthenes and His Time: A Study in Defeat*, Oxford University Press, 1993, pp. 97-98。

④ 一般认为,德谟斯提尼对美狄亚斯的控告并未成真,德谟斯提尼《诉美狄亚斯》中有关于德谟斯提尼早年控告监护人的内容,重提此事主要为说明美狄亚斯与德谟斯提尼的矛盾从那是已经开始,见 Demosthenes 21 (*Against Meidias*), 77-82。

家形象相反，埃斯基尼斯指斥德谟斯提尼承担公益捐助而坚持诉讼的做法是为成为"演说辞作者"而浪费父亲遗产的可耻行为。①

  我们已经看到，德谟斯提尼在财产诉讼演说中强调陪审员不了解其私人生活，而对于政治家来说，私人生活又往往被表述为"尽人皆知"的。通过前文的分析，笔者希望发现，这种从"不知"到"尽人皆知"之间的鸿沟是如何被填补的。首先，"尽人皆知"的社会舆论是一种修辞策略，尽管它不完全是讽刺与空洞的套语，但很大程度上也是一种精致而严肃的想象。其次，无论是在私人诉讼还是针对政治家的公共诉讼中，大体上都是按照同一模式来展示当事人的私人生活，这样一来，德谟斯提尼在早年财产诉讼中以严肃可信的方式把自己的私人生活作为诉讼事实本身所进行的展示，在日后很容易与他修辞性的自我标榜相吻合。最后，也可能是最重要的一点，公民法庭在传播社会精英与政治家的生活信息方面发挥了关键作用。德谟斯提尼曾指出，在控告阿弗波斯的诉讼现场既有法庭中担任陪审员的公民（hoi … en tōi dikastēriōi tote dikazontes），又有许多法庭之外的旁观者（tōn eksōthen parontōn polloi），因此诉讼过程能够广为人知；②从伊塞乌斯（Isaeus）的一些演说辞来看，某次诉讼的出席者还会被作为证人来传达当时法庭中的情况；③在吕希亚斯（Lysias）第10篇演说辞中，某次财产纷争被强调为"尽人皆知"④，这想必也是主要通过法庭诉讼得以实现的。而且，公民法庭对民众了解政治家的私人生活所起的作用，也必然经由一个

---

① Aeschines 3（*Against Ctesiphon*），173：*ek triērarkhou logographos anephanē, katagelastōs ta patraōita proemenos*，主句是"通过担任战舰捐助人（*ek triērarkhou*）而成为'演说辞作者'（*logographos anephanē*）"，"可耻的浪费了父亲遗产"（*katagelastōs ta patraōita proemenos*）是分词词组，表示时间和方式，对主句加以说明。

② Demosthenes 30（*Against Onetor I*），32.

③ Isaeus 5（*On the Estate of Dicaeogenes*），17-20；Isaeus 6（*On the Estate of Philoctemon*），37.

④ Lysias 10（*Against Theomnestos I*），5.

动态的累积过程。民众通过反复出席公民法庭,逐渐接受政治家或未来的政治家在其中按照一定模式所传达的有关其私人生活的信息,他们就很可能自认为可以完全了解这些政治家的私人生活,也就倾向于把"尽人皆知"的说法信以为真。

但是,"尽人皆知"始终受到"不知"的反诘,即使在公元前343年德谟斯提尼控告埃斯基尼斯的诉讼中,也仍然如此。当时的二人已经都是重要的政治家,他们的私人生活已经被表述为"尽人皆知",而且在这次诉讼中展示私人生活是被作为修辞策略,与诉讼本身并无直接关系。然而,我们所发现的一些线索却证明他们没有完全忽略听众的"不知",在传播政治家私人生活信息方面,他们仍然把当时的法庭现场作为一个从"不知"到"尽人皆知"的动态过程,而不是任意污蔑对手与自我标榜的场合。

德谟斯提尼在《使团辞》中首次攻击埃斯基尼斯的家庭出身时,采用的方式不是以第三人称进行描述,而是对埃斯基尼斯的直接质询,讲话的对象是埃斯基尼斯,用第二人称"你",而把听众称为"他们",并强调"他们知道"。[①] 当埃斯基尼斯在辩护演说中对此攻击进行回应时,同样采用了向德谟斯提尼直接质询的方式。《论使团》第78节,埃斯基尼斯面对德谟斯提尼说,"你"污蔑"我"的父亲,却不知道他是一个怎样的人。第147至148节中,埃斯基尼斯也是面对德谟斯提尼讲话,两次使用"德谟斯提尼"的呼语,向德谟斯提尼介绍当时在场的埃斯基尼斯的父母。并且,第146节中埃斯基尼斯强调自己的私人生活并不为众人所知(*tois pollois asunopta*),但是灵魂高尚的人认为展示私人生活非常必要,所以要"让你们知道"(*hin' eidēte*,第二人称复数,指听众)。同时,为了削弱德谟斯提尼所说内容的可信性,埃斯基尼斯特意

---

① Demosthenes 19 (*On the False Embassy*), 199-200.

指出"污蔑的谎言不会超过耳朵"(*to gar pseudes oneidos ou peraiteirō tēs akoēs aphikneitai*)①,意思是德谟斯提尼对埃斯基尼斯私人生活的攻击只能到达听众的耳朵,不会深入人心,听众既不会相信,也不会记住,因而这些攻击对社会舆论更不会产生任何影响。第152节中埃斯基尼斯再次表明,自己将亲属子女带到法庭现场,是为了质问以及向陪审员举证(*henos erōtēmatos heneka kai tekmēriou pros tous dikastas*)。同样,公元前330年,德谟斯提尼在《金冠辞》中两次揭示埃斯基尼斯的私人生活时,也是采用直接质问的方式(第129至131节和第257至265节)。这种在法庭中彼此直接质问的生动"表演",把民众对政治家私人生活的认识程度与敌对政治家之间的彼此了解糅合在一起,使法庭现场政治家私人生活的展示表现为听众由"不知"到"知"的动态过程。

我们发现,政治家在攻击彼此的私人生活时,把法庭现场作为一个实际上的信息传播渠道,他们不仅用描述的方式告诉听众对手的生活是怎样的,还指引听众向哪些人去获得并印证这方面的信息,甚至为听众指明,这些人就在法庭现场,可以立即询问他们。例如,德谟斯提尼在《使团辞》中揭露埃斯基尼斯父亲曾经教人读写,特别指出他的学校所在地,并声明是"从老人那里听说"的。② 埃斯基尼斯《论使团》中揭露德谟斯提尼的公民身份的可疑,埃斯基尼斯说,德谟斯提尼所在的派阿尼亚村社(Paeania)的老人们知道当年德谟斯提尼获得公民权的经过。③ 这一说法是符合雅典制度的,因为据亚里士多德的《雅典政制》记载,村社成员负责新公民的登记④,埃斯基尼斯的听众会相信,德谟斯提尼同村社的老人应该能够提供证据。更突出的例子是,《诉科忒西丰》中,埃斯基尼斯要求听众寻找周围那些德谟斯提尼的支持者们,

---

① Aeschines 2 (*On the Embassy*), 149.
② Demosthenes 19 (*On the False Embassy*), 249.
③ Aeschines 2 (*On the Embassy*), 150.
④ Aristotle, *The Athenian Constitution*, XLII, 1.

问他们年轻时是否曾与德谟斯提尼一同打猎、一同参加体育竞技,目的是证明德谟斯提尼在青年时期没有过一种值得尊重的生活,而是在学习如何猎取他人财产的技艺。① 这里,埃斯基尼斯在揭露德谟斯提尼的私人生活方式的同时,也展现了政治家群体内部的人际关系。甚至于,政治家将法庭诉讼不仅作为诉辩双方彼此关系的体现,更是政治家群体的展示。德谟斯提尼在《使团辞》中再现埃斯基尼斯控告提马库斯时法庭中的情景,就是将描绘重点放在当时在场的埃斯基尼斯的支持者的形象上,他们包括埃斯基尼斯妻子的两个兄弟费隆(Philon)和俄比克拉底(Epicrates)以及埃斯基尼斯本人的兄弟阿弗比托斯(Aphobetus)。德谟斯提尼对听众说,"如果你们看到他们就会高声喊叫"(hous idontes an humeis anakragoite),以示对他们的愤怒。德谟斯提尼还用绰号 Nikias 和 Kurēbiōn 来分别称呼费隆与俄比克拉底,并且说俄比克拉底"在节日游行活动中不戴面具而进行喜剧表演"(hos en tais pompais aneu tou prosōpou kōmazei),意在讽刺他身为人们嘲笑与鄙视的对象却不以为羞耻。② 在这种再现与描绘中,德谟斯提尼强调听众的"看"(idontes),同时将人物置于节日游行(tais pompais)这一公共活动场景,都是以尽可能生动的方式突出听众对诉讼场合中人物的了解。可见,法庭诉讼中关于政治家私人生活的展示之所以不只是描述性的,而更是一种生动的"表演",原因在于法庭诉讼实际上是政治家群体在民众面前不断进行展示的动态的信息传播过程。

通过以上的例证与分析我们可以看到,虽然演说者在法庭现场诉

---

① Aeschines 3 (*Against Ctesiphon*), 254.
② Demosthenes 19 (*On the False Embassy*), 287,其中 Nikias 和 Kurēbiōn 两个绰号的确切含义不明,Nikias 可能是指伯罗奔尼撒战争期间的雅典将军,Kurēbiōn 可能来自 kurēbia(糠),尤尼斯认为 Kurēbiōn 是一个寄人篱下的食客的名字。参见 Harvey Yunis, trans., *Desmosthenes, Speeches 18 and 19*, p. 200; Douglas M. MacDowell, ed., *Desmosthenes: On the False Embassy (Oration 19)*, p. 329。

求于一种完全"自发""神圣""尽人皆知"的社会舆论,但是,法庭现场其实却被作为这种社会舆论的来源,每一次诉讼演说都成为民众对政治家的私人生活由"不知"到"知"以致"尽人皆知"的实现过程。当然,这并不是说,法庭诉讼是关于政治家私人生活的社会舆论的唯一来源,社会舆论的形成过程非常复杂,欧博尔曾经对雅典社会舆论的各种来源进行推测。[1] 笔者在此之所以强调公民法庭在雅典社会舆论形成过程中的重要作用,目的在于表明,进行诉讼演说的政治家展示彼此的私人生活不仅为了在法庭现场诋毁对手和标榜自我,而更有其实际的社会功能,它参与到社会舆论机制当中,并影响着这一机制。对此,我们没有更直接的史料证据,但是,至少当时的政治家本人在进行诉讼演说时已经明确意识到这一点。

而且,综合本章前面两节的论述来看,诉讼演说中对政治家私人生活的展示是建立在雅典民主政治原则的基础之上的,政治家通过这种展示向民众表明:他们是将自己的全部私人生活投注于城邦公共事务,并呈现于民众的公共视野之中,私人生活是他们从事政治活动的保证,同时,政敌的仇恨也是他们在政治活动中甘愿经受的风险。更为重要的是,政治家强调这种展示与社会舆论之间的互动关系,使得诉讼现场的雅典民众在通过演说了解政治家私人生活的同时,还体会到自己对社会舆论的掌控力量。因此,对于雅典民众来说,这种展示本身就是民主的体现,是民众权力要求的实现,民众由此可以感受到自己享有一种在完全意义上——既通过参与审判又通过掌控社会舆论——监督政治家并干预政治家群体内部人际关系的政治权威。

---

[1] Josiah Ober, *Mass and Elite in Democratic Athens: Rhetoric, Ideology and the Power of the People*, p. 149.

第三章　政治事务的呈现

德谟斯提尼在《金冠辞》中将自己的政治生涯与雅典对马其顿的外交事务紧密联系起来。德谟斯提尼自称,弗基斯(Phocis)战争爆发时,自己尚未从事政治活动①,而随后腓罗克拉底和约的制定则是其参与政治活动的开端。② 这里的"弗基斯战争",也就是公元前356年由于弗基斯占领德尔菲而引发的所谓"第三次神圣战争",在战争过程中,雅典与斯巴达支持弗基斯,弗基斯的敌人忒拜则寻求马其顿国王腓力二世的援助,从而使腓力二世介入中部希腊的事务,引发雅典警觉。与此同时,马其顿与雅典在北部希腊也存在矛盾,马其顿的扩张威胁到北部希腊的城邦,这些城邦与雅典利益息息相关,直接影响到雅典粮食运输的安全。这一矛盾最显著的表现是雅典与马其顿对安菲波利(Amphipolis)的争夺。直到公元前346年雅典与马其顿订立腓罗克拉底和约(Peace of Philocrates),弗基斯战争以及雅典与马其顿关于安菲波利的矛盾才告一段落。③ 然而,该和约实际上给雅典带来的却是外交的失利:弗基斯陷落,腓力二世占领温泉关,对雅典以及所有中南部

---

① Demosthenes 18 (*On the Crown*), 18.
② Demosthenes 18 (*On the Crown*), 20.
③ 关于雅典与马其顿对安菲波利的争夺以及安菲波利对雅典的重要性,参见 Edward M. Harris, *Aeschines and Athenian Politics*, pp. 42-43;关于弗基斯战争以及当时雅典与腓力二世的关系,参见 Raphael Sealey, *Demosthenes and His Time: A Study in Defeat*, pp. 104-108。

希腊城邦构成严重威胁。德谟斯提尼从此选择了坚决反马其顿的政策,埃斯基尼斯则成为最主要的政敌。公元前341年,德谟斯提尼的影响力达到顶点①,他说服雅典人与宿敌忒拜结为同盟,共同抵抗腓力二世,直至公元前338年雅典人在喀罗尼亚(Chaeronea)被马其顿人打败而丧失独立。可以说,在德谟斯提尼发挥重要政治影响的期间,与马其顿的关系问题已经成为雅典最主要的政治事务。

存世的绝大多数德谟斯提尼公民大会演说辞和重要的公共诉讼演说辞(《使团辞》与《金冠辞》)集中阐述了他的反马其顿政策,呈现了很多相关的政治事务。现代西方学者如西利(Raphael Sealey)和哈里斯(Edward M. Harris)凭借这些演说内容复原当时的历史;②同时,我们亦可想见,德谟斯提尼时代的雅典民众在很大程度上也是依靠这些演说内容去了解和认识雅典与马其顿之间的政治事务的。西利与哈里斯等学者的细致工作无须重复,笔者在这一章主要考察的是,德谟斯提尼以何种方式向民众呈现了这些政治事务。首先,第一节以公元前343年德谟斯提尼与埃斯基尼斯关于腓罗克拉底和约的公共诉讼演说辞为典型例证,分析政治家通过公民大会演说和公共诉讼演说呈现政治事务的动态过程。在此基础上,第二节则集中讨论德谟斯提尼阐述反马其顿政策的具体内容,我们将会从中看到,德谟斯提尼最终为雅典民众建构了怎样一种认识相关政治事务的基本模式。

---

① 西利(Sealey)指出,此后几年中,德谟斯提尼的生平与雅典的历史是一致的,见 Raphael Sealey, *Demosthenes and His Time: A Study in Defeat*, p. 185。
② 二人的重要著作分别是:Raphael Sealey, *Demosthenes and His Time: A Study in Defeat*, Oxford University Press, 1993; Edward M. Harris, *Aeschines and Athenian Politics*, New York: Oxford, Oxford University Press, 1995;另外,利用德谟斯提尼与埃斯基尼斯二人演说辞研究这段历史的重要文章还有:T. T. B. Ryder, "Demosthenes and Philip II", Ian Worthington, ed., *Demosthenes: Statesman and Orator*, pp. 45-89; John Buckler, "Demosthene and Aeschines", Ian Worthington, ed., *Demosthenes: Statesman and Orator*, pp. 114-158。

第一节　从公民大会演说到"*rhētōr* 述职审查"

《金冠辞》第 246 节,德谟斯提尼自问道:作为政治家的 *rhētōr* 应该接受怎样的"述职审查"(*hōn g' an ho rhētōr hupeuthunos eiē*)? 这里的 *hupeuthunos* 是由前缀 *hupo-* 与 *euthuna* 构成的形容词,意思是"有必要接受 *euthuna*",其中 *euthuna* 是雅典针对各类公职人员在卸任时进行的述职审查,但是,*rhētōr* 并非一种公职,因此,实际上并不存在"*rhētōr* 述职审查"(*euthuna rhētorōn*)这一制度。德谟斯提尼的表述其实是对作为政治家的 *rhētōr* 的公共职责所进行的考问。他自己给出答案:对 *rhētōr* 进行"述职审查"的内容应该包括"了解那些刚发生的事务,提前认识到它们并且把它们提前告诉别人"(*idein ta pragmat' arkhomena kai proaisthesthai kai proeipein tois allois*)。① 这正是政治家在公民大会演说中所肩负的职责。政治家通过公民大会演说向民众传播关于政治事务的信息,并指导民众形成对政治事务的认识,在此基础上,民众才可以进行政治商议,做出决定。因此,德谟斯提尼将公民大会演说与政治家的"述职审查"紧密联系起来,即,政治家是否能够在公民大会演说中及时正确地传播有关政治事务的信息,是对其进行所谓"述职审查"的最主要内容。

尽管针对政治家的"述职审查"是没有制度规定的,但是作为提议者的政治家往往又是公民大会决策的执行者,例如德谟斯提尼和埃斯基尼斯在雅典对马其顿的外交事务中担任使节。这时,雅典人就会要求他们接受针对使节的述职审查,考察其是否遵循民众的意愿公正地完成了任务。另外,关于政治家政治行为的公共诉讼在某种意义上也相当于一种"述职审查"。在这类诉讼演说辞中,我们可以看到,对政

---

① Demosthenes 18 (*On the Crown*), 246.

治家政治行为的考察主要集中在他的公民大会演说。所以,无论是对政治家所担任的具体职务的述职审查,还是对其一般政治行为的诉讼,都是政治家公民大会演说的某种延伸,都为民众获得关于政治事务的认识提供了机会,我们不妨将它们统称为"rhētōr 述职审查"。①

我们知道,《金冠辞》是公元前 330 年德谟斯提尼为自己的政治生涯进行辩护的公共诉讼演说辞,他在其中对自己的公民大会演说做出评价,如第 144 节中他声明自己的公民大会演说是使民众了解"事实"(pragma),获得"对公共事务的深入探讨"(historian tōn koinōn)并且认识腓力二世的"实力"(deinotēs)。第 169 至 187 节中,德谟斯提尼非常精彩地描绘了自己的一次公民大会演说②,并且重申他是了解事实、了解腓力的人,他的公民大会演说可以使民众获得有关城邦未来政治生活的经验(pros ta loipa tēs pasēs politeias esesth' empeiroteroi)。③ 同时,德谟斯提尼还指出,自己在公共诉讼现场所阐述的政治事务并不作为辩护的证据④,言外之意,这些阐述同样也是为了让民众更好地了解和认识政治事务。因此,我们可以说,从公民大会演说到"rhētōr 述职审查"

---

① 在针对政治行为的公共诉讼中,非常重要的一类就是"违法提议"案件(graphē paranomōn),这是对公民大会提议者所提起的指控,认为其提议违反了雅典法律(nomoi),我们可以将这类公共诉讼视为对政治家公民大会提议演说的最直接制约。关于"违法提议"诉讼以及针对各类公职人员的述职审查(euthunai),详见 Mogens Herman Hansen, *The Athenian Democracy in the Age of Demosthenes*: *Structure*, *Principles and Ideology*, pp. 208-212, pp. 222-224。另外,在存世演说辞中多次出现关于法律严禁政治家欺骗民众的说法,例如,Demosthenes 20 (*Against Leptines*), 100, 135、Demosthenes 49 (*Against Timotheus*), 67,赫斯克于是讨论了是否存在这类专门的诉讼程序的问题,他认为,演说辞中有关这类法律的说法更多的是具有一种象征意义,是一种修辞性的表述方式,是在民主观念和意识形态层面制约政治家的演说行为,以及强调民众的权威,同时也在提醒民众警惕政治家对民众权威的潜在威胁。见 Jon Hesk, *Deception and Democracy in Classical Athens*, pp. 51-57。

② 参见本书第一章第二节。

③ Demosthenes 18 (*On the Crown*), 173.

④ Demosthenes 18 (*On the Crown*), 211.

构成了民众认识政治事务的一个基本动态过程。笔者将在本节中阐明这一动态过程的具体形式:政治家在公民大会中进行演说,传播政治事务的信息;对政治家的公民大会演说进行"述职审查",以便民众能够获得关于政治事务的真实信息;为了确保"述职审查"本身的可靠性,政治家往往诉求于民众对公民大会演说的集体记忆,这种诉求作为一种重要的修辞策略实际上同时也在重塑着民众在认识政治事务方面的集体记忆。

德谟斯提尼与埃斯基尼斯在公共诉讼演说中关于腓罗克拉底和约制定经过的再现无疑是最能集中反映这一动态过程的典型案例。该和约的制定是一个重要的外交事件,涉及多次重要的公民大会商议过程。公元前346年德谟斯提尼与埃斯基尼斯共同参加了与腓力二世商议和约的第一次使团,又称"和平使团",他们返回雅典后,雅典人于埃拉菲博里翁月(*Elaphēboliōn*)18、19日经过两次重要的公民大会商议并通过了该和约①,25日由雅典盟邦在公民大会上对和约进行宣誓,而后选派第二次使团,又称"誓言使团",前往马其顿获取腓力二世的宣誓,德谟斯提尼与埃斯基尼斯再次参加,返回雅典后先后在议事会和公民大会中进行汇报,时间分别为斯基罗佛里翁月(*Skirophoriōn*)15、16日。② 这就是和约制定的大致经过。当时的公民大会演说辞没有存世,但是,公元前343年(与和约订立相隔三年)德谟斯提尼控告埃斯基尼斯在出使马其顿期间受贿的起诉演说辞和埃斯基尼斯的申辩演说辞却完整保存下来,其中有很多关于商议和约的公民大会场景的描述,这些内容为我们分析从公民大会演说到"*rhētōr*述职审查"这一动态过程提供了一个重要的"横截面",有助于我们了解雅典民众在此过程中对政治事务

---

① 埃拉菲博里翁月(*Elaphēboliōn*)是雅典历法的第九个月,相当于现在公历的3月中旬到4月中旬。

② 斯基罗佛里翁月(*Skirophoriōn*)是雅典历法的第十二个月,相当于现在公历的6月中旬到7月中旬。

的认识情况。

德谟斯提尼在起诉演说《使团辞》中要求埃斯基尼斯接受"述职审查",既为了他在出使马其顿期间的行为①,更为了他的公民大会演说:埃斯基尼斯作为一个公民大会中的演说者(tōn en tōi dēmōi legontōn)接受"述职审查"(euthunas hupheksei),并且因受贿而接受审判(dikēn ... hupekhoien)。② 德谟斯提尼指出,对使节的控告就应该集中在考察他的演说;他同时强调演说对雅典民主政体的重要性:"雅典的政体是建立在演说之中的"(en logois he politeia),说谎(pseudē legōn)是对民众犯下的最大罪行,如果演说不是真实的(mē alētheis),民众就无法安全的参与政治(asphalōs ... politeuesthai)。③ 德谟斯提尼还告诉听众应该如何对埃斯基尼斯进行"述职审查",并且直接质问埃斯基尼斯"你汇报了什么?如果讲了真话,就让你活;如果你说了谎,你就要接受审判。"④ 可见,无论是对使节的述职审查,还是公共诉讼,在名义上都是为了让民众获得关于政治事务的真实信息(talēthē)。

《使团辞》中,德谟斯提尼对埃斯基尼斯的指控从一开始就集中在埃斯基尼斯的公民大会演说上,针对埃斯基尼斯在"政治参与中的位置"(tina taksin en tēi politeiai),既包括他所做的事情又包括他所进行的公民大会演说(tois pepragmenois kai dedēmēgorēmenois),尤其是他的反腓力演说(logous kata tou Philippou dēmēgorein)。⑤ 第 10 和 11 两节用五个并列的分词结构表述埃斯基尼斯在受到腓力二世贿赂之前的一些列政治行为:在公民大会演说中宣称,最早识破腓力二世;与伊珊德

---

① Demosthenes 19 (*On the False Embassy*), 17.
② Demosthenes 19 (*On the False Embassy*), 182.
③ Demosthenes 19 (*On the False Embassy*), 184.
④ Demosthenes 19 (*On the False Embassy*), 82.
⑤ Demosthenes 19 (*On the False Embassy*), 9.

(Ischander)一同在议事会和公民大会中进行演说;①说服雅典人派遣使团,准备对腓力二世的战争;出使阿卡迪亚(Arcadia)返回雅典后,复述自己在阿卡迪亚的演说;详细阐述那些受到腓力二世贿赂的希腊人所造成的危害。德谟斯提尼运用夸张的方式形容埃斯基尼斯在参加和平使团之前的这些演说:"他那些美好而宏大的演说"(tous kalous ekeinous kai makrous logous)。② 据德谟斯提尼所说,埃斯基尼斯受贿是在第一次出使马其顿返回雅典之后被发现的,其证据还是埃斯基尼斯在公民大会中的演说。13至16节叙述埃拉菲博里翁月18日和19日先后两次公民大会的场景。第14节直接引用埃斯基尼斯的演说内容,并且仍然使用强调的修饰语来形容他的演说:德谟斯提尼将埃斯基尼斯18日的演说称为"他那些简洁而谦逊的演说"(toioutous tinas brakheis kai metrious logous),到19日却变为"无比该死的演说"(pollōn akious thanatōn logous)③,因为埃斯基尼斯一反之前的反马其顿政策,转而损害雅典盟邦。在14至16节叙述完两次公民大会的情况之后,德谟斯提尼表示将向听众讲述埃斯基尼斯在随后的第二次使团中如何拖延时间、损害雅典利益。但是,在进行这一说明之后,德谟斯提尼却并未叙述第二次使团的经过,而是从第17节开始直接转向第二次使团返回雅典之后于斯基罗佛里翁月15日在议事会和16日在公民大会中进行演说的情景。这一叙述延续到第56节④,其中,第17至24节是生动描述当时公民大会中的场景,45至46节叙述德谟斯提尼在公民大会中与腓罗克拉底进行的辩论。第57至63节进行总结,详细列举前后的事

---

① 伊珊德(Ischander)是演员尼奥普托勒慕斯(Neoptolemus)之子,据《论和平》的说法,后来证实尼奥普托勒慕斯被腓力二世收买,见 Demosthenes 5 (*On the Peace*),6-8。
② Demosthenes 19 (*On the False Embassy*), 11.
③ Demosthenes 19 (*On the False Embassy*), 16.
④ 麦克道威尔也注意到德谟斯提尼这种叙述顺序,并给出一定解释,见 Douglas M. MacDowell, ed., *Demosthenes*: *On the False Embassy* (*Oration 19*), pp.27-28。

件经过,指出明确的日期,目的在于证明埃斯基尼斯等人与腓力二世合谋毁灭了弗基斯(tou tōn Phōkeōn olethrou)。① 第 64 至 87 节集中谴责埃斯基尼的上述罪行,并强调他给雅典造成的危害。第 88 至 105 节对埃斯基尼斯将进行的申辩演说加以反驳。第 106 至 121 节证明埃斯基尼斯被腓力二世收买,与腓罗克拉底同谋。第 122 节以后围绕对埃斯基尼斯的判决要求进行雄辩,直到第 155 节才开始正式叙述第二次使团的具体经过。这种叙述顺序说明德谟斯提尼对公民大会演说重要性的强调,在此基础上,笔者将详细分析德谟斯提尼如何再现上述公民大会的场景,并且考察这种再现对民众认识政治事务具有怎样的意义。

在第 17 至 24 节描述了斯基罗佛里翁月 16 日的公民大会场景之后,25 至 28 节解释为什么要复述这次公民大会中埃斯基尼斯的演说,德谟斯提尼给出两个原因:第一是因为埃斯基尼斯在演说中用虚假的许诺(tas huposkheseis)欺骗雅典民众,并且阻止其他人讲出真实情况(talēthē);第二个原因则是要借此让雅典民众懂得怎样辨别埃斯基尼斯演说的真伪。第 29 节进一步强调,要让"事实"(pragmata)胜过民众向来对埃斯基尼斯所持有的认识(doksa)。这种"认识"在前面第 12 节中已经说明:当埃斯基尼斯参加第一次出使马其顿的使团时,雅典民众将他视为监督者,而不是出卖雅典利益的人。德谟斯提尼提醒听众,正是由于埃斯基尼斯以前所进行的演说(tous proeirēmenous logous),"你们所有人才会对他持有这样的认识(tēn doksan)"。在德谟斯提尼看来,民众的这种认识不但使他们相信埃斯基尼斯在和平使团中所扮演的角色,更会使他们相信埃斯基尼斯在公民大会演说中所呈现的政治事务,也就是那些所谓的许诺。因此,德谟斯提尼才要指导民众辨别埃斯基尼斯演说的真伪,他首先指出埃斯基尼斯的自相矛盾:在出使马其顿之前埃斯基尼斯如何不相信腓力二世,之后却又如何相信。此外,德

---

① Demosthenes 19 (*On the False Embassy*), 60.

谟斯提尼还提出反证,如果埃斯基尼斯的许诺成为现实,则证明他讲了实情,对城邦有利,如果他没有兑现诺言,则是受贿而欺骗民众。①

从德谟斯提尼的以上表述中我们可以看到,再现公民大会演说在名义上的直接目的是要改变由政治家通过公民大会演说给民众造成的某些认识(doksa),而将民众的注意力引向真实的事实(talēthē 与 pragmata)。因此,德谟斯提尼的叙述重点也就在于突出埃斯基尼斯如何在公民大会中用谎言排挤真实以便控制政治信息的发布,同时德谟斯提尼本人又是如何力争及时向民众传达实情的。在接下去的第 30 至 32 节中,德谟斯提尼提供议事会的一个议案作为证据,从该议案来看,第二次使团返回雅典后,议事会拒绝对使节给予肯定和奖励。德谟斯提尼提供该证据的目的在于表明,尽管埃斯基尼斯阻止他人在公民大会中讲出真实的政治事务,德谟斯提尼却通过其他渠道,在议事会中及时提出对其他使节的反驳,并且指出自己对事务的预见。在批评斯基罗佛里翁月 16 日公民大会中埃斯基尼斯对雅典民众的欺骗之前,德谟斯提尼首先强调了民众在公民大会中进行政治商议的正当程序:先要听取关于事实的演说(akousai peri tōn pragmatōn),然后商议(bouleusasthai),进而实施决策(prattein ho ti doksai)。这也就是说,民众了解"事实"(pragmata)是采取行动(prattein)的基本前提。但是,在斯基罗佛里翁月 16 日的公民大会上,由于埃斯基尼斯等人的欺骗,民众无法预先获知政治"事实",当民众得知腓力二世已经到达温泉关的消息时,已经难以决定如何采取行动了。② 前面提到的议事会议案并未提交公民大会,民众未能了解事实,而是由埃斯基尼斯向民众发布虚假的信息。其结果是,尽管雅典民众对腓力二世到达温泉关的消息感到惊讶,并且为使节没有向他们汇报而气愤,但是民众却仍然相信埃斯基尼斯

---

① Demosthenes 19 (On the False Embassy), 27-28.
② Demosthenes 19 (On the False Embassy), 34.

给出的许诺是能够实现的,因而拒绝听取德谟斯提尼的演说。① 第 40 至 43 节即讨论了腓力二世对雅典的虚假许诺:德谟斯提尼指出,在斯基罗佛里翁月 16 日公民大会上本来有可能"立即提出反驳"(euthus ekselegkhein),向民众传达信息(didaskein)并且防止雅典民众错失采取行动的机会(mē proesthai ta pragmat'ean),只要当时真实的信息(tēn alētheian)占据上风。但是,埃斯基尼斯却在演说中给出腓力二世的许诺:雅典宿敌忒拜将立即受到惩罚。② 德谟斯提尼称埃斯基尼斯的目的是利用这些演说把雅典民众引向虚假的希望(phenakisthēnai tois logois toutois),同时阻止民众从德谟斯提尼这里听到实情(talēthē mē … akousai)。③ 德谟斯提尼的这些叙述集中展现了埃斯基尼斯如何利用公民大会演说来控制民众对政治事务的了解与认识,第 63 节又从弗基斯人的角度进一步强化了这种控制所造成的后果:埃斯基尼斯骗取弗基斯人的信任,并主导着弗基斯人"对一切事务的认识"(pant'eskopoun)以及和约的订立。与此同时,德谟斯提尼还指导听众如何识破埃斯基尼斯演说中的谎言:第 42 节指出,如果腓力二世的许诺是真实的,那么,这种许诺本不该被泄露出来。为此,他提出两个反证:首先,如果已经采取行动,不担心提前泄露,为什么没有看到实际行动呢? 其次,如果因为泄漏消息而不能再采取行动,那么正是埃斯基尼斯泄露了消息。第 43 节给出结论,这些许诺本来就是骗局,根本不会实现。第 44 节中,德谟斯提尼再次说明自己是如何知道腓力二世的许诺是骗局的:一方面,如果真要保护弗基斯,那么在腓力二世对和约进行宣誓时,雅典使节就本不该将弗基斯排除于和约之外;另一方面,只有埃斯基尼斯一人向雅典民众汇报腓力二世的许诺,而腓力二世的使节和腓力二世

---

① Demosthenes 19 (*On the False Embassy*), 35.
② Demosthenes 19 (*On the False Embassy*), 42.
③ Demosthenes 19 (*On the False Embassy*), 43.

的信件中都没有提及这些许诺。

我们看到,为了让听众接受他自己所传达的"事实"(*pragmata*),并且摆脱由埃斯基尼斯的公民大会演说所造成的认识(*doksa*),德谟斯提尼在这里运用了多种修辞策略,包括批评埃斯基尼斯利用欺骗手段控制政治信息的发布,表明自己曾经力争及时让民众获得关于政治事务的真实信息,并且为了证明自己所讲的事实而提供各种证据。德谟斯提尼在关于斯基罗佛里翁月 16 日公民大会演说的叙述中所引用的证据既有前文提到的议事会议案,也有公民大会法令、腓力二世的信件等。① 此外,德谟斯提尼还以逻辑推理的方式指导民众如何辨别政治家演说内容的真伪,指出埃斯基尼斯公民大会演说的自相矛盾、有悖常理之处。这些就是对政治家的公民大会演说进行所谓"述职审查"的基本方式。

接下来,笔者将讨论这种"述职审查"所涉及的另一个重要问题,即,德谟斯提尼将关于公民大会演说场景的再现诉求于听众的记忆。《使团辞》第 9 节,在叙述埃斯基尼斯参与制定腓罗克拉底和约的政治行为之前,德谟斯提尼首先要求听众回忆(*hupomnēsai*)埃斯基尼斯曾经进行的公民大会演说(*dēmēgorein*),并且向听众强调,这些内容是"你们当中的大多数人都记得的"(*mnēmoneuontas humōn … tous pollous*)。在叙述完斯基罗佛里翁月 16 日的公民大会场景之后,德谟斯提尼又指出,埃斯基尼斯擅于否认自己做过的事情,这些事情包括汇报(*apēggeilen*)、许诺(*hupeskheto*)以及欺骗(*pephenakike*),这些显然都是指

---

① 17 至 63 节关于斯基罗佛里翁月 16 日公民大会演说场景的叙述中,德谟斯提尼共举证 8 次,举证一是议事会预案(32),举证二、三、五是腓力二世信件(38、40、51),举证四是由腓罗克拉底提议的公民大会法令(47),举证六是弗基斯与雅典的同盟协定(61),举证七是腓力二世与弗基斯之间的协定,举证八是"近邻城邦同盟"议事会(*Amphiktuones*)在弗基斯问题上的法令(63)。

埃斯基尼斯的公民大会演说。德谟斯提尼为此特别向听众说明，埃斯基尼斯是"在你们这些了解一切的人们面前接受审判"（krinomenon … en humin tois hapant' eidosin）。① 可见，在德谟斯提尼看来，政治家曾经在公民大会中的演说是为陪审员所了解并且记得的，听众的这种记忆可以证实德谟斯提尼是否再现了公民大会的演说场景，从而确保了对政治家公民大会演说进行"述职审查"的可靠性。笔者将由此进一步分析德谟斯提尼在叙述中如何具体运用这种对听众记忆的诉求，以及这种诉求在民众认识政治事务方面所产生的作用。

前文已经列举，《使团辞》13 至 16 节、17 至 24 节以及 45 至 46 节都生动描述了公民大会的演说场景，德谟斯提尼在这些地方均以直接引语的方式复述政治家在公民大会中的演说内容，我们来看他是怎样强调听众的记忆的。最值得注意的是，他在这些叙述中对第二人称复数的使用。13 至 16 节："你们商议"（ebouleuesthe）和约，埃斯基尼斯"在你们面前"（en humin）演说②，"你们所有人听到"（pantōn akouontōn humōn）他的演说，"你们喜欢"（humōn boulomenōn）埃斯基尼斯的演说内容而"不愿听"（ethelontōn akouein）腓罗克拉底的演说；③17 至 24 节：使节"向你们进行演说"（pros humas edei legein）④，"你们要试图共同回忆"（peirasthe sundiamnēmoneuein）当时公民大会的场景，埃斯基尼斯"向你们汇报"（apēggeilan pros humas）⑤，"你们哄笑"（humeis d' egelate），"你们不愿听且不愿相信"（out' akouein ēthelete oute pisteuein eboulesthe）德谟斯提尼的演说；⑥ 45 至 46 节："你们要回忆"

---

① Demosthenes 19 (*On the False Embassy*), 72.
② Demosthenes 19 (*On the False Embassy*), 13.
③ Demosthenes 19 (*On the False Embassy*), 15.
④ Demosthenes 19 (*On the False Embassy*), 19.
⑤ Demosthenes 19 (*On the False Embassy*), 20.
⑥ Demosthenes 19 (*On the False Embassy*), 23.

(*anamimnēskesthe*)公民大会中德谟斯提尼与腓罗克拉底的辩论场景,当时"你们不愿意听"(*hōs d' akouein ouk ēthelete*)德谟斯提尼的反驳,①,"你们嘲笑"(*kai humeis egelate*)。②

通过这一系列第二人称的运用,德谟斯提尼将公元前343年诉讼现场的听众表述为共同参加了公元前346年的公民大会。我们很难相信,这是对听众构成的真实记录,它实际上更是德谟斯提尼所使用的一种修辞策略。首先,在诉讼演说辞中,演说者会把诉讼现场的陪审员和其他听众视为雅典公民集体③,最典型的例子是,演说者在法庭陪审员面前将公民大会决议颁布的法令称为"你们的法令"。④ 其次,所有雅典成年男性公民均可参加公民大会,因此,在雅典人的观念中公民大会也就相当于公民集体,*dēmos*(民众)是 *ekklesia*(公民大会)的代名词。鉴于此,我们可以说,德谟斯提尼在叙述中使用的第二人称复数"你们"并非专指诉讼现场的一部分雅典人,而是雅典公民集体,这个公民集体在民主制原则上是指不受具体时空限制的任何一次公民大会和公民法庭的参与者。所以,德谟斯提尼所强调的听众的记忆其实是雅典

---

① Demosthenes 19 (*On the False Embassy*), 45.

② Demosthenes 19 (*On the False Embassy*), 46.

③ 欧博尔在讨论公民大会与公民法庭各自的成员构成的时候,曾经注意到诉讼演说辞中叙述公民大会场景时所使用的第二人称复数,举例包括德谟斯提尼、埃斯基尼斯、伊塞乌斯、吕希亚斯等人的诉讼演说辞。欧博尔指出,不能根据这种表述方式而简单的认为公民大会与公民法庭在人员构成上是重合的,合理的解释是,演说者将陪审员视为雅典民众的代表。见 Josiah Ober, *Mass and Elite in Democratic Athens: Rhetoric, Ideology and the Power of the People*, pp. 145-147。Pelling 更为重视这种第二人称复数表述方式的修辞性,他指出,陪审员被视为城邦的代表,因此他们也就被认为是之前任何一次诉讼或公民大会场合的持续的参与者。见 Christopher Pelling, *Literary Texts and the Greek Historian*, Routledge, 2000, pp. 30-31。

④ 例如,德谟斯提尼名下的演说辞《诉伯吕克里斯(Polycles)》同时使用"民众的法令"(*to psēphisma to tou dēmou*)和"你们的法令"(*tou psēphismatos tou humeterou*),分别见 Demosthenes 50 (*Against Polycles*), 15, 29。这两种说法的意思是相同的,而且,该篇演说辞4至6节论及一次公民大会场景,同样运用第二人称复数的叙述方式。

民众的集体记忆①,而民众参与公民大会的共同经验就是这种集体记忆的来源。同时,我们还应注意到,"听"和"哄笑"等行为以及听众的某种"意愿"都明显带有某一次公民大会特定场合的特征,它们却同样被德谟斯提尼运用第二人称复数进行表述。通过这种方式,德谟斯提尼将某部分雅典人对某次特定公民大会场景的记忆转化为雅典民众的集体记忆。这种修辞策略根源于雅典民主政治原则及其意识形态,肯定并强化了民众政治参与的平等权利和掌控政治信息的权威,也为德谟斯提尼再现公民大会演说场景提供了有力依据。如前文所述,公民大会被视为雅典民众获知政治"事实"(pragmata)的最主要场所,而且,民众关于政治事务的"认识"(doksa)也被强调为形成于政治家的公民大会演说;此处我们又看到,这种认识的形成过程经由公民大会这一代表雅典公民集体的政治场合而被完全置于民众的集体记忆之中。也就是说,在德谟斯提尼的表述中,埃斯基尼斯曾经对政治事务的呈现及其对民众认识的影响通过公民大会场合而融入雅典民众的集体记忆。这种表述必然会激发民众去反思自身关于政治事务的认识,而德谟斯提尼对民众集体记忆的诉求在名义上为这一反思提供了保证。然而,我们却要问,既然这种诉求明显具有修辞策略的作用,那么,德谟斯提尼所谓的民众集体记忆果真是可靠的保证吗?

埃斯基尼斯的申辩演说有助于我们对该问题的讨论。首先,埃斯基尼斯同样强调民众关于公民大会演说场景的集体记忆。《论使团》

---

① "集体记忆"的概念最初由法国社会学家哈布瓦赫(Halbwachs)提出,他认为,人们生活其中的那个群体能够为个人提供"重建记忆的方法",这种重建就是通过集体记忆实现的,它使个人"转向他人,并采取了他人的思考方式","正是在这个意义上,存在着一个所谓的集体记忆和记忆的社会框架;从而,我们的个体思想将自身置于这些框架内,并汇入到能够进行回忆的记忆中去。"见莫里斯·哈布瓦赫:《论集体记忆》,毕然、郭金华译,上海世纪出版集团,2002年,第69页。

12 至 19 节叙述第一次使团之前雅典人的商议过程①，埃斯基尼斯指出"你们所有人都记得"(hapantas humas … mnēmoneuein)当时公民大会的场景，同时使用第二人称复数的表述方式，优卑亚使节"在你们面前进行汇报"(humin apaggeilai)，弗吕侬(Phrynon)"请求你们"(edeito humōn)向腓力二世派遣使节，"你们被说服"(peisthentes d' humeis)②，科忒西丰"向你们汇报"(apēggeile pros humas)③，"你们所有人都了解这些"(tauth' humeis hapantes iste)④，俘虏的家属"请求你们"(edeonto humōn)提供援助。⑤ 20 至 43 节叙述第一次使团期间德谟斯提尼等人的言行时，埃斯基尼斯强调这些内容曾经在公民大会中向所有雅典人进行汇报(en tōi dēmōi saphōs apēggeila pros hapantas Athēnaious)，因此要求听众回忆(hupomimnēiskein)。⑥ 55 至 81 节叙述埃拉菲博里翁月 18、19 日的公民大会场景，也说明"所有雅典人和你们都记得"(pantes Athēnaioi kai humeis anamimnēiskomenoi)。⑦ 81 至 86 节叙述埃拉菲博里翁月 25 日的公民大会场景，仍然是"你们所有人都记得"(pantas humas mnēmoneuein)。⑧ 在此基础上，埃斯基尼斯对德谟斯提尼再现的公民大会场景进行反驳。根据德谟斯提尼《使团辞》的说法，埃拉菲博里翁月 19 日的公民大会中有许多雅典盟邦的使节在场。⑨ 但是，埃斯基尼斯

---

① 关于这一部分所涉及的史实以及埃斯基尼斯的叙述方式的分析，参见 E. Badian and Julia Heskel, "Aeschines 2. 12-18: A Study in Rhetoric and Chronology", *Phoenix*, Vol. 41, No. 3. (Autumn, 1987), pp. 264-271。

② Aeschines 2 (*On the Embassy*), 12.

③ Aeschines 2 (*On the Embassy*), 13.

④ Aeschines 2 (*On the Embassy*), 14.

⑤ Aeschines 2 (*On the Embassy*), 15.

⑥ Aeschines 2 (*On the Embassy*), 25.

⑦ Aeschines 2 (*On the Embassy*), 64.

⑧ Aeschines 2 (*On the Embassy*), 84.

⑨ Demosthenes 19 (*On the False Embassy*), 16.

援引公民大会法令,证明当时盟邦使节尚未到达雅典。① 在这一反驳中,埃斯基尼斯不但诉诸民众的集体记忆:他对听众说,关于公民大会演说的场景,"你们是我的证人"(humeis este moi martures)。② 而且,埃斯基尼斯还将公民大会法令作为民众集体记忆的保障,他认为,以公共文档的方式(en tois dēmosiois grammasi)保存公民大会法令(psēphismata)是雅典人一项最值得称道的举动,它可以杜绝有人在民众面前诋毁其他政治家。③ 但是,根据埃斯基尼斯的说法,德谟斯提尼却撒谎而无视这些公共文档,无视公民大会商议过程的事实(tōn dēmosiōn grammatōn … kai tōn ekklesiōn katapseudetai),因此亵渎了民众的集体记忆。既然如此,埃斯基尼斯进而批评道,德谟斯提尼关于出使经过的叙述更是毫无真实(alēthes)可言。④ 在埃斯基尼斯看来,是否遵循民众的集体记忆是衡量政治家关于政治事务的呈现是否真实的基本准则。

通过以上分析,我们不难发现,尽管德谟斯提尼和埃斯基尼斯都将自己关于公民大会演说场景的叙述诉诸民众的集体记忆,但是事实上这种集体记忆却并不完全可靠。无论二人当中谁的叙述更加符合公民大会的真实场景,他们都有可能在一定程度上进行歪曲。我们可以说,这种做法与其是对民众集体记忆的诉求,毋宁是对民众集体记忆的重塑。德谟斯提尼不按和约制定过程的先后顺序,而先行叙述第二次使团之后的公民大会演说场景,并且在 17 至 24 节和 45 至 46 节的场景描绘中使用第二人称复数来叙述当时公民大会参加者的行为,将公元前 346 年的这次公民大会场景表述为公元前 343 年诉讼现场听众共同的记忆,也就是雅典民众的集体记忆。德谟斯提尼为了突出雅典民众

---

① Aeschines 2 (*On the Embassy*), 61.
② Aeschines 2 (*On the Embassy*), 56.
③ Aeschines 2 (*On the Embassy*), 89.
④ Aeschines 2 (*On the Embassy*), 92.

在获知和认识政治事务方面如何受到埃斯基尼斯的欺骗而试图重塑民众关于当时公民大会演说场景的集体记忆。同样的,埃斯基尼斯为了强调德谟斯提尼在和约制定过程中与腓罗克拉底的合谋,在《论使团》的12至19节中重点叙述了第一次使团之前雅典公民大会的商议经过,也将当时的公民大会参加者用第二人称复数进行表述。更明显的例子是《论使团》81至86节关于埃拉菲博里翁月25日公民大会场景的叙述,在此次公民大会上由雅典各盟邦对和约进行宣誓。根据埃斯基尼斯的说法,德谟斯提尼在当天作为公民大会主席拒绝色雷斯国王科索布勒普提斯(Cersobleptes)加入和约,因而引发民众不满的哄闹。但是,对于这一说法,埃斯基尼斯并未提供当时公民大会决议允许科索布勒普提斯加入和约的法令的有力证据。哈里斯认为,当时公民大会的真实情况很可能是民众赞成德谟斯提尼的做法,否决了允许科索布勒普提斯加入和约的提议。① 我们看到,埃斯基尼斯虽然在这段叙述中依旧提醒听众"你们所有人都记得"(pantas humas mnēmoneuein),但是实际上却重塑了民众的集体记忆,这种重塑的集体记忆在内容上既包括当时公民大会演说的场景,更包括民众在当时公民大会中所形成的关于政治事务的认知(doksa)。

同时,我们还应注意到,埃斯基尼斯一方面强调公民大会法令是民众集体记忆的可靠保障,然而,他另一方面又将公民大会法令作为重塑民众集体记忆的工具。这些铭刻于石碑上的法令即民众在公民大会中所做的决议,不但是政治家提议行为的部分记录,更是民众通过参与公民大会而获得政治认知(doksa)的反映:公民大会法令的别名是 dogma,它在词源和意义上均与 doksa 相一致,指"观点、意见或者认识";此外,公民大会法令铭文的开头多为 edokhsen tēi bolei kai tōi demoi(议事

---

① Edward M. Harris, *Aeschines and Athenian Politics*, p.75.

会与民众共同认为)这样的表述①,其中 edokhsen 也作 edoksen,是动词 dokeō 的一种过去式形式,dokeō 指"认识",它是 doksa 和 dogma 共同的词源。这些都说明,公民大会法令被视为雅典公民集体的政治认知。因此,埃斯基尼斯在再现公民大会演说场景时,有选择地提供公民大会法令作为证据,其目的仍然是重塑民众关于自身曾经的政治认识的集体记忆。针对埃斯基尼斯的这一举证方式,德谟斯提尼在公元前330年的《金冠辞》中有机会提出批评:埃斯基尼斯从时隔久远的公民大会法令中选出一些无人知晓更无人相信的说法,混淆事件的先后顺序,并且用谎言掩盖事实真相(prophaseis anti tōn alēthōn pseudeis)。② 德谟斯提尼进一步向听众指出,埃斯基尼斯的这种欺骗手段在以前是不奏效的,因为那时"你们依然记得"(eti memnēmenōn humōn)事件经过,所有的演说也都是关于事实真相的(epi tēs alētheias)。③ 在德谟斯提尼看来,埃斯基尼斯对公民大会法令的援引不是为了保障民众的集体记忆,反而是对它的亵渎。可见,无论是诉求于民众的集体记忆,还是援引公民大会法令作为民众集体记忆的可靠保障,在政治家的演说中都被作为重要的修辞策略来重塑民众在政治参与以及认识政治事务方面的集体记忆。在这种修辞策略的作用下,通过再现公民大会的演说场景,政治家试图改变民众在参与公民大会的过程中所形成的固有的政治认识,并且同时掌控民众对自身政治认识的反思。

正如笔者在本节开始曾经指出的那样,德谟斯提尼的《使团辞》和埃斯基尼斯的《论使团》提供了一个颇具典型性的"横截面",有助于我们详细了解从公民大会演说到所谓"rhētōr 述职审查"这一动态过程的

---

① 其中 bolei 的标准写法是 boulēi,demoi 的标准写法是 dēmōi。
② Demosthenes 18 (On the Crown), 225.
③ Demosthenes 18 (On the Crown), 226.

具体展开方式。因此,我们现在有必要将前文的分析结果重新放回它所属的动态过程之中,也就是说,我们应该意识到,政治家在稍后的演说中再现之前公民大会演说场景的做法是被不断重复的。

这种再现不仅出现于本节所着重分析的诉讼演说当中,也同样被用于公民大会演说。例如,德谟斯提尼在第三篇《奥林图斯辞》中就曾要求听众回忆(*hupomnēsai*)三四年前的一次公民大会场景:当时发布了(*apēggelthē*)关于腓力二世的哪些消息,"你们"是如何进行表决的(*epsēphisasthe*),结果又是因为什么消息而错失了抵抗腓力二世的机会。① 在第二篇《反腓力辞》中,德谟斯提尼要求传唤参与制定腓罗克拉底和约的其他使节,并且向听众指出,"你们记得"(*mnēmoneuete*)这些人曾经在公民大会中向民众提供腓力二世的欺骗性许诺,同时,德谟斯提尼还声明自己重提此事的目的是告诉听众事实真相(*talēthē*),让雅典人今后不再遭受腓力二世的侵害。② 在另一篇公民大会演说辞《论和平》中,德谟斯提尼也曾向听众强调,"你们记得"(*mnēmoneuete*),在雅典民众为虚假的希望所欺骗而放弃弗基斯时,德谟斯提尼并未参与欺骗,甚至不曾保持沉默,而是"预先向你们提出警告"(*proeipōn humin*)。③ 德谟斯提尼在这里指出,记得(*mnēmoneusantas*)他之前的公民大会演说是为了让听众更好地评判他现在的演说。④ 我们明显看到,成功的说服并不是通过某一次演说而单独实现的,相反,正是在一个不断回忆和再现之前的演说内容与演说场景的持续过程中,政治家才能逐步地呈现政治事务、阐述政策和说服民众。

政治家对先前公民大会演说场景的反复再现,使民众认识政治事

---

① Demosthenes 3 (*Olynthiac III*), 4-5,其中 *epsēphisasthe* 是第二人称复数。
② Demosthenes 6 (*Philippic II*), 29-32.
③ Demosthenes 5 (*On the Peace*), 9-10.
④ Demosthenes 5 (*On the Peace*), 4.

务的经验不断增长。可以说,公民大会与公民法庭在很大程度上正是雅典民众认识政治事务乃至经历政治事件的主要场合,这种认识与经历的过程被政治家表述为民众集体记忆的来源。从前文的论述中我们看到,在公民大会演说到"*rhētōr* 述职审查"的动态过程中,政治家对民众集体记忆的诉求同时也是对民众集体记忆的重塑。于是,对于雅典政治家来说,成功的说服便意味着成功的塑造了民众在认识政治事务方面的集体记忆,这种集体记忆在内容上不仅包括民众所共同了解与经历的政治"事实"(*pragmata*)以及对这些政治"事实"所形成的公共认知(*doksa* 或者以公民大会法令形式固定下来的 *dogma*);而且它还提供了如下信息:哪位政治家在政治演说中曾经呈现过怎样的政治"事实",其中哪些是真实的,哪些是虚假的,民众由此获知的政治"事实"及其相关"认识"中又有哪些是正确的,哪些是错误的。这种集体记忆之所以可能存在,是由于它建立在民众平等参与政治活动的雅典民主政治原则基础之上,故而在雅典人的观念中这种集体记忆成为民众权威的体现。因此,对于雅典民众来说,他们所接受的这种集体记忆便成为权威准则,用以判断政治家所呈现的政治事务是否真实。同时,雅典民众也在这种集体记忆中反思自身的政治认识与政治决定。

经由上述从公民大会演说到"*rhētōr* 述职审查"的动态过程,德谟斯提尼成为一位成功的说服者,雅典民众最终接受了他的反马其顿政策。德谟斯提尼在《金冠辞》中自信地指出,雅典与忒拜的反马其顿同盟在喀罗尼亚战役中失败之后,他本人作为主战派政治领袖经历了多次公共诉讼的审判,但是均被判决无罪,这足以证明其政治行为的正确以及民众对其政策的赞成。[1] 通过本节的分析,我们不难想见,德谟斯提尼所说的多次公共诉讼其实正是他反复重塑民众集体记忆的机会,当民众的集体记忆已然形成,德谟斯提尼反过来又用它为自己的政治

---

[1] Demosthenes 18 (*On the Crown*), 250.

行为辩护。那么,在塑造雅典民众这种集体记忆的过程中,德谟斯提尼为了阐述反马其顿政策而向民众呈现了怎样的一种关于政治事务的"事实"呢?笔者将于下一节对该问题进行专门论述。

第二节 政策阐述中的"事实"建构

德谟斯提尼在《金冠辞》中开始正式进行事实陈述时,首先概述了弗基斯战争时期的希腊局势:弗基斯攻击忒拜,雅典人虽然认识到弗基斯的行为并不正义(*ou dikaia*),但是仍然帮助弗基斯,因为雅典人乐于看到忒拜所遭受的任何不幸,而雅典人对忒拜的这种愤怒之情却并非没有道理而且不正义(*ouk alogōs oud' adikōs*)。继而在整个伯罗奔尼撒半岛内部,拉凯戴孟人(即斯巴达人)与其敌人也陷入混战之中。马其顿的腓力二世见此情势,便在各个城邦中收买政治家,进一步造成希腊城邦间的不团结。正是由于这些希腊城邦的无能与愚蠢(*hēmartanon … kai kakōs ephronoun*),腓力二世的势力才得以发展强大。当忒拜在弗基斯战争中损失严重而意欲向雅典妥协时,腓力二世为了阻止雅典与忒拜的联合,向雅典提出订立和约的要求。尽管雅典人始终在为全希腊的利益进行战争,但是其他希腊城邦却由于懦弱(*kakian*)与漠不关心(*agnoian*)而未能给予雅典任何帮助,因此雅典人只得接受了腓力二世的和约,即公元前346年的腓罗克拉底和约。①

以上这段概述有意突出雅典与忒拜的关系,这是德谟斯提尼为了给自己所倡导的雅典与忒拜结盟的政策进行辩护而做的铺垫。但是,除此以外,它还传达出更为重要的信息:首先,德谟斯提尼在这里强调了希腊城邦之间的不团结,彼此漠不关心,互不帮助,甚至在论及雅典与忒拜的关系时,德谟斯提尼也暗示雅典人对忒拜持有一种报复的快

---

① Demosthenes 18 (*On the Crown*), 18-20.

感,不无讽刺意味;其次,德谟斯提尼将腓力二世强大的原因解释为他利用希腊城邦之间的这种不团结而以贿赂的方式收买政治家;最后,德谟斯提尼肯定了雅典在希腊世界中的地位与责任,在其他希腊城邦彼此混战又彼此漠不关心的同时,雅典却坚持维护全体希腊人的利益。纵观德谟斯提尼的存世演说辞,我们发现,《金冠辞》中的这种概述实际上反映了德谟斯提尼在阐述其反马其顿政策时所呈现的相关政治事务的基本模式。通过在公民大会和公共诉讼等政治演说场合进行反复重申,德谟斯提尼最终成功说服雅典民众根据他所提供的这种模式去认识和理解涉及马其顿问题的政治"事实"(pragmata)。具体而言,其内容包括:腓力二世是雅典人以及全体希腊人共同的敌人,他通过贿赂和欺骗实现自己的侵略目的;其他希腊城邦则彼此漠不关心,各谋私利,又有很多政治家为腓力二世所收买,误导民众,从而助长了腓力二世的势力;在此局势之中,雅典人则承担着抵抗腓力二世并且保卫全体希腊人的责任。笔者认为,这一模式是德谟斯提尼在某种程度上对相关政治"事实"进行建构的结果。因此,笔者在本节将重点分析数篇德谟斯提尼的公民大会演说辞和相关的公共诉讼演说辞[1],来考察他对关于反马其顿政策的"事实"建构是如何详加阐发的。

根据西方学者的一般看法,在德谟斯提尼的存世演说辞中,第一篇《反腓力辞》是最早一篇阐述其反马其顿政策的公民大会演说辞。[2] 这

---

[1] 笔者所选择分析的德谟斯提尼公民大会演说辞是3篇《奥林图斯辞》和3篇《反腓力辞》,这6篇演说辞的真实性在学术界是最无争议的,参见 R. D. Milns, "The Public Speeches of Demosthenes", Ian Worthington, ed., *Demosthenes: Statesman and Orator*, p. 205。

[2] 沃廷顿认为,第一篇《反腓力辞》并不能代表德谟斯提尼将全部精力转向反马其顿政策,直到公元前349年的3篇《奥林图斯辞》才标志着这种转变。见 Ian Worthington, *Demosthenes of Athens and the Fall of Classical Greece*, pp. 116-117。

篇演说辞的事件背景可能属于公元前 351 年,其主要内容是德谟斯提尼建议雅典人进行哪些具体的军事准备,同时也包含德谟斯提尼关于雅典与马其顿政治事务的表述,主要集中在对腓力二世形象的塑造以及对雅典在希腊世界中所承担责任的强调。① 在这里,德谟斯提尼将腓力二世的品格称为"放肆"(aselgeia),并且说他"已经到达极其放肆的程度"(proelēluthen aselgeias)。其具体表现被描绘为:用傲慢的言辞进行恐吓(apeilei kai logous huperēphanous),贪得无厌,"总是要为自己获取某物"(aei ti prosperiballetai)。② 德谟斯提尼向雅典人指出,对于腓力二世这样一个暴君,那些受其统治的希腊人心中充满仇恨、恐惧与嫉妒,但是,雅典人的"迟钝与漠不关心"(bradutēta kai rhaithumian)使得希腊人的这些情感受到压抑(kateptēkhe),无从发泄(ouk ekhont' apostrophēn)。③ 德谟斯提尼还提醒雅典人,现在那些被腓力二世占有的地区曾经都是"独立而自由的"(autonomoumena kai eleuthera)④,作为自由的民众(tois eleutherois),雅典人应该为此感到羞耻(asikhunē),并且在这种羞耻之心的驱使下采取行动。⑤ 雅典人只有主动作为,才能赢得其他希腊城邦的关注(prosekhein ton noun)并且使其与雅典结为同盟(summakhein)。⑥ 从第一篇《反腓力辞》的这些叙述中,我们注意到,德谟斯提尼已经提出腓力二世与雅典所代表的希腊城邦之间在政体与政治意识形态层面的对立,腓力二世被描绘为暴君的形象,而希腊

---

① 在第一篇《反腓力辞》之前的某些演说辞中,德谟斯提尼也曾提及腓力二世,其中最早的是公元前 354 年的《诉勒普提尼斯》(*Against Leptines*),另外还有公元前 352 年的《诉阿里斯托克拉特》(*Against Aristocrates*),分别见 Demosthenes 20 (*Against Leptines*), 16; Demosthenes 23 (*Against Aristocrates*), 107-109, 111-113。

② Demosthenes 4 (*Philippic I*), 9.
③ Demosthenes 4 (*Philippic I*), 8.
④ Demosthenes 4 (*Philippic I*), 4.
⑤ Demosthenes 4 (*Philippic I*), 10.
⑥ Demosthenes 4 (*Philippic I*), 6.

城邦则被突出为"独立自由"。在此对立关系中,雅典的最终责任正是抵抗暴君统治,捍卫希腊自由。这一主题在德谟斯提尼后来的一系列反马其顿演说辞中得到充分彰显。此外,在演说辞结尾部分德谟斯提尼还指出腓力二世与雅典的关系,称腓力二世是雅典的"敌人"(ekhthros hanthrōpos),其行为是对雅典人的"侵犯"(hubrike)。①

公元前 349 年,受到腓力二世攻击的希腊北部城邦奥林图斯(Olynthus)向雅典寻求援助,德谟斯提尼在三篇《奥林图斯辞》中指出,这对雅典来说是一次非常重要的机遇(khairos)②,他建议并且敦促雅典人援助奥林图斯。这三篇公民大会演说辞主旨一致,内容则各有侧重,可以视为一个整体。与第一篇《反腓力辞》相比,它们更为具体地阐释了雅典对全体希腊人的责任,也更为详尽地塑造了腓力二世的暴君形象。

德谟斯提尼的三篇《奥林图斯辞》都强调雅典在希腊世界中所承担的责任。从消极方面来看,第一篇《奥林图斯辞》第 8 至 9 节和 12 至 13 节反复重申腓力二世发展强大的过程,德谟斯提尼认为,雅典人对腓力二世的强大负有责任。③ 同样,第二篇《奥林图斯辞》也称,腓力二世强大的原因在雅典,而并非腓力二世自身。④ 第三篇《奥林图斯辞》则指出,雅典人放弃援救奥林图斯,就是在协助(sugkataskeuasantes)腓力二世。⑤ 从积极方面来看,与第一篇《反腓力辞》相同,第一篇《奥林图斯辞》也强调,雅典人的行动将对其他希腊城邦产生重要影响。他提醒雅典人,由于奥林图斯人仇恨(misousi)腓力二世,因此如果此时提供援助,奥林图斯人对腓力二世的敌意(tēn ekhthran)会激励他们全力

---

① Demosthenes 4 (*Philippic I*), 50.
② 例如:Demosthenes 1 (*Olynthiac I*), 7, 10, 24; Demosthenes 2 (*Olynthiac II*), 1-2。
③ Demosthenes 1 (*Olynthiac I*), 14.
④ Demosthenes 2 (*Olynthiac II*), 4.
⑤ Demosthenes 3 (*Olynthiac III*), 17.

抵抗腓力二世。① 前文已经论及,德谟斯提尼在第一篇《反腓力辞》中提出,雅典人应该引导其他希腊人发泄对腓力二世的愤怒与仇恨,而奥林图斯人所面临的危机恰好提供了实现这一倡议的重要机会。在他看来,援助奥林图斯的责任非雅典莫属,因为忒拜会偕同腓力二世进攻奥林图斯,此时弗基斯自身尚且难保,也就更是无暇他顾。②

与此同时,德谟斯提尼还将雅典的责任与雅典的自身利益紧密联系起来。第一篇《奥林图斯辞》一开始即声明,雅典人向奥林图斯提供救援(*sōtērias*),雅典人自己的事务(*tōn pragmatōn humin ekeinōn autois antilēpteon estin*)。③ 德谟斯提尼指出,腓力二世的矛头是指向雅典的,他多次强调腓力二世会将战争带至雅典本土④,并且在演说结尾部分要求听众设想战火燃及雅典本土时的境况,凸显其危险性。⑤ 这一观点在第三篇《奥林图斯辞》中得到进一步强化。为了说明援助奥林图斯是雅典人的重要机遇,德谟斯提尼特别指出雅典实力的变化过程:雅典人"在不久之前"(*ou palai*)既可以确保自己城邦的安全(*ekhein asphalōs*)又可以惩罚腓力二世(*Philippon timōrēsasthai*);"而现在"(*nun mentoi*)雅典人却只能首先满足于实现前者,同时拯救同盟城邦(*tous summakhou sōsomen*);⑥但是,如果雅典人现在(*nun*)不向他人提供援助(*heterois ... boēthein*),当面对"以后的危险"(*ton phobon ... ton tōn meta tauta*)时,就只能向他人寻求援助了(*boēthous ... zētein*)。⑦ 这里,德谟斯提尼要警告雅典人,腓力二世的最终目的是进攻雅典,当他扫除了其

---

① Demosthenes 1(*Olynthiac I*), 7.
② Demosthenes 1(*Olynthiac I*), 26.
③ Demosthenes 1 (*Olynthiac I*), 2,引文中 humin ... autois(你们自己)指雅典人。
④ Demosthenes 1(*Olynthiac I*), 15, 25.
⑤ Demosthenes 1(*Olynthiac I*), 27.
⑥ Demosthenes 3 (*Olynthiac III*), 2.
⑦ Demosthenes 3 (*Olynthiac III*), 8-9.

他阻碍时，必将把战争带到雅典本土，就像第一篇《奥林图斯辞》中所预见的那样。德谟斯提尼要让雅典人相信，腓力二世是雅典人的敌人（*ekhthros*），占有雅典人的利益（*ekhōn ta hēmetera*）。①

而且，在德谟斯提尼看来，无论是履行责任还是捍卫自身利益，都与雅典人的荣誉感密不可分。他在第二篇《奥林图斯辞》中指出，无须再讲述腓力二世的力量（*tēn Philippou rhōmēn*），因为讲述这些内容只能给腓力二世带来 *philotimia*，让他显得更加令人赞叹（*thaumastoteros*），同时却反映出雅典人的行为没有光彩（*oukhi kalōs peprakhthai*）。② 前文曾经论及，*philotimia* 在雅典人观念中是一种"爱荣誉"的美德③，这里德谟斯提尼将它用在腓力二世身上；而 *kalōs* 也同样具有美德与荣誉的意味，可以指"美好的、光彩的、高尚的"，德谟斯提尼却用否定词 *oukhi* 加 *kalōs* 的形式来形容雅典人。显然，*philotimia* 与 *oukhi kalōs* 的对比说明，德谟斯提尼将雅典人对腓力二世之强大所负有的责任上升至道德与荣誉感的层面，如同他在第一篇《反腓力辞》中所说的那样，雅典人要为腓力二世的强大而自觉羞耻（*asikhunē*）。④ 在第三篇《奥林图斯辞》中，德谟斯提尼也曾两度提醒雅典人考虑自己的荣誉感：首先指出，逃避责任是雅典人的羞耻（*aiskhunēs*）；⑤进而反问，如果腓力二世掌控了奥林图斯的土地，"我们不是将遭受最严重的耻辱吗？"（*pantōn aiskhista peisometha*）⑥

《奥林图斯辞》的另一个重点内容是对腓力二世暴君形象的塑造。

---

① Demosthenes 3 (*Olynthiac III*), 16, 原文 *ekhōn ta hēmetera* 意思是"占有我们的（利益）"，其中"我们"指雅典人。
② Demosthenes 2 (*Olynthiac II*), 3.
③ 参见本书第二章第二节。
④ Demosthenes 4 (*Philippic I*), 10.
⑤ Demosthenes 3 (*Olynthiac III*), 8.
⑥ Demosthenes 3 (*Olynthiac III*), 16.

腓力二世与其他希腊城邦在政体与政治意识形态层面的对立,在第一篇《奥林图斯辞》中即有所涉及。德谟斯提尼突出腓力二世的专制统治:"他一人掌控所有公开与秘密的事物"(pantōn ekeinon hen' onta kurion rhētōn kai aporrētōn),兼将军(stratēgon)、君主(despotēn)与财政长官(tamian)于一身。德谟斯提尼认为,这种统治虽然在战争方面具有优势,但是在面对奥林图斯这样的希腊城邦时则不再奏效;因为奥林图斯人抵抗腓力二世不只是为了名声(doksēs)和土地,更是为了保卫自己的"父邦",使之免遭毁灭与奴役(anastaseōs kai andrapodismou tēs patridos)。德谟斯提尼进而明确指出,希腊城邦不信任暴君统治(apiston ... tais politeiais hē turannis)。① 这里,希腊城邦被称为 tais politeiais,它是 politeia 的复数与格形式,politeia 有"政体"之义,但是此处并非是作为通称而使用的。按照亚里士多德的政体分类,politeia 可以专指一类政体,其特征是"民众为了公共利益而参与城邦政治"(to plēthos pros to koinon politeuētai sumpheron)。② 德谟斯提尼在一定程度上使用了 politeia 的这种含义,暗示了 politeia 政体中民众在政治参与方面所享有的地位,以便突出希腊城邦政制与腓力二世的暴君政体(turannis)之间的对立。参照第一篇《反腓力辞》对希腊城邦之"独立自由"的强调,笔者认为,第一篇《奥林图斯辞》中所使用的 politeia 可以译作"自由政体"。③ 为了进一步强调希腊"自由政体"与腓力二世的对立,并赋予后者暴君的恶劣形象,德谟斯提尼借助议论腓力二世与其他希腊城邦的关系而向雅典人说明,派奥尼亚(Paeonia)和伊里利亚(Illyria)的民众

---

① Demosthenes 1 (Olynthiac I), 4-5.
② Aristotle, Politics, 1279a35-40.
③ 吴寿彭将亚里士多德所说的 politeia 这类政体译作"共和政体",见亚里士多德:《政治学》,吴寿彭译,商务印书馆,1965年,第133页。但是笔者认为,德谟斯提尼所使用的 politeia 未必与亚里士多德的定义完全一致,德谟斯提尼只是为了强调希腊城邦与腓力二世暴君专制的对立,突出希腊城邦的自由原则,并非对政体进行严格的理论区分。

是追求独立自由(autonomous ... kai eleutherous)而拒绝奴役(doulous)的,他们不愿服从腓力二世这样一个"暴戾之人"(hanthrōpos hubristēs)。① 与之形成鲜明对比的是,德谟斯提尼还指出,腓力二世虽然得到贴萨利(Thessaley)人的帮助,但是贴萨利人的事务本来就是不可信的(apista)。② 通过讽刺腓力二世与贴萨利人的互相利用,德谟斯提尼将"无信"(apistos)与腓力二世的暴君形象联系起来,就像他已经强调的那样:暴君统治对于希腊"自由政体"(politeiai)而言是无信的。

第二篇《奥林图斯辞》更是用主要篇幅详尽地塑造了腓力二世的形象。在这种塑造中,德谟斯提尼将腓力二世表述为诉讼行为当中的"被告",这是非常引人注意的特点。德谟斯提尼使用诉讼术语 dikēn labein,它一般是指原告通过诉讼而获得(labein)公正的判决。德谟斯提尼说,面对腓力二世的所作所为,雅典人正应该 dikēn labein。③ 这样一来,腓力二世便成为雅典人面前的"被告"。德谟斯提尼还说,要谴责(elegkhein)某人,不能只对他加以污蔑(loidoria),而更应该阐明他曾经的所有行为(ta pepragmena, panth' hosa popot' eprakse dieksionta)。④ 我们在诉讼演说辞中会遇到类似说法,它是演说者在攻击对手时所进行的说明,表明自己的攻击不是污蔑,而是阐述事实和行为。德谟斯提尼将这种说法用在第二篇《奥林图斯辞》中,是要唤起听众参与法庭诉讼的经验,让听众把腓力二世仅看作一名被告,而无须认为他可怕且令人赞叹(phoberon ... kai thaumaston)。⑤

在这里,德谟斯提尼明确指责腓力二世"违誓而无信"(epiorkon kai

---

① Demosthenes 1 (*Olynthiac I*), 23.
② Demosthenes 1 (*Olynthiac I*), 22.
③ Demosthenes 2 (*Olynthiac II*), 4.
④ Demosthenes 2 (*Olynthiac II*), 5.
⑤ Demosthenes 2 (*Olynthiac II*), 6.

apiston)①，并用事实加以证明：当奥林图斯寻求雅典援助时，腓力二世为了阻止两个城邦的联合而分别利诱讨好，但是对于自己的许诺却言而无信。② 此后，德谟斯提尼更进一步批评道，腓力二世之所以获得强大力量，是"出于野心和卑鄙"(*ek pleoneksias kai ponērias*)，并且"通过不正义的行为、违誓和欺骗"(*adikounta kai epiorkounta kai pseudomenon*)而实现的。③ 德谟斯提尼提醒雅典人，腓力二世如此获得的力量是不会长久的，因为他缺乏行为处事的"首要原则与基本前提"(*tas arkhas kai tas hupotheseis*)，即"真理与正义"(*alētheis kai dikaias*)。④通过这种表述，德谟斯提尼向雅典人表明，这样一个无信、卑鄙而充满野心的暴君腓力二世在希腊人所秉持的道德原则与意识形态面前处于根本的劣势。在此前提下，德谟斯提尼强调，雅典人援助奥林图斯的实际行动可以使得腓力二世的同盟"被表现为"(*phanēsetai*)软弱而无信(*apistōs*)，并且使得腓力二世在马其顿的统治也"被证明为"(*ekselegkhthēsetai*)无能为力。⑤ 从"被表现为"(*phanēsetai*)和"被证明为"(*ekselegkhthēsetai*)的用词来看，德谟斯提尼意在改变人们对腓力二世的认识，他不但引导雅典人从道德与意识形态的层面重新评价腓力二世，还要求雅典人通过履行对希腊世界的责任而影响全体希腊人以同样的方式看待腓力二世。这里，德谟斯提尼将塑造腓力二世的形象与强化雅典人的责任紧密联系起来，使这种塑造看起来不再只是德谟斯提尼个人的修辞行为，而更内化于雅典人的认识，融入雅典人的行动，成为雅典人的责任。

接下来，德谟斯提尼叙述了马其顿的内政情况，重点在于揭示腓力

---

① Demosthenes 2 (*Olynthiac II*), 5.
② Demosthenes 2 (*Olynthiac II*), 6-7.
③ Demosthenes 2 (*Olynthiac II*), 9.
④ Demosthenes 2 (*Olynthiac II*), 10.
⑤ Demosthenes 2 (*Olynthiac II*), 13.

二世的暴君统治,这是对第一篇《奥林图斯辞》相关主题的深化与扩展。德谟斯提尼从腓力二世与其被统治者(tous arkhomenous)的关系入手,证明马其顿内部并不安全。据他所说,腓力二世与其被统治者的关系表现为:腓力二世追求名声(doksēs),但是他获得的名声与荣誉(tēs philotimias)却并不为被统治者所分享。马其顿民众疲于战争,无暇顾及自己的私人事务(tois ergois … tois hautōn idiois)。① 德谟斯提尼向雅典人指出,因此"不难想象"(skepsait' ou khalepōs)民众(hoi polloi)对腓力二世的看法。② 德谟斯提尼此处呈现的实际上是民主政治对暴君统治(turannis)的想象。第17至20节详细展开这一想象:腓力二世让优秀的战士围绕在周围(peri auton),以保卫自身安全;但是在战场上,腓力二世却逐开优秀的战士,因为他要追求个人的荣誉(philotimiai),他对荣誉的追求是没有节制的(tēn philotimian anuperblēton),这种"无节制的"(anuperblēton)的"爱荣誉"(philotimian)则不再是美德,而成为暴君的野心;此外,在日常生活方面(tou biou),腓力二世则是嗜酒(methēn)而放荡,他的宫廷中充斥着"强盗与谄媚者"(lēistas kai kolakas),他们与腓力二世一起酗酒,并且以一种令人难以启齿的舞蹈作为娱乐。为了证明自己关于腓力二世恶劣品格的批评是真实的(taut' estin alēthē),德谟斯提尼还特别指出,那些由于不道德(aselgesterous ontas)而被驱逐出雅典的人们也聚集到腓力二世身边,例如卡利阿斯(Callias)等人,德谟斯提尼说他们是用粗俗的表演引人发笑的演员。这种表述方式能够让听众更加真切地去想象腓力二世的生活方式与道德品格,将雅典人对卡利阿斯这类人物的道德批判转嫁到腓力二世身上。最后,德谟斯提尼强调,以上所列举的虽然只是关于腓力二世的一些细节描绘,但是在明智的人们看来(tois eu phronousin),它们却是"重

---

① Demosthenes 2 (*Olynthiac II*), 15-16.
② Demosthenes 2 (*Olynthiac II*), 17.

要的标志"(megala deigmata),显示出腓力二世的"特征与不幸"(tēs gnōmēs kai kakodaimonias)。德谟斯提尼提醒听众不要被腓力二世目前"可怕的成功"(eupraksiai deinai)所蒙蔽而看不到这一点。

通过以上分析,我们不难发现,德谟斯提尼在第二篇《奥林图斯辞》中的主要目的在于消除雅典人对腓力二世的恐惧,为此,他借用诉讼演说中攻击对手的修辞策略,对腓力二世进行了一番"品格塑造"(ēthopoiia)。德谟斯提尼忽略腓力二世的军事准备与外交行动,而重点揭示其政治统治和生活方式,从政体、意识形态和道德层面突出腓力二世与雅典人的反差与对立,并且将这种反差与对立表述为腓力二世的根本劣势所在。他试图说服雅典人以如下方式看待腓力二世:腓力二世的强大正是使他成为"被告"的原因,因为他是暴戾的侵犯者(hubristēs),因为他放肆(aselgēs)、卑鄙(ponēros)、无信(apistos)、违誓(epiorkos)且充满野心(pleonektikos);①雅典人则应该秉持自由(eleutheria)、真理(alētheia)与正义(dikaia)的原则"指控"腓力二世,"获得公正的判决"(dikēn labein)。德谟斯提尼对腓力二世暴君形象的塑造,就是要使雅典人形成这样一种认识与心态:应该像对待法庭中的"被告"一样对待腓力二世。在他看来,这将给雅典人带来优越感;同时,雅典人对其他希腊城邦的援救被表述为对希腊自由政体、意识形态和道德准则的捍卫,这又成为雅典人责任感与荣誉感的根本来源。

---

① 这里所列举的诸项品格,综合了德谟斯提尼在多篇演说辞中对腓力二世的描绘,我们已经看到,第一篇《反腓力辞》指出腓力二世的 aselgeia,见 Demosthenes 4 (Philippic I), 9;第一篇《奥林图斯辞》指出其 hubristēs,见 Demosthenes 1 (Olynthiac I), 23;第二篇《奥林图斯辞》则指出其 epiorkon kai apiston 和 ek pleoneksias kai ponērias,见 Demosthenes 2 (Olynthiac II), 5, 9。这些描绘也常在诉讼演说辞中被用于攻击对手。沃曼(Worman)也指出,德谟斯提尼在塑造腓力二世的形象时,采用了和诉讼演说相同的方式,但是,与罗维和哈丁等人一样,沃曼也认为德谟斯提尼在这种塑造中模仿了喜剧,见 Nancy Worman, *Abusive Mouths in Classical Athens*, Cambridge University Press, 2008, pp. 227-228。

在公元前346年的腓罗克拉底和约制定之后,面对雅典的外交失利,德谟斯提尼与埃斯基尼斯等人在对待马其顿政策方面的分歧逐渐加剧,最终形成完全对立。第二篇《反腓力辞》即反映了这一趋势,从其内容所涉及的事件背景看,它应该属于公元前344年前后。在这篇演说辞中,德谟斯提尼明确指出自己所要反驳的观点:有人对腓力二世的权力(*kurios*)表示信任,认为腓力二世的军事准备(*paraskeuazesthai*)不是针对雅典的,不会给雅典带来危险。对此,他强调自己的观点是与之"对立"的(*tanantia*),并且重申他在第一篇《反腓力辞》与第三篇《奥林图斯辞》中的说法:应该将腓力二世视为敌人(*ekhthron … Philippon*)。① 德谟斯提尼列举腓力二世在制定和约之后所取得的利益:控制温泉关和摧毁弗基斯。他还指出,腓力二世为了实现上述目标而讨好忒拜,满足忒拜人的利益要求却未给予雅典任何利益(*ha Thēbaiois sumpherei kai oukh ha tēi polei*)。② 这里涉及马其顿、忒拜和雅典三方面的关系,而在解释腓力二世与忒拜联合的问题上,德谟斯提尼与其他政治家也存在分歧。据他所说,有人相信腓力二世要重建埃拉提亚(Elatea)的城墙以牵制雅典的宿敌忒拜,从而有利于雅典。德谟斯提尼反对此观点,并坚持认为,腓力二世的计划就是通过联合忒拜来进攻雅典。为此,他提出自己的反证:腓力二世出兵斯巴达,帮助美赛尼亚(Messenia)和阿尔哥斯(Argos),而斯巴达是忒拜的宿敌,进攻斯巴达正是在帮助忒拜。③ 德谟斯提尼的结论是:腓力二世的一切行动都是针对雅典的(*panth' ha pragmateuetai kata tēs poleōs*)。④

为了更加生动地强化这一观点,德谟斯提尼从腓力二世的角度来

---

① Demosthenes 6 (*Philippic II*), 6.
② Demosthenes 6 (*Philippic II*), 7.
③ Demosthenes 6 (*Philippic II*), 14-15.
④ Demosthenes 6 (*Philippic II*), 16,此处的 *tēs poleōs* 与第7节的 *tēi polei* 都是指雅典。

表述雅典与马其顿的敌对关系,这种表述方式成为第二篇《反腓力辞》的主要特点之一。其叙述如下:腓力二世"想要掌握统治权力"(arkhein bouletai),将雅典人"当作唯一对手"(antagōnistas monous hupeilēphen);腓力二世"自己极其清楚地认识到"(tout' autos arista sunoiden hautōi),他长期以来对雅典做下了不公正的事情(adikei polun ēdē khronon);腓力二世知道(oide)自己是意在针对(epibouleuonta)雅典,也知道雅典人意识到(aisthanomenous)他的意图;腓力二世把雅典人当作明智的(eu phronein ... hupolambanōn),认为雅典人对他的仇恨是正义的(dikaiōs an hauton misein nomizei);而且,腓力二世预计(prosdokōn)雅典人会把握时机,先发制人。① 德谟斯提尼最后指出,正是基于这样的认识(dia tauta),腓力二世才会警醒(egrēgoren),才会准备战争,才会讨好忒拜、美赛尼亚和阿尔哥斯而攻击雅典。② 这里,德谟斯提尼使用一系列表示心理活动的动词——如"想要"(bouletai)、"知道"(oide)、"认为"(nomizei)和"当作"(hupolambanōn)等——来假设腓力二世的认识与意愿,同时又强调雅典人在腓力二世眼中是"明智"(eu phronein)的,其目的在于讽刺雅典人所持有的观点。在德谟斯提尼看来,如果不能意识到(aisthanomenous)腓力二世是敌人,那么雅典人就不是"明智"(eu phronein)的,甚至于不及腓力二世的认知能力。通过这种表述方式,德谟斯提尼突出了雅典人与腓力二世在认知能力上的抗衡,强调了正确认识和理解政治事务的重要性;同时,德谟斯提尼也表明,他对政治事务的呈现与解释正是代表着民众应该具备的"明智"(eu phronein)的认识。

当然,对于德谟斯提尼来说,腓力二世的品格必然应该是民众政治认知的主要内容。第二篇《反腓力辞》重申对腓力二世的描绘:出于野

---

① Demosthenes 6 (Philippic II), 17-18.
② Demosthenes 6 (Philippic II), 19.

心(*pros pleoneksian*)而掌控一切(*to panth' huph' hautoi poiesasthai*),同时,不关心和平、安宁与正义(*oukhi pros eirēnēn oud' hēsukhian oude dikaion ouden*)。① 与之相对立的,德谟斯提尼将雅典人的品格概括为:追求正义的道理(*tou dikaiou logon*),避免不名誉的行为(*adoksian*),并且具有正当的预见力(*panth' ha prosēkei proorōmenoi*)。② 引人注意的是,德谟斯提尼在这里同样是从腓力二世的认识角度来表述这一对立的。他向雅典人指出,腓力二世"正确的知道"(*eide tout' orthōs*),"在我们的城邦和我们的品格面前"(*tei men hemeterai polei kai tois ethesi tois hemeterois*),他是无计可施的,雅典不会为了自身利益(*tēs idias ... ōpheleias*)而出卖其他希腊城邦。③ 除了强调雅典人与腓力二世在品格方面的对立之外,德谟斯提尼还指出雅典与其他希腊城邦之间的品格差异,极力肯定雅典在希腊世界中所承担的责任。他认为,腓力二世联合忒拜的事实正说明雅典是唯一不能放弃"希腊人共同的正义之事"(*ta koina dikaia tōn Hellēnōn*)的城邦,是唯一不能放弃"对希腊人的热爱"(*tēn eis tous Hellēnas eunoian*)的城邦。④ 相反,"野心"(*pleoneksian*)和"愚钝"(*skaiotēta*)则被德谟斯提尼赋予忒拜人与伯罗奔尼撒人。⑤ 在其表述中,这一差异也是已经为腓力二世所认识到的:腓力二世知道(*oiden*),忒拜与阿尔哥斯只追求各自利益(*idiai*),而不关心希腊人的共同利益(*koinēi tois Hellēsi*),他从雅典人这里可以获得"建立在正义基础之上的友谊"(*philous epi tois dikaiois hairesesthai*),从其他希腊城邦那里得到的则是"实现其野心的帮凶"(*sunergous ... tēs hautou pleonek-*

---

① Demosthenes 6 (*Philippic II*), 7.
② Demosthenes 6 (*Philippic II*), 8.
③ Demosthenes 6 (*Philippic II*), 9.
④ Demosthenes 6 (*Philippic II*), 10.
⑤ Demosthenes 6 (*Philippic II*), 19.

sias);①同样,腓力二世也知道(oietai),忒拜人与伯罗奔尼撒人的"野心"和"愚钝"必然使他们就范。德谟斯提尼暗示听众,既然腓力二世能够"正确"(orthōs)认识雅典和其他希腊城邦的品格,雅典人也就更应"正确"认识腓力二世及其同盟的品格,即相信腓力二世的暴君形象,并且相信其他希腊城邦各谋私利和彼此漠不关心的局面。通过这种表述方式,他试图让听众把他所呈现的政治事务作为"明智"且"正确"的认识而予以接受,他强调说:"即使中等明智的人也应该看到这些明显的表征"(kaitoi sōphronousi ge kai metriōs enargē paradeigmat' estin idein)。②

此后,德谟斯提尼复述自己曾经向美赛尼亚和阿尔哥斯人进行的演说。在当时的演说中,他分别列举腓力二世欺骗奥林图斯和贴萨利人的事例,证明腓力二世的无信。同时,他还重申腓力二世与希腊人在政体与意识形态方面的对立,与第一篇《奥林图斯辞》一样,这里也将希腊城邦称为politeiai,即"自由政体",并明确指出,与暴君(tous turannous)的联系会毁坏"自由政体"(tais politeiais)③,因此要对腓力二世怀有"猜疑"(apistia),这是民众(tois plēthesi)抵抗暴君(tous turannous)的最重要的方法。④ 最后,德谟斯提尼强调说,希腊人追求的是自由(eleutheria),而国王(basileus)和暴君(turannos)则是"自由与法律的敌人"(ekhthros eleutheriai kai nomois enantios)。⑤

第二篇《反腓力辞》另一个值得注意的论题是,德谟斯提尼明确提

---

① Demosthenes 6 (Philippic II), 12.
② Demosthenes 6 (Philippic II), 19.
③ Demosthenes 6 (Philippic II), 21.
④ Demosthenes 6 (Philippic II), 24.
⑤ Demosthenes 6 (Philippic II), 25.

出政治家的受贿行为(dōrodokia)。① 他在演说的结尾部分严厉批评参与制定腓罗克拉底和约的其他政治家们,指责他们使雅典人放弃了弗基斯和温泉关,并使腓力二世掌控了通往阿提卡与伯罗奔尼撒的道路。② 他将这些政治家的行为解释为他们在出使马其顿期间收受了腓力二世的贿赂(dedōrodokēkotes)。③ 这里,德谟斯提尼并未直指这些政治家的名字,但是我们不难看出他重点针对的是腓罗克拉底。④ 不久之后,腓罗克拉底逃亡,公元前343年,德谟斯提尼将矛头转向埃斯基尼斯,借助公共诉讼的机会,在《使团辞》中把后者塑造为受贿政治家(argurion labōn kai dōra)的典型,给雅典民众树立一个"范例"(paradeigma)。⑤《使团辞》第102至120节集中证明埃斯基尼斯被腓力二世收买。⑥ 其中,德谟斯提尼将埃斯基尼斯与腓力二世联系起来,指出,由于"出卖自己和收取贿银"(misthōsas hauton kai labōn argurion),

---

① 在早先的第二篇《奥林图斯辞》中,德谟斯提尼曾经批评有些政治家以腓力二世的名义从事政治活动(tois huper auton pepoliteumenois),讽刺说腓力二世对这些政治家心怀感激(opheilei kharin),并且指责这些政治家为了腓力二世的利益而将奥林图斯使节逐出雅典公民大会,阻止他们向雅典人求援,见 Demosthenes 2 (Olynthiac II), 4, 6;但是,德谟斯提尼没有将这些政治家的行为解释为受贿。

② Demosthenes 6 (Philippic II), 35。

③ Demosthenes 6 (Philippic II), 34。

④ 德谟斯提尼说,这些政治家将他称为"饮水者"(hudōr pinōn),见 Demosthenes 6 (Philippic II), 30;根据《使团辞》的说法,正是腓罗克拉底曾经在公元前346年斯基罗佛里翁月16日的公民大会中讥刺德谟斯提尼,称"他(指德谟斯提尼)喝水,而我饮酒"(houtos men gar hudōr, egō de oinon pinō),见 Demosthenes 19 (On the False Embassy), 46。另外,从存世的演说辞来看,不直指对手之名似乎是公民大会演说辞的特点,这可能是出于防止引发政敌仇恨的考虑,德谟斯提尼的《论和平》也曾指出,弗基斯灭亡是某些政治家欺骗民众的结果,但是同样没有直指这些政治家的名字,见 Demosthenes 5 (On the Peace), 9-10。哈里斯则据此认为,德谟斯提尼在进行《论和平》的演说时,并未将弗基斯的灭亡归咎于埃斯基尼斯,见 Edward M. Harris, Aeschines and Athenian Politics, pp. 105-106。

⑤ Demosthenes 19 (On the False Embassy), 101,相当于洛布古典丛书版 Demosthenes 19 (On the False Embassy), 105。

⑥ 相当于洛布古典丛书版 Demosthenes 19 (On the False Embassy), 106-120。

埃斯基尼斯在腓力二世面前是"高尚而正义的"(*kalos kagathos kai dikaios*),而在雅典民众面前则是一个"背信弃义的使节和公民"(*presbeutēs mentoi kai politēs prodotēs*)①,是唯一一个赞成腓力二世加入"近邻城邦同盟议事会"的雅典人(*suneipen monos tōn en tēi polei pantōn anthrōpōn*)。②

德谟斯提尼不仅要证明埃斯基尼斯的受贿及其与腓力二世的同谋,更要阐释受贿所造成的危害。在他看来,这种危害除了如第二篇《反腓力辞》中指出的那样,会使雅典人因放弃弗基斯和温泉关而丧失自身利益;更重要的还在于,它妨碍了雅典人履行对所有希腊人的责任,并且加剧了希腊城邦之间互不团结的局面。德谟斯提尼指出,正是由于受贿,埃斯基尼斯才会在公元前346年埃拉菲博里翁月19日的公民大会上阻止雅典人向任何其他希腊城邦提供援助(*mēdeni tōn Hellēnōn ... boēthein*),而当时正有其他希腊城邦的使节在场旁听(*ephestēkotōn tōn presbeōn kai akouontōn*)。③前文曾经论及,关于是否有使节在场的问题,德谟斯提尼与埃斯基尼斯各执一词④,而埃斯基尼斯提供的更加令人信服的证据使我们倾向于认为德谟斯提尼"虚构"了使节在场的情节。⑤然而,在这里我们更应关注这一"虚构"的修辞作用:德谟斯提尼正是用它来突出埃斯基尼斯的受贿者形象,并强化其恶劣影响。在《使团辞》中,他将雅典称为"希腊人的保卫者"(*proestanai tōn Hellēnōn*)⑥,而通过使节在场的情节设置,他可以更加真切有力地

---

① Demosthenes 19 (*On the False Embassy*), 110.
② Demosthenes 19 (*On the False Embassy*), 111-113.
③ Demosthenes 19 (*On the False Embassy*), 16.
④ 参见本书第三章第一节。
⑤ 参见哈里斯的分析,Edward M. Harris, *Aeschines and Athenian Politics*, pp.67-68。
⑥ Demosthenes 19 (*On the False Embassy*), 64, *proestanai* 本义是"站在前面",同时具有"领导"与"保卫"的意思。

表明,埃斯基尼斯的受贿行为使得雅典人在希腊人面前放弃履行自己所承担的责任。

按照这一思路,德谟斯提尼将雅典盟邦弗基斯的灭亡完全归咎于埃斯基尼斯等政治家的受贿。他非常生动地描绘了弗基斯被灭亡之后的悲惨景象,并且指出,希腊世界中没有比这更可怕的事情了(*deinotera ou gegonen oude meizō pragmata*),雅典曾经作为"希腊人的保卫者"(*proestanai tōn Hellēnōn*)决不允许这样的事情发生,但是由于埃斯基尼斯等政治家,腓力二世却"有力"(*kurios*)地造成如此严重的破坏。① 事实上,这种说法很可能也是德谟斯提尼的某种"虚构"。他指控埃斯基尼斯导致弗基斯灭亡的理由是,后者欺骗雅典人将弗基斯排除于腓罗克拉底和约之外,从而使其丧失保护。但是,现代学者哈里斯从当时雅典与弗基斯的关系进行推断,指出弗基斯本来就不被包括在和约之内,从而证明埃斯基尼斯就不对弗基斯的灭亡负有责任。② 这样,我们可以更清晰地看到,德谟斯提尼试图利用弗基斯灭亡的事件,通过指控埃斯基尼斯的受贿而为雅典民众建构出一种政治"事实"的模式:腓力二世贿赂政治家以实现自己的目的;政治家则因为受贿而促成腓力二世的强大,并进一步造成希腊城邦之间彼此出卖,互不团结。

因此,笔者认为,在德谟斯提尼这里,"受贿"不只是作为攻击策略而加在政敌头上的罪名③,它更是用以呈现政治事务的重要主题之一。在《使团辞》的后半部分,德谟斯提尼进一步强化"受贿"主题,将受贿

---

① Demsothenes 19 (*On the False Embassy*), 64-65.
② Edward M. Harris, *Aeschines and Athenian Politics*, pp. 71.
③ 从存世的雅典诉讼演说辞来看,"受贿"是政治家之间彼此攻击而普遍使用的一个重要罪名,泰勒(Taylor)对此曾经进行统计,并且指出,在很多情况下,"受贿"罪名并非严肃的指控,而是一种用于攻击政敌的修辞策略。见 Claire Taylor, "Bribery in Athenian Politics Part I: Accusations, Allegations, and Slander", *Greece & Rome*, 2nd Ser., Vol. 48, No. 1. (Apr., 2001), pp. 55-64.

的危害引申至整个希腊世界,将它比喻为希腊世界正在流行的一种"可怕的疾病"(*nosēma deinon*):希腊城邦中的政治家们出卖自由(*prodidontes eleutherian*),招致奴役(*epagontai douleian*),并且把这种奴役称作与腓力二世的友谊(*Philippou ksenian kai hetairian kai philian*);其他希腊人非但不惩罚这些政治家,反而纷纷效尤。① 在描述了这种"疾病"如何从贴萨利传至伯罗奔尼撒及其在伯罗奔尼撒各城邦中肆虐的状况以后②,德谟斯提尼特别将奥林图斯为腓力二世所灭的事件作为一个"明显而清晰的范例"(*enarges kai saphōs paradeigma*)详加阐释:奥林图斯人曾经有力量抵御强敌,但是,当政治家"开始受贿"(*dōrodokein ērksanto*),并且发展至"受贿行为成为强势力量"(*to dōrodokein ekratēsen*)的时候,奥林图斯便被出卖给腓力二世。德谟斯提尼指出,这就是"受贿"(*to dōrodokein*)所造成的"疯狂"(*ekphronas kai paraplēgas*)。③

在不久之后的公民大会演说第三篇《反腓力辞》(公元前341年)中,德谟斯提尼以更加有力的表述重申这一"受贿"主题。德谟斯提尼明确指出,希腊人曾经追求自由(*pros eleutherian*),如今却追求奴役(*pros to douleuein*),造成这种不幸的原因正是"受贿"。这里,德谟斯提尼将受贿的政治家称为"那些从企图统治希腊的人(*tōn arkhein boulomenōn ... tēn Hellada*)手中获取金钱的人们(*tous ... khrēmata lambanontas*)",并且对他们予以强烈谴责,称受贿者(*dōrodokounta*)应该受到"最严厉的指控"(*khalepōtaton ... elegkhthēnai*),接受"最重的惩罚"(*timōriai megistēi*)。④ 然后,德谟斯提尼重复了"疾病"的比喻⑤,又更

---

① Demosthenes 19 (*On the False Embassy*), 259.
② Demosthenes 19 (*On the False Embassy*), 260-262.
③ Demosthenes 19 (*On the False Embassy*), 263-267.
④ Demosthenes 9 (*Philippic III*), 36-37.
⑤ Demosthenes 9 (*Philippic III*), 39.

为详尽地列举了其他希腊城邦因政治家的受贿而为腓力二世所奴役的事例,其中也包括《使团辞》中曾经论及的奥林图斯。① 在叙述这些事例的过程中,他有意突出受贿政治家与忠于城邦的政治家之间的对立,将前者称为"为腓力进行演说的人"(tous huper Philippou legontas)②,而将后者称为"为民众进行演说的人"和"为了最好的建议进行演说的人"。③ 德谟斯提尼用这一对立关系来表述主战派和主和派的分歧,他解释说:民众之所以倾向于那些"为腓力进行演说的人"而不相信"为民众进行演说的人",因为前者倡导和平(agein eirēnēn),后者却主张与腓力二世进行战争(polemein)。④ 对于这种表述方式,我们会很自然的认为,作为主战派的德谟斯提尼是在利用"受贿"的罪名来攻击主和派政治家。然而,更值得我们注意的是,他还同时特别强调了民众对政治事务的认知能力。在《使团辞》中叙述奥林图斯的事例时,他就曾指出:面对受贿的政治家,奥林图斯民众(hoi polloi)"由于愚蠢"(di' abelterian)而相信他们的欺骗;⑤相反,雅典民众则"应该是明智的"(eu phronein dei tous pollous)。⑥ 他以此提醒雅典民众,要"明智"(eu phronein)地认识政治事务,便不能相信受贿者。在第三篇《反腓力辞》中,德谟斯提尼则进一步指出,对受贿者的信任将给民众认识政治事务的能力造成巨大损害:民众(hoi polloi)最终屈从于(hupokataklinomenoi)

---

① 第 56 节举奥林图斯之例,57 至 58 举埃勒特里亚(Eretria)之例,59 至 62 节举奥勒乌斯(Oreus)之例,埃勒特里亚与奥勒乌斯均为优卑亚岛上的城邦。

② Demosthenes 9 (*Philippic III*), 63.

③ "为民众进行演说的人"原文为 tois huper humōn legousin,本义为"为你们(humōn)进行演说的人们",其中,"你们"(humōn)即指雅典民众,见 Demosthenes 9 (*Philippic III*), 55;"为了最好的建议进行演说的人"原文为 tous ta beltista legontas 和 tois huper tou beltistou legousin,分别见 Demosthenes 9 (*Philippic III*), 56, 63。

④ Demosthenes 9 (*Philippic III*), 63-64.

⑤ Demosthenes 19 (*On the False Embassy*), 265.

⑥ Demosthenes 19 (*On the False Embassy*), 267.

自己的结局,不是因为他们的"漠不关心"(agonian),而是由于他们认为(enomizon)自己比所有人都软弱(tois holois hēttasthai)。① 这是更加深刻的提醒,在他看来,民众如果相信受贿者,就会完全丧失正确认识政治事务和认识自我的能力,这比"漠不关心"远为严重。于是,德谟斯提尼将"受贿"主题与政治家对政治事务的呈现以及民众对政治事务的认识联系起来,他在攻击政敌受贿的同时,更是借助"受贿"主题来反驳政敌所呈现的政治事务,让民众接受他自己所建构的"事实"。

第三篇《反腓力辞》正是全面而集中地呈现了德谟斯提尼在阐释其反马其顿政策的过程中对相关政治事务进行的"事实"建构,除了上述"受贿"主题之外,它还包括笔者前文分析的各篇演说辞的主要内容。德谟斯提尼在第三篇《反腓力辞》的开篇即指明腓力二世的行为是一种"侵犯"(tēs hubreōs),腓力二世对雅典人和所有其他希腊人做下不正义的事情(adikei),他应该"接受判决,付出代价"(dikēn dōsei)。这里的 dikēn dōsei 与前文所论第二篇《奥林图斯辞》中的 dikēn labein (获得公正的判决)同为诉讼术语,dikēn labein 用于指称诉讼当中原告的行为,dikēn dōsei 则用于指称被告。② 面对腓力二世的"侵犯",德谟斯提尼不忘强调雅典人的责任,他要求雅典人应该做到:保卫(epamunai)其他希腊人,使之免受危害(diatērēsai mē ti pathōsi),并且在"政治商议中考虑所有身处严峻险境的希腊人"(bouleuesthai mentoi peri pantōn tōn Hellēnōn hōs en kindunōi megalōi kathestōtōn)。③ 此外,他也特别针对雅典自身的形势指出:是腓力二世向雅典发动战争(Philippon tēi

---

① Demosthenes 9 (Philippic III), 64.

② dikēn dōsei 中的 dikēn 与 dikēn labein 中的 dikēn 都是指"正义的判决",dōsei 本义是"给出、交出",而如果将 dikēn dōsei 直译为"给出判决",则会产生歧义,因此笔者将 dikēn dōsei 译作"接受判决(dikēn),付出(dōsei)代价"。

③ Demosthenes 9 (Philippic III), 20.

polei polemein),破坏和约(tēn eirēnēn parabainein);①腓力二世当初以武力为后盾将徒有其名的和约强加于雅典人(tounoma ... to tēs eirēnēs humin proballei),同时却又在采取军事行动;②当腓力二世利用和约取得所有其他利益之后(panta talla labōn),就来进攻雅典(eph' humas hēksei),他可以向雅典人开战,雅典人却不能向他开战。③ 然后,德谟斯提尼明确指出,腓力二世将出兵阿提卡本土与比雷埃夫斯(epi tēn Attikēn autēn ... kai ton Peiraia)。④ 这样,他便更加具体地重申了其一贯的观点:腓力二世是雅典的敌人。

其次,德谟斯提尼在第三篇《反腓力辞》中还突出了腓力二世的暴君形象及其与希腊人在道德、政体和意识形态层面的对立。他列举腓力二世的一系列欺骗行为:在进攻其他希腊城邦时,腓力二世并不宣战,而是采取欺骗手段(eksapatan haireisthai)伪装成与之结盟,他以这种方式先后摧毁奥林图斯和弗基斯,并控制温泉关。⑤ 这体现了腓力二世的"无信"(apistos)。德谟斯提尼进而将腓力二世的征服称为奴役希腊城邦(katadoulousthai tas poleis)⑥,并且列举了包括奥林图斯和弗基斯在内的那些为腓力二世所毁灭的希腊城邦,形容其景象之悲惨:"一个途径那些地方的人很难说那里曾经有人居住"(mēd' ei pōpot' ōikēthēsan proselthont' einai rhaidion eipein)。⑦ 他总结说,整个希腊和蛮族世界都不能满足腓力二世的"野心"(tēn pleoneksian)。⑧ 同时,他还谴责腓力二世对希腊政体的破坏:在贴萨利废除"自由政体"(tas po-

---

① Demosthenes 9 (Philippic III), 6,引文中 tēi polei(城邦)指雅典城邦。
② Demosthenes 9 (Philippic III), 8,引文中 humin(你们)指雅典人。
③ Demosthenes 9 (Philippic III), 9,引文中 humas(你们)指雅典人。
④ Demosthenes 9 (Philippic III), 10.
⑤ Demosthenes 9 (Philippic III), 11-13.
⑥ Demosthenes 9 (Philippic III), 22.
⑦ Demosthenes 9 (Philippic III), 26.
⑧ Demosthenes 9 (Philippic III), 27.

liteias),建立奴役(*douleuosin*)民众的寡头统治;在优卑亚建立君主统治(*turannountai*);①派遣雇佣军驱逐埃勒特里亚的民众(*ton dēmon ekbalountas ton Eretrieōn*),即毁坏当地的民主政体;并使奥勒乌斯变为君主政体(*turannon*)。②德谟斯提尼将这一切统称为"希腊遭受了他(腓力二世)的侵犯"(*hē Hellas hubrizetai hup' autou*)。③

再有,第三篇《反腓力辞》也包括了关于希腊城邦间关系的议论。这篇演说辞以长短两个版本传世,有学者认为,其中较短的版本在德谟斯提尼时代即流传于希腊各城邦,用以宣传反马其顿政策。④ 那么,我们便可以想见,强调希腊人的团结必然成为这篇演说辞的重点内容之一。在这里,德谟斯提尼将腓力二世从弱小变强大的过程与希腊城邦之间互不忠诚(*apistōs*)和彼此纷争(*stasiastikōs*)的局面联系起来,他对此运用"假省"(*paraleipsis*)手法,说明这已是不争的事实。⑤ 他继而指责道,面对腓力二世的侵略,希腊城邦之间"不能出于援助和友谊而达成团结一致"(*koinonian boetheias kai philias oudemian poiēsasthai*)。我们需要注意此处使用的动词人称:其主语是"希腊人"(*hoi Hellenes*),谓语动词则以第一人称复数的 *pempomen* 和 *aganaktoumen* 来指称"我们没有互派使节"(*ou pempomen presbeis … pros allēlous*)、"我们没有表达愤怒"(*ou …aganaktoumen*)。⑥ 这种表达方式相当于称呼"我们希腊人",从而将腓力二世置于全体希腊人的对立面。接下去,德谟斯提尼用家庭财产诉讼作比喻,进一步将腓力二世排除于希腊世界:雅典和其他希

---

① Demosthenes 9 (*Philippic III*), 26-27,关于腓力二世强迫贴萨利人建立寡头政体,另见 Demosthenes 9 (*Philippic III*), 33。

② Demosthenes 9 (*Philippic III*), 33.

③ Demosthenes 9 (*Philippic III*), 34,引文中 *autou*(他)指腓力二世。

④ R. D. Milns, "The Public Speeches of Demosthenes", Ian Worthington, ed., *Demosthenes: Statesman and Orator*, p. 208.

⑤ Demosthenes 9 (*Philippic III*), 21.

⑥ Demosthenes 9 (*Philippic III*), 28.

腊城邦是"希腊合法的后代"（gnēsiōn … tēs Hellados），有资格继承希腊的遗产（klēronomos toutōn）；腓力二世则等同于"奴隶或私生子"（doulos ē hupobolimaios），不是合法继承人，甚至于，腓力二世非但不是希腊人（oukh Hellēnos ontos），而且"不是来自好地方的蛮族人"（oude barbarou enteuthen hothen kalon eipein），而是一个"来自马其顿的诅咒"（olephrou Makedonos）。① 在第三篇《奥林图斯辞》中，德谟斯提尼就曾将腓力二世称为"蛮族人"（barbaros）；②但是，第三篇《反腓力辞》中的这种表达最为极端地强调了腓力二世与希腊人之间的对立关系，其目的是促成希腊各城邦之间的团结一致。

至此，我们已经比较全面的了解了德谟斯提尼在阐述其反马其顿政策的过程中是如何呈现相关政治事务的；我们也看到，这种呈现的确具有一种固定的模式，就是笔者在本节开始部分所概括的：腓力二世是雅典人以及全体希腊人共同的敌人，他通过贿赂和欺骗实现自己的侵略目的；其他希腊城邦则彼此漠不关心，各谋私利，又有很多政治家为腓力二世所收买，误导民众，从而助长了腓力二世的势力；在此局势之中，雅典人则承担着抵抗腓力二世并且捍卫全体希腊人的责任。为了有说服力地详细阐发这一模式，德谟斯提尼在演说中将腓力二世塑造为暴君形象，并且强调腓力二世与雅典所代表的希腊城邦之间在道德、政体和意识形态层面的对立，同时又将埃斯基尼斯等政敌塑造为受贿者的典型，把雅典和其他希腊城邦的失败以及腓力二世的强大归咎于这些所谓的"受贿者"。

对于德谟斯提尼呈现的这种模式，现代学者已经意识到它所产生的误导作用。例如，哈里斯曾明确指出，德谟斯提尼的说法会造成我们

---

① Demosthenes 9 (Philippic III), 30-31.
② Demosthenes 3 (Olynthiac III), 16.

认识上的盲区,使我们过于简单地理解马其顿取得希腊统治权的原因;实际情况比德谟斯提尼的说法远为复杂,并非所有亲马其顿派都是被腓力二世贿赂收买的政治家①,而腓力二世其实也从未表现出真要摧毁雅典的意图。② 无论现代学者对当时历史事实的推断是否准确,或者现代学者对德谟斯提尼的批评是否公允,我们都不妨认为,德谟斯提尼所呈现的模式是他在某种程度上对政治"事实"进行建构的结果。这种建构通过在公民大会演说和公共诉讼演说中的反复重申而得以实现,笔者所分析的3篇《奥林图斯辞》、3篇《反腓力辞》以及《使团辞》正体现了这种建构的具体方式。这七篇演说辞在时间上主要集中于公元前340年代,对于其中六篇公民大会演说辞,我们并不清楚其说服结果是否成功③,而《使团辞》如果确实是公元前343年德谟斯提尼控告埃斯基尼斯时所用的,则它是一篇失败的公共诉讼演说辞,埃斯基尼斯

---

① 在古代作家中,波利比乌斯(Polybius)就曾指出,德谟斯提尼将许多人归于背叛者之列是过于武断了,见 Polybius, *Histories*, XVIII, 14。

② Edward M. Harris, *Aeschines and Athenian Politics*, pp. 149-150,153,哈里斯将埃斯基尼斯作为典型反例,他认为,埃斯基尼斯并不是被腓力二世收买的政治家,在腓罗克拉底和约之前,埃斯基尼斯的政策是联合其他希腊城邦共同抵抗腓力二世,在和约制定过程中,埃斯基尼斯的目的也仍然是希望利用一个普遍的和约使各希腊城邦共同牵制腓力二世。但是,当时的其他希腊城邦很可能没有意识到腓力二世的威胁,出于各自利益而希望寻求腓力二世的支持,所以,埃斯基尼斯的希望落空。哈里斯认为,是这种现实情况使埃斯基尼斯转变政策,而非腓力二世的贿赂。

③ 关于德谟斯提尼存世演说辞的时间排列,参见 Douglas M. MacDowell, *Demosthenes the Orator*, p. 12。汉森推测,德谟斯提尼的存世公民大会演说辞之所以主要集中于这一时期,可能是由于当时雅典民众并未接受他的反马其顿政策,故而以文本形式发表演说辞,用来宣传自己的政策,而到公元前330年代民众普遍接受其政策时,则无须再发表这类演说辞了。见 Mogens Herman Hansen, *The Athenian Democracy in the Age of Demosthenes: Structure, Principles and Ideology*, p. 7。关于德谟斯提尼公民大会演说辞写作目的的问题,还可以参见 Adams 在更早的时候所进行的讨论,Charles Darwin Adams, "Are the Political 'Speech' of Demosthenes to Be Regarded as Political Pamphlets?", *Transactions and Proceedings of the American Philological Association*, Vol. 43. (1912), pp. 5-22。

在那场诉讼中并未获罪,之后仍继续从事政治活动。但是,我们几乎可以肯定地认为,德谟斯提尼在这些演说辞中建构的政治"事实"模式却最终为雅典民众普遍接受。因为,在十余年后的《金冠辞》(公元前330年)中,德谟斯提尼依然以此模式呈现政治事务。对此,除本节最开始所引之例外,这里仍有必要加以进一步说明。

德谟斯提尼在《金冠辞》的叙述中将自己、政敌埃斯基尼斯和雅典民众分别安排在他所建构的"事实"模式的相应位置上。他为自己辩护道,尽管雅典盟军在喀罗尼亚战役中失败,但是这场战役却阻止了战火延及雅典本土。① 我们知道,他一贯都在警告说:腓力二世是雅典的敌人,必将进攻雅典。这一认识想必已经为雅典民众所接受。另外,德谟斯提尼重申对埃斯基尼斯的攻击,称后者被腓力二世收买(*misthoutai*),诱导"近邻城邦同盟"发动对安菲萨(Amphissa)的战争。② 德谟斯提尼还指出,当雅典人因为听从他本人的建议援助忒拜取得成功之后,民众为自己所受到的赞扬举行庆祝活动,埃斯基尼斯却没有参加,而是独自在家,闷闷不乐。③ 我们从这些攻击中看到,埃斯基尼斯被塑造为损害其他希腊城邦的受贿者形象,并被排除于雅典民众共同的责任、成功与荣誉之外,而德谟斯提尼则与民众一起成为其他希腊城邦的捍卫者。在演说辞接近结尾的地方,德谟斯提尼再次谴责其他希腊城邦中的受贿者,将腓力二世的强大与希腊人的奴役归咎于这些人,并且将雅典民众表现为这些人的对立面:"我

---

① Demosthenes 18 (*On the Crown*), 195,喀罗尼亚位于比奥提亚(Boeotia)境内,在雅典以北,据德谟斯提尼的说法,此地距离雅典有数天路程。

② Demosthenes 18 (*On the Crown*), 145-159,关于安菲萨战争,西利认为,它所反映的实际是忒拜与贴萨利的矛盾,而腓力二世当时对中希腊事务表现出一种退缩状态,因此西利怀疑腓力二世在安菲萨战争的问题上是否发挥了如德谟斯提尼所说的作用,同时,西利对埃斯基尼斯为腓力二世收买的说法也表示怀疑。见 Raphael Sealey, *Demosthenes and His Time: A Study in Defeat*, pp.190-193。

③ Demosthenes 18 (*On the Crown*), 215-217.

们在警告，在号召，在阐释最好的建议。"(*prolegontōn hēmōn kai parakalountōn kai didaskontōn ta beltista*)①尤尼斯认为，这里的"我们"(*hēmōn*)是指德谟斯提尼和雅典民众。② 可见，德谟斯提尼试图以此表明，自己与民众共同承担了对所有希腊人的责任，而政敌埃斯基尼斯则属于受贿者之列，给希腊人带来奴役。

不仅如此，在公元前330年的这次公共诉讼中，作为起诉方的埃斯基尼斯似乎也深受德谟斯提尼所建构的"事实"模式的影响。哈里斯惊讶地发现，在起诉演说《诉科忒西丰》中，埃斯基尼斯关于腓罗克拉底和约责任问题的表述竟然与德谟斯提尼《使团辞》(公元前343年)中的模式相同，都试图表明自己在制定腓罗克拉底和约的过程中并未损害雅典盟邦，而是承担了雅典对希腊人所负的责任，维护了其他城邦的利益。③ 当雅典民众普遍运用德谟斯提尼所建构的模式来认识和判断政治事务的时候，作为德谟斯提尼政敌的埃斯基尼斯也只得服从于这一"事实"模式。如果我们所看到的《金冠辞》确实曾经被德谟斯提尼用来为自己进行辩护，那么，它无疑是取得绝对成功的公共诉讼演说辞。但是，这种成功并不完全在于《金冠辞》这一篇独立的演说辞，它实际上更是德谟斯提尼所有反马其顿演说的成功，是他所建构的"事实"模式的成功。

结合笔者在上一节的论述，我们看到，通过公民大会演说到"*rhētōr*述职审查"的动态过程，德谟斯提尼所建构的这种"事实"模式与他对民众在认识政治事务方面所形成的集体记忆的塑造相配合，最终使得这种"事实"模式成功得到了民众集体记忆的认可。而且，从上一节的论证中我们还知道，政治家在演说中对民众集体记忆的诉求与重塑是

---

① Demosthenes 18 (*On the Crown*), 294-295.
② Harvey Yunis, ed., *Demosthenes: On the Crown*, p.272.
③ Edward M. Harris, *Aeschines and Athenian Politics*, p.73.

建立在肯定民众政治参与经验的基础之上的,也就是说,这种集体记忆包含着民众对政治家呈现政治事务方式的批评,以及民众对自身认识政治事务的反思。因此,我们在本节的分析中也注意到,德谟斯提尼在呈现政治事务的同时还特别对呈现方式以及民众的认知能力予以关注,不仅将他自己对政治事务的呈现与民众"明智"的认识联系起来,而且将政敌对政治事务的呈现与民众的"愚蠢"乃至认知能力的完全丧失联系起来。这样,德谟斯提尼所建构的"事实"模式本身也就为民众提供了一种衡量标准,用于批评政治家呈现政治事务的方式,也用于反思民众自身对政治事务的认识。根据这一标准,民众会作出如下判断:德谟斯提尼的政敌是受贿者,是"为腓力进行演说的人",愚蠢的人会相信他们的话;相反,德谟斯提尼忠于雅典的道德准则、政体和意识形态,是"为民众进行演说的人"和"为了最好的建议进行演说的人",明智的人会相信他的话。因此,德谟斯提尼所建构的"事实"模式为雅典民众的集体记忆所认可,也就意味着民众不但接受了他所呈现的政治"事实",同时也接受了他所提供的这一衡量标准。在公元前330年的法庭现场,雅典民众很可能正是运用这种集体记忆对德谟斯提尼的政治生涯做出了评判,而《金冠辞》则无非是唤起并重现了民众的这种集体记忆。

第四章　民众政治角色的塑造

作为陪审员(*dikastai*)或者公民大会成员(*ekklēsiastai*)的雅典民众是以"裁判者"的身份出现于政治演说场合而实践其政治参与的。亚里士多德认识到这些"裁判者"与演说者之间存在着某种裂隙:往往缺少一致的利益纽带将二者联结在一起。这一点尤其体现在诉讼演说场合,诉讼案件的"事实本身"一般并不涉及陪审员的个人利益,而诉讼当事人与陪审员之间的阶层差距则进一步扩大了这种裂隙。因此,演说者必然诉求于陪审员的情感,将他们的注意力引向"事实之外"(*eksō tou pragmatos*),利用情感手段影响陪审员的判决行为。至于公民大会演说场合,尽管亚里士多德持有比较乐观的看法,指出公民大会中所商议的公共事务关乎全体民众的利益,但是他同样意识到,演说者所表现出的品格会引发听众的好恶,公民大会成员的"裁判"仍然受到这些情感因素的影响。于是,在政治演说中,引起听众的愤怒(*orgē*)、怜悯(*eleos*)或善意(*eunoia*)等情感便成为演说者用以弥合自己与听众之间裂隙的主要手段,这些情感经常而有效地干预着听众对演说内容的态度、认识与理解。这体现了政治演说的表演功能,同时也被亚里士多德视为民主政治运作方式的严重弊端。①

然而,为了弥合演说者与其听众之间的裂隙,情感手段并非唯一的修辞策略。我们在演说辞中看到,演说者还经常通过对听众政治角色

---

① 参见本书第一章第一节。

的塑造而达到同样的目的。笔者在这里所说的"政治角色",具体而言,是指雅典民众作为陪审员(*dikastai*)或者公民大会成员(*ekklēsiastai*)在政治参与中履行的职责、具有的地位以及发挥的作用。演说者在进行诉讼演说和公民大会演说的过程中都会反复强化听众的这一角色意识,并且阐释民主政治运作的原则以及民众的政治参与行为与城邦法律和政体的互动关系。这类论述并未流于空洞的说教,而是与政治演说的特定场合密切联结在一起,以使听众将自身认同于雅典民众集体,并将自身在演说现场的"裁判"行为与政治角色认同于民主政治的运作方式及其原则,从而在一种共同的认知基础上实现演说者与听众之间的有效沟通。

前文已经论述了德谟斯提尼与其政敌如何在政治演说中展示自我形象并呈现政治事务,接下来,笔者将于本章重点关注德谟斯提尼对演说听众所进行的表述,考察德谟斯提尼怎样通过塑造听众的政治角色来引导他们认知演说内容。第一节从陪审员的誓言入手,分析德谟斯提尼对"法律"与"政体"主题的阐释,我们会看到,德谟斯提尼利用这种阐释试图将陪审员在法庭现场的判决行为转化为民众集体在政治参与中的权威的实现。第二节则转入德谟斯提尼的公民大会演说,在这里,他以"演说"与"行动"对应关系的主题来议论和批评雅典民众在公民大会场合的政治商议行为,并且强调,民众在演说现场听取演说的方式以及对演说内容的理解与判断,直接关乎雅典民主政治的正常运作。笔者认为,德谟斯提尼利用这些手段塑造了雅典民众在公民法庭和公民大会中的政治角色意识,促使民众真切地认识到自身政治参与的意义及其相应的民主政治原则。他以此引导民众在演说现场如何看待诉讼的性质,如何听取和理解政治家的提议演说并做出判断,从而影响民众的政治参与行为。

第一节 "法律"与"政体":民众权威在法庭中的实现

我们从很多存世的雅典诉讼演说辞中看到,演说者会经常强调陪审员在审判案件时应该遵守自己的誓言。雅典人每年通过抽签方式选出 6000 名年龄在 30 岁以上的公民担任陪审员,负责审理这一年内的各类法庭诉讼,这 6000 名陪审员在该年年初任职之前需要统一发誓,在德谟斯提尼的演说辞《诉提谟克拉特》(*Against Timocrates*)中比较完整地保存了陪审员的誓词。西方学者对这份誓词的真伪多持怀疑态度,主要认为其中的某些语句不真实,但是对于誓词的核心内容基本上是予以肯定的,即它规定了陪审员所承担的职责。誓词的内容主要包括:首先,依据城邦法律(*nomoi*)和公民大会法令(*psēphismata*)进行公正的判决;其次,陪审员必须禁止损害"雅典民众"(*ton dēmon ton Athēnaiōn*)的行为,也就是禁止任何损害雅典民主政体的行为,这说明陪审员的判决是对雅典民主政体的捍卫;在此基础上,誓词还列举了一系列具体的规定。① 约翰斯通以埃斯基尼斯的《诉科忒西丰》和德谟斯提尼的《诉勒普提尼斯》(*Against Leptines*)两篇诉讼演说辞中的相关表述为例,阐释了陪审员"依法判决"的职责,并且指出,演说者要求陪审员在做出判决时所依据的法律并不只是案件涉及的某项特定法律,而是作为民主政治基础的整个法律体系。② 可见,在雅典人的观念中,"依法判决"与"捍卫政体"之间存在着紧密的内在联系,陪审员"依法判决"的职责最终是捍卫雅典民主政体。因此,"依法判决"与"捍卫政体"被共同确立为陪审员履行职责的宗旨。德谟斯提尼在《诉提谟克

---

① Demosthenes 24 (*Against Timocrates*), 149-151.
② Steven Johnstone, *Dessent and Democracy: The Consequences of Litigation in Ancient Athens*, pp.38-40.

拉特》中曾经提醒陪审员要将"法律"(nomoi)与"政体"(politeia)作为审理案件的基本出发点,并且指出二者之间的关系。其内容也印证了我们对雅典陪审员职责的上述认识。

《诉提谟克拉特》是德谟斯提尼的一篇早期诉讼演说辞,时间大约在公元前 353 年。提谟克拉特提议订立一项有关公共债务人的法律,迪奥多鲁斯(Diodorus)为此对提谟克拉特提出"违法提议"的公共诉讼。《诉提谟克拉特》就是德谟斯提尼为迪奥多鲁斯准备的起诉演说辞,我们从中可以看到德谟斯提尼是如何强调法律与政体的。他针对提谟克拉特所提议订立的法律作出,指责它不但与相关的既存法律相抵触,而且甚至于违背了雅典城邦的所有法律(para pantas ... ontas en tēi polei)。① 与约翰斯通所指出的相似,德谟斯提尼在这里也是将陪审员的注意力从某项个别法律引向雅典城邦的整个法律体系。接下去,德谟斯提尼则非常明确的强调,提谟克拉特的提议订立的法律是与雅典的民主政体相对立的。德谟斯提尼提醒陪审员应该自问:法律与寡头统治(tas oligarkhias)的区别在什么地方? 他给出答案:在寡头政体中(en tais oligarkhiais),对于以往的事件,人们不予遵循;对于将来的事件,则任意而为;而法律则规定了将来如何行事,并且"通过说服"(meta tou peisai)使得遵循法律的人们都能为了彼此的利益而行事。在进行这一对比之后,德谟斯提尼指出,在雅典这个民主政体城邦中(en dēmokratoumenēi tēi polei),提谟克拉特所提议确立的这项法律却具有寡头政体的不正义的特征(tēn ek tēs oligarkhias adikian)。② 到演说接近结束的时候,德谟斯提尼又将"法律"与"政体"联系起来,并且表达了二者之间的关系,他说:只有当"政体"遵循"法律"的时候(hoi nomoi; kata gar toutous ousēs tēs politeias),雅典的各项实力才是对城邦共同体

---

① Demosthenes 24 (*Against Timocrates*), 66.
② Demosthenes 24 (*Against Timocrates*), 76.

有益的(*khrēsima tōi koinōi*)。① 我们看到,德谟斯提尼在《诉提谟克拉特》中一方面重申陪审员的誓言以强化其职责,另一方面又通过以上表述而将陪审员对自身职责的认识转化为对雅典"法律"与"政体"的关注。这样,陪审员很可能会意识到,通过履行职责,自己的判决行为将对城邦的法律体系、政体乃至整个城邦共同体产生积极的效果。

可以说,陪审员的职责是对陪审员政治角色的基本规定,其中"依法判决"与"捍卫政体"两项宗旨反映了陪审员在政治参与中所具有的地位和作用;演说者通过阐发这两项宗旨进一步塑造陪审员的政治角色意识,以便影响陪审员的判决行为。因此,像《诉提谟克拉特》中对"法律"和"政体"的强调便成为演说者常用的主题。关于这样的主题,德谟斯提尼明确认识到它对陪审员的影响。我们知道,埃斯基尼斯曾经控告提马库斯,德谟斯提尼在《使团辞》中不但指责这一控告行为,描绘当时的法庭场景②,同时还复述了埃斯基尼斯在当时的起诉演说中对"法律"与"政体"的强调。据德谟斯提尼所说,埃斯基尼斯曾经指出,如果在一种"政体"(*politeias*)中"法律"(*tōn nomōn*)不具力量,那么这种"政体"就是没有效用的(*ouden est' ophelos*);而且,埃斯基尼斯还提醒陪审员:"如果你们放弃法律与政体的要求(*ta tōn nomōn kai tēs politeias*),也就不会有任何人同情你们"。③ 我们可以明显看出,埃斯基尼斯以这种对"法律"与"政体"的强调试图影响陪审员的判决,德谟斯提尼在《使团辞》中则要求陪审员将它反用在埃斯基尼斯身上。④ 这说明,在德谟斯提尼看来,埃斯基尼斯对"法律"与"政体"主题的运用的确产生了效果。所幸,埃斯基尼斯控告提马库斯的演说辞保存下来,其中确实包含有关"法律"与"政体"的论述,很可能正是这些论述引起

---

① Demosthenes 24 (*Against Timocrates*), 216.
② 参见本书第二章第一、三节相关内容。
③ Demosthenes 19 (*On the False Embassy*), 283.
④ Demosthenes 19 (*On the False Embassy*), 284.

了德谟斯提尼的特别关注。因此,我们有必要首先来看埃斯基尼斯在这些论述中是如何阐发"法律"与"政体"主题的,以及这种阐发在塑造陪审员的政治角色方面又会产生怎样的作用。

埃斯基尼斯在《诉提马库斯》中一开始即讨论不同政体与法律的关系,明确指出"民主政治的城邦是建立在法律之上的"(*hai de poleis hai dēmokratoumenai tois nomois tois keimenois*)①,"法律保护民主政治中公民的人身和政体"(*ta men tōn dēmkratoumenōn sōmata kai tēn politeian hoi nomoi sōizousi*)。② 在此基础上,埃斯基尼斯以第一人称复数来表述其听众,他说,"在我们进行立法的时候"(*nomothetōmen*),要考虑的是"法律应该有益于政体"(*sumpherontas nomous tēi politeiai*);"当我们完成立法之后"(*nomothetēsōmen*),那么,就要"服从这些既成的法律"(*tois nomois tois keimenois peithesthai*)。③ 接着,埃斯基尼斯将梭伦与德拉古称为"古代的立法者"(*ho palaios nomothetēs*),并改用第二人称复数表述听众,称梭伦与德拉古"为你们"制定了法律(*toutous tous nomous anagrapsantes humin parakatethento*),并且使"你们"成为法律的捍卫者(*humas autōn epestēsan phulakas*)。④ 更进一步,在论述完有关"*rhētōr* 资格审查"的法律之后⑤,埃斯基尼斯对听众说,"立法者"让"雅典人中的自愿者"(*Athēnaiōn ho boulomenos*)控告违犯这项法律的人,"立法者要求你们"(*humas … keleuei*)在法庭中审理判决(*en tōi dikastēriōi diagignōskein*)。⑥ 而且,埃斯基尼斯还指出,"你们"给这项古代制定的法律(*palai nenomothetētai*)补充了一条新法(*prosethesthe kainon nomon*),

---

① Aeschines 1 (*Against Timarchus*), 4.
② Aeschinse 1 (*Against Timarchus*), 5.
③ Aeschines 1 (*Against Timarchus*), 6.
④ Aeschines 1 (*Against Timarchus*), 7,引文中阳性复数属格代词 *autōn* 指法律。
⑤ 关于"*rhētōr* 资格审查",参见本书第二章第一节。
⑥ Aeschines 1 (*Against Timarchus*), 32.

制定这条新法的人(ho titheis)要求(keleuei)人们"捍卫和协助法律与民主政体"(tous phuletas boēthountas tois nomois kai tēi dēmokratiai)。①通过这种表述方式,尤其是对第一人称复数和第二人称复数的运用,埃斯基尼斯生动地阐释了听众与法律以及"立法者"之间的互动关系。这里的听众当然是陪审员,但是却被埃斯基尼斯想象为全体雅典民众:他在论述过程中并未使用"陪审员"(ō andres dikastai)的呼语,而是反复称呼"雅典人"(ō andres Athēnaioi)。埃斯基尼斯是从城邦整体的宏观层面来论述民众与法律的关系,民众与"立法者"是一致的,法律保护民众,民众捍卫法律,最终是为了维系民主政体。这种宏观的论述配合第一人称和第二人称的运用,必然使作为听众的陪审员真切体会到自己在城邦政治生活中所扮演的政治角色。陪审员的这种政治角色意识特别引起法伦加(Farenga)的关注,他指出,公元前4世纪的诉讼演说普遍具有如下特征:演说者引导陪审员在认知方面模仿以梭伦为代表的"立法者",让陪审员将自己的判决行为想象为与"立法者"的立法行为相一致。②

在此基础上,我们更应该注意的是,演说者塑造陪审员的政治角色,其目的是影响陪审员在特定诉讼场合中的判决行为。所以,上述从整个城邦的宏观层面对陪审员政治角色的表述在演说中将会与公民法庭的特定场合性质结合在一起。也就是说,演说者会特别提醒陪审员,他们在城邦政治生活中的政治角色是通过公民法庭的特定场合而被赋予。在《诉提马库斯》接近结尾的部分,埃斯基尼斯明显表现出对法庭场合性质的关注。他在这里要求陪审员惩罚罪犯,并说明其目的是

---

① Aeschinea 1 (Against Timarchus), 33.

② 法伦加认为,在公元前5世纪,陪审员在认知层面与情感层面模仿当事人,尤其是被告,到公元前4世纪,随着法律权威的增强,陪审员则在认知层面与情感层面转向对所谓"立法者"的模仿。见 Vincent Farenga, Citizen and Self in Ancient Greece: Individuals Performing Justice and the Law, Cambridge University Press, 2006, pp. 316-317,343。

捍卫法律的高尚与权威(hoi nomoi kaloi kai kurioi),随后便开始阐述陪审员在法庭中的判决与城邦法律之间的关系。埃斯基尼斯首先为法律(nomous)、公民大会法令(psēphismata)和法庭判决(tas kriseis … tas en tois dikastēriois)的地位进行排序:法律是高尚而良好的(tous nomous … kalōs keisthai),公民大会法令次之,法庭判决则往往受到非议。① 接下来,他向陪审员解释说:之所以如此,是因为"你们"在制定法律的时候考虑的是正义(epi tois dikaiois);但是在法庭中,"你们"的注意力会偏离事实本身(aphemenoi tōn eis auto to pragma logōn),而受到谎言的误导(hupo tēs apatēs kai tōn alazoneumatōn hupagesthe)。② 其结果是将一种"极其不公正的习惯"(pantōn adikōtaton ethos)引入法庭诉讼之中(eis tous agōnas),"当你们离开法庭的时候"(ekserkhesth' ek tōn dikastēriōn),并未"获得公正的判决"(dikēn eilēphotes)。这最终导致法律的废弛与民主政体的摧毁(hoi de nomoi kataluontai kai hē dēmokratia diaphtheretai)。③

为了更好地理解埃斯基尼斯的以上议论,我们有必要将它与德谟斯提尼在《诉提谟克拉特》中的另一种说法进行比较。在埃斯基尼斯的排序中,陪审员的法庭判决在地位上是远次于城邦法律的;而德谟斯提尼在《诉提谟克拉特》中却曾经极力强调法庭判决的权威,他指出,"比法庭判决更具权威的法律"(toioutos nomos hos dikastēriou gnōseōs autos kuriōteros estai)不会给城邦带来任何益处,而且,"没有发过誓的人"不能撤销"由发过誓的陪审员们所做出的判决"(tas hupo tōn omōmokotōn gnōseis)。④ 我们发现,从表面来看,埃斯基尼斯与德谟斯提

---

① Aeschines 1 (*Against Timarchus*), 177.
② Aeschines 1 (*Against Timarchus*), 178.
③ Aeschines 1 (*Against Timarchus*), 179,引文中 agōnas(竞争)是雅典人常用的对法庭诉讼的称呼,参见本书第二章第二节。
④ Demosthenes 24 (*Against Timocrates*), 78.

尼的各自说法是彼此矛盾的,我们因此会疑惑:在雅典人的观念中,城邦法律与陪审员的法庭判决,究竟哪个更具权威?要解决这样的疑问,我们必须考察这两种看似矛盾的说法各自所属于的演说语境。首先,埃斯基尼斯与德谟斯提尼两种说法各自所指的"法律"是不同的,被埃斯基尼斯赋予最高权威的"法律"是城邦既定的法律,而德谟斯提尼所说的"比法庭判决更具权威的法律"则特指被告提谟克拉特提议制定的法律,它本身就是演说所批驳的对象。其次,德谟斯提尼对法庭判决权威性的强调以及埃斯基尼斯对法庭判决的贬低,实际上分别是从正反两个方面表述了陪审员的政治地位,而这种地位是与法庭的场合性质密切相关的。德谟斯提尼强调"法庭"(*dikastēriou*)和"发誓"(*omōmokotōn*),在他看来,陪审员的权威地位是由陪审员誓言赋予的,并且是通过法庭这一场合而得以实现的。埃斯基尼斯则以"离开法庭"(*ek tōn dikastēriōn*)的说法反衬出法庭现场的特定场合,并指出法庭场合对陪审员权威地位所造成的负面影响:演说者会在诉讼现场以谎言误导陪审员做出不公正的判决。所以,德谟斯提尼与埃斯基尼斯关于陪审员法庭判决与城邦法律关系的各自说法从根本上并不矛盾,而陪审员法庭判决与城邦法律的关系也正反映了他们对法庭场合性质的关注。从埃斯基尼斯的表述中,我们看到,陪审员的法庭判决与城邦法律的地位其实是一致的:陪审员在法庭中做出的公正判决可以捍卫法律的权威(*kurioi*);但是,当陪审员在法庭中受到欺骗,其判决丧失权威,那么,法律乃至政体便也随之丧失权威。可见,埃斯基尼斯并不是要拉开陪审员法庭判决与城邦法律之间的距离;相反,他是要让陪审员意识到自己在法庭现场的判决行为与城邦法律之间的一致性。我们还应注意到,埃斯基尼斯将法庭判决结果称为陪审员"获得公正的判决"(*dikēn eilēphotes*),我们知道,"获得公正的判决"经常用于指称原告①,

---

① 参见本书第三章第二节,*dikēn eilēphotes* 的原形即 *dikēn lambanein*。

这说明埃斯基尼斯有意扩大法庭判决的影响范围。而且,他仍使用"雅典人"(ō andres Athēnaioi)呼语,将陪审员视为全体雅典民众,这就更加提醒陪审员:法庭现场的判决将使全体民众获得正义,它对法律与政体的捍卫最终是对民众权威的捍卫,而陪审员作为民众的一员,正是通过参与法庭现场判决从而实现了自己的权威。①

以上就是埃斯基尼斯在《诉提马库斯》中对陪审员的政治角色意识所进行的塑造。我们看到,他在进行这种塑造的过程中,是将城邦宏观层面与公民法庭的特定场合层面结合在一起的,而这种塑造的目的则明显是通过影响陪审员在诉讼现场的认知从而影响其判决行为。陪审员在诉讼现场的认知不仅是法伦加所说的对"立法者"的模仿,同时也包括陪审员对诉讼案件本身以及诉辩双方演说的认识与理解。埃斯基尼斯在塑造陪审员的政治角色时特别强调,陪审员会将注意力偏离案件所涉及的事实本身(aphemenoi tōn eis auto to pragma logōn),并且受到演说者谎言的欺骗(hupo tēs apatēs kai tōn alazoneumatōn hupagesthe)。埃斯基尼斯对"法律"与"政体"的诉求正是为了遏制陪审员的这种认知倾向,要求陪审员以"法律"与"政体"的名义,并且从自身的政治角色出发来参与法庭中的审判行为。这些表述反映出,埃斯基尼斯有意利用对陪审员政治角色的塑造来引导陪审员在诉讼现场如何听取诉辩双方的演说,如何从中获取信息以及如何理解诉讼案件本身的性质。陪审员由此而形成的认知在很大程度上决定了他们的判决行

---

① 关于陪审员的身份意识,约翰斯通也得出相同的结论,即演说者(尤其是起诉方)试图引导陪审员将自身利益与城邦法律乃至政体视为一致;而且,约翰斯通也注意到,演说者在表述中将陪审员作为全体雅典民众,以使陪审员意识到自身的权力。见 Steven Johnstone, *Dessent and Democracy: The Consequences of Litigation in Ancient Athens*, pp. 132-133。但是,约翰斯通并未分析演说者对法庭特定场合性质的关注,而笔者想要重点指出的,正是演说者在塑造陪审员政治角色的过程中如何强调法庭场合的关键作用。

为,这就是埃斯基尼斯控告提马库斯时对"法律"与"政体"主题的阐发何以引起德谟斯提尼特别关注的主要原因。

事实上,德谟斯提尼在关注对手演说的同时,他本人也尤其擅长塑造陪审员在法庭现场的政治角色。埃斯基尼斯在《诉提马库斯》中对"法律"与"政体"主题的运用、对陪审员政治地位的界定以及对法庭特定场合性质的强调等要素,在德谟斯提尼的一些重要公共诉讼演说中均得到进一步的彰显和更为充分的表达。其中《诉勒普提尼斯》和《诉美狄亚斯》两篇公共诉讼演说辞尤为突出,为我们提供了非常值得分析的典型素材。

《诉勒普提尼斯》是德谟斯提尼存世演说辞中最早一篇为他本人使用的公共诉讼演说辞,时间大约在公元前355年,针对的是勒普提尼斯所提议制定的一项法律。当时,在承担公益捐助的雅典富有阶层中,某些对城邦做出特殊贡献的人可以获得免除捐助的特权。勒普提尼斯却提议制定法律,要求取消这些富人的免除捐助特权。为此,阿普塞非翁(Apsephion)与科特西普斯(Ctesippus)对勒普提尼斯提出指控,年轻的德谟斯提尼也参与了这次诉讼,并在法庭中以科特西普斯的名义进行起诉演说。这篇演说向我们显示,在从政经验与演说技艺方面都未臻成熟的德谟斯提尼已经懂得如何阐发"法律"与"政体"主题并以此塑造陪审员在法庭现场的政治角色意识。

在《诉勒普提尼斯》中,德谟斯提尼对陪审员政治角色的塑造主要集中于首尾两处。演说一开始,德谟斯提尼即将诉辩双方的矛盾转化为被告勒普提尼斯与全体雅典民众之间的对立。他指出,勒普提尼斯之所以提议制定法律禁止授予免除公益捐助的特权,是由于"他认为民众没有资格享有授予这项特权的权威"(*ton dēmon anaksion hēgeito kurion einai tou dounai*)。① 德谟斯提尼在此强调了民众的权威,他要让陪审员意识到,免除公益捐助的特权是由民众授予的,它本身就是民众权威的体现,于是,禁止授予这项特权便相当于禁止民众实现自己的权威。接下去,德谟斯提尼又指出,勒普提尼斯可能会进行如下辩驳:因为民众容易受骗,所以这项法律是用来防止民众向某人错误地授予免除捐助的特权。为此,德谟斯提尼进一步阐释了雅典民主政治运作方式与民众权威之间的关系。他对陪审员说:尽管"你们经常在受骗的情况下决议颁布了许多法令"(*psēphismata polla pollakis eksapatēthentes kekheirotonēkate*),但是"你们"并未"完全抛弃这种政体"(*aphēirēsthai kai holōs tēn politeian humas*)。② 进而换用第一人称复数:"我们"不能立法废止议事会与公民大会的商议表决,也不能通过立法来"剥夺我们的权威"(*aphairēsetai to kurious hēmas einai*);而是应该"学会如何不被说服"(*didakhthēnai pōs touto mē peisometha*),并且惩罚欺骗者。③ 通过这些表述,德谟斯提尼将勒普提尼斯立法的初衷解释为对民众与政体的不信任,并将立法的结果斥为对民主政治运作方式的破坏乃至对民众权威的危害。

到演说的结尾部分,德谟斯提尼更加夸大了这项法律给雅典城邦造成的恶劣影响:"高尚的人"(*khrestoi*)与"卑劣的人"(*phaouloi*)不能得到公正的对待,甚至雅典的名望也将受到严重损毁,所有人都会认为雅典是"不可信的"(*apistos*)、"嫉妒的"(*phthonera*)和"卑劣的"(*phaulē*)。④ 对此,德谟斯提尼要求陪审员:"你们相互考虑,并且为了你们自己而进行理性的思考"(*skepsasthe par' allēla kai logisasthe pros*

---

① Demosthenes 20 (*Against Leptines*), 2.
② Demosthenes 20 (*Against Leptines*), 3.
③ Demosthenes 20 (*Against Leptines*), 4,引文中 *didakhthēnai*(学会)是 *didaskein*(教导)的被动态,直译为"被教会"。
④ Demosthenes 20 (*Against Leptines*), 164.

humas autous)。① 他首先使用"雅典人"(*ō andres Athēnaioi*)的呼语,将陪审员视为全体民众,指出民众不应该选择愚蠢的做法,不应该放弃"高尚的行为"(*kalōn ... kai agathōn*),并且提醒陪审员:"你们当中的每一个人在私人方面都分享着由你们共同的意见所带来的名声"(*hekastos humōn idiai metheksei tēs doksēs tōn koinēi gnōsthentōn*)。② 德谟斯提尼意在表明,陪审员的判决代表着民众"共同的意见"(*tōn koinēi gnōsthentōn*),这种判决所造成的影响是施加于每一个雅典公民的。此后,德谟斯提尼转而凸显陪审员在法庭现场的身份特殊性,将"坐在现场的你们"(*tōn kathēmenōn humōn*)与"站在周围的人们"(*tōn periestēkotōn*)明确区分开,前者即指陪审员,后者则是其他旁听的人群。而且,德谟斯提尼特别指出,这两类听众对诉讼性质的认识是存在差异的:对于"站在周围的人们"来说,诉讼无非是双方当事人之间的"竞争"(*agōnizetai*);但是,陪审员却应该懂得,此次诉讼的意义在于"仁爱"对抗"嫉妒"、"正义"对抗"邪恶"、"高尚"对抗"卑鄙"(*philanthropia pros phthonon kai dikaiosune pros kakian kai panta ta khresta pros ta ponerotat' antitattetai*)。③ 可见,塑造陪审员在法庭现场的政治角色,正是为了引导他们对诉讼性质的认识与理解。德谟斯提尼最后对陪审员说,在多数法庭诉讼中,"你们并未学会何为正义"(*humeis ... ouk edidakhthēth' hōs esti dikaia*),而是被"演说者的喧嚣吵闹、强词夺理与厚颜无耻"(*tēs tōn legontōn kraugēs kai bias kai anaiskhuntias*)所蛊惑。④ 同时,我们还记得,德谟斯提尼在演说开始即反复强调民众在政治参与中的"受骗",并指出民众应该"学会如何不被说服"(*didakhthēnai pōs touto mē peisometha*)。我们因此可以说,德谟斯提尼正是将此次控告勒

---

① Demosthenes 20 (*Against Leptines*), 163.
② Demosthenes 20 (*Against Leptines*), 165.
③ Demosthenes 20 (*Against Leptines*), 165.
④ Demosthenes 20 (*Against Leptines*), 166.

普提尼斯的诉讼演说作为"教导"(didaskein)民众如何认知"正义"(dikaia)以及如何评判政治家演说的重要机会,从而使陪审员意识到:通过判决废除勒普提尼斯的法律,不仅捍卫了民众的权威,更使其"学会"(didakhthēnai)如何认识政治家的演说,为之后更有经验地参与政治,维系民主政体的良好运转打下基础。

从以上对埃斯基尼斯《诉提马库斯》与德谟斯提尼《诉勒普提尼斯》的分析中,我们应该特别注意到,演说者一方面让陪审员将自己认同于雅典民众集体,另一方面又强化陪审员在法庭现场的特殊身份。为了凸显陪审员的这种身份特殊性,埃斯基尼斯使用"离开法庭"(ek tōn dikastēriōn)的说法,从时间角度强调了陪审员在法庭现场的身份不同于他们在日常生活中的身份;德谟斯提尼则以"坐在现场"(tōn kathēmenōn)与"站在周围"(tōn periestēkotōn)的区分,从空间角度明确了陪审员与其他民众的身份差别。他们都试图借此提醒陪审员,正是以法庭现场所赋予的这种特殊身份,并且通过履行由这种身份所要求的"依法判决"与"捍卫政体"的职责,民众才得以实现自身在政治参与中的权威。于是,陪审员便会从这种角色意识出发去看待所审判的诉讼案件,从而使演说者对诉讼性质的表述更具说服力。接下来,我们将在《诉美狄亚斯》中看到,德谟斯提尼是如何更充分地运用这一修辞策略的。

关于德谟斯提尼控告美狄亚斯的原因,笔者已于前文介绍①,此不赘述。我们现在首先要关注的是,德谟斯提尼在演说中夸大此次诉讼案件的影响范围,将陪审员的个人人身安全也包括在内。他使用"雅典人"(ō andres Athēnaioi)的呼语,特别强调美狄亚斯的"侵犯"行为(hubreis)不只针对德谟斯提尼本人,而且危及"你们当中的许多人"

---

① 参见本书第二章第二节。

(eis pollous humōn)。① 在德谟斯提尼的进一步阐释中,此次诉讼与陪审员之间的这一密切联系被建立在城邦法律基础之上。他改用"陪审员"(ō andres dikastai)呼语,并且指出,被美狄亚斯所侵犯的受害者当中,有些人"获得了公正的判决"(dikēn ekhousin),却仅是为了他们自己的利益(huper autōn);然而,美狄亚斯对众人犯下的罪行,更是"僭越"(parabas)了法律,因此这种"公正的判决"还应该是以法律的名义给出的(tēs d' huper tōn nomōn),而"你们就是其受益者"(humeis este klēronomoi)。② 德谟斯提尼以此表明,陪审员的判决行为是对法律的捍卫,反过来又保护了陪审员自身的利益。在此后的事实陈述中,德谟斯提尼仍然反复重申陪审员与城邦法律之间的这种一致性。例如,他对陪审员说,"当你们进行立法时"(hotan men tithēsthe tous nomous),要对它加以斟酌;"当你们已经立法之后"(epeidan de thēsthe),就要"捍卫并执行"(phulattein kai khrēsthai)③。相似的说法我们曾于前文在埃斯基尼斯的《诉提马库斯》中见到。再如,德谟斯提尼向陪审员提问:受害者应该向何处寻求对被告的惩罚?他自己给出答案:"你们与法律"(par' humōn kai tōn nomōn)。④ 在塑造陪审员的这一政治角色的同时,德谟斯提尼对陪审员在法庭现场的认知情况也表现出明显的关注。他指出,陪审员是依据既定的法律做出判决的;并且提醒陪审员:"你们稳固法律的地位,是为了你们自己"(tous nomous humin autois bebaioute),并不是因为"你们被受害者所说服"(humas ho pathōn peisēi)。⑤ 以此声明,陪审员完全是从城邦法律和自身政治角色的角度来认识此次诉讼案件的,他们并未受到德谟斯提尼本人在法庭现场的

---

① Demosthenes 21 (*Against Meidias*), 19.
② Demosthenes 21 (*Against Meidias*), 20.
③ Demosthenes 21 (*Against Meidias*), 34.
④ Demosthenes 21 (*Against Meidias*), 76.
⑤ Demosthenes 21 (*Against Meidias*), 30.

演说影响。相应的,他还试图将此次诉讼的性质表述为美狄亚斯与法律之间的对立,要求陪审员不能允许"某个个人的力量强于法律"(*tēn idian dunamin kreittō tōn nomōn*)。①

同样,到了演说的结尾部分,德谟斯提尼开始着意强调法庭的现场性。他对陪审员说,当法庭审判结束(*epeidan anastēi to dikastērion*),"你们当中的每一个人"(*heis hekastos humōn*)都不慌不忙地起身回家(*oikade apeisin*),不必担心在路上受到任何人的伤害。德谟斯提尼问道:何以如此?他自己给出的回答是,因为每个人都信任城邦的政体(*pepisteuke tēi politeiai*)。② 进而,德谟斯提尼用更强的语气反问:"你们难道就这样离开吗,并不保证我同样享有你们自己在回家路上所享有的安全?"(*eit' eph' hēs adeias autoi poreuesthe, tautēn ou bebaiōsantes emoi badieisthe*)③我们看到,这种表述是对埃斯基尼斯"离开法庭"(*ek tōn dikastēriōn*)说法的更为充分的展开,不仅重申了此次诉讼与陪审员之间的密切联系,突出了"政体"在这一联系中的基础地位,而且明确指出,这一联系正应通过陪审员在法庭现场的判决行为而得以实现。

此后,德谟斯提尼继续对陪审员与城邦法律的互动关系加以论述。他所表达的观点,在前文所分析的演说辞中多次见到,其阐释如下:陪审员在进行审判时(*dikazontes*)拥有掌控城邦一切事务的力量与权威(*iskuroi kai kurioi*),这种权力是由法律赋予的(*tois nomois*);反过来,法律本身无非是一种文本(*grammata ... gegrammena esti*),其"效力"(*hē dunamis*)又是来源于陪审员。因此,德谟斯提尼得出结论,向陪审员说明:"法律因你们而具有力量,你们则因法律而具有力量。"(*hoi nomoi*

---

① Demosthenes 21 (*Against Meidias*), 66.
② Demosthenes 21 (*Against Meidias*), 221,引文中 *epeidan anastēi to dikastērion* 直译是"当法庭站起来",即指法庭审判结束,陪审员起身离开。
③ Demosthenes 21 (*Against Meidias*), 222.

te humin eisin iskhuroi kai humeis tois nomois)。① 在这段议论中,德谟斯提尼特别加入了两处插入语。其一是在提及陪审员的审判行为时,说明城邦所规定的陪审员人数:"或者两百,或者一千,或者是多少人";其二是在提出陪审员的力量来自法律的观点之前,首先否定了其他的力量来源:陪审员享有权威,并非因为他们是从其他公民中唯一被召集起来的一群人(*suntetagmenoi monoi tōn allōn politōn*),不是因为他们有着非常强壮的身体,不是因为他们最为年轻气盛,也不是因为别的什么原因。② 笔者认为,这两处插入语的作用在于凸显陪审员身份的特殊性,德谟斯提尼希望以此提醒陪审员:他们在进行审判时所具有的政治角色之所以不同于日常生活中的普通公民身份,正是由于他们是法庭现场"两百或一千名"陪审员当中的一员。在日常生活中,公元前4世纪的雅典人普遍承认法律的权威。一篇很可能误归于德谟斯提尼名下的诉讼演说辞明确反映出这一观念,它的作者说,法律维系着政体(*hē politeia*)的运作和民众的生活,法律应该具有权威(*ontōn kuriōn*),其地位仅次于众神。③ 德谟斯提尼在《诉美狄亚斯》中对法庭现场陪审员特殊身份的强调,使这种有关法律权威的观念与陪审员的判决行为结合在一起。他使用主动态动词对陪审员说,"你们将确保"(*bebaiōte*)法律,"你们将给予"(*parekhēte*)法律以权威地位(*kurious*)。④ 通过这种表述方式,德谟斯提尼要陪审员意识到,对于法律的权威地位,陪审员

---

① Demosthenes 21 (*Against Meidias*), 223-224.

② Demosthenes 21 (*Against Meidias*), 223.

③ Demosthenes 25 (*Against Aristogeiton I*), 20-21,汉森即以此为据,证明公元前4世纪雅典法律的地位,见 Mogens Herman Hansen, *The Athenian Democracy in the Age of Demosthenes*, p.176, p.303. 法伦加最近对这篇演说辞进行了更详细的分析,见 Vincent Farenga, *Citizen and Self in Ancient Greece: Individuals Performing Justice and the Law*, pp.542-548. 关于这篇演说辞的真实性问题,参见洛布古典丛书的介绍,Demosthenes, Vol. III, Loeb Classical Library, Harvard University Press, 1935, p.515.

④ Demosthenes 21 (*Against Meidias*), 224.

是具有主动性的,而且这种主动性正是来源于法庭现场,陪审员的判决行为将促成民众与法律之间的互动,并使法律在城邦生活中发挥其实际效力。

最后,有必要特别说明的是,在涉及城邦重要政治事务的公共诉讼中,演说者则更加强调陪审员的判决对民主政体正常运作的关键性作用。例如,德谟斯提尼曾经在《使团辞》中指出,陪审员对被告埃斯基尼斯的判决结果将直接影响政治家与民众之间的权力关系:如果陪审员判决埃斯基尼斯死刑,那就说明作为政治家的埃斯基尼斯在雅典是没有权威的(*ouki tōi kuriōi*)。① 言外之意,德谟斯提尼是要告诉陪审员,他们应该通过自己的判决行为来证明和实现民众的权威。进而,德谟斯提尼将这次对埃斯基尼斯的诉讼转化为民众维护自身权威并且制约政治家权力的重要机会。德谟斯提尼从政治家与民众的权力关系角度,将政治家称为"那些率领军队和处于领导地位的人们"(*hoi stratēgiōntes kai prostasias aksioumenoi*)以及"那些自认为应该比民众强大的人们"(*hoi meizous tōn pollōn oiomenoi dein einai*)②,这两种称谓都突出了政治家所享有的高于民众的地位。但是,德谟斯提尼特别提醒陪审员应该认真考虑的是(*eulabeisthai*),防止"任何人强于民众"(*to meizō tina tōn pollōn ean gignesthai*),法庭判决不能依赖于政治家个人的愿望,而必须是"由你们合理的投票"所决定的。德谟斯提尼强调说,这就是民主政治的特征(*touto gar esti dēmotikon*)。③ 他进一步说明,在公民法庭中(*en dikastēriois*),没有人能够强于(*kreittōn*)陪审员、法律和陪审员的誓言。④ 这里,德谟斯提尼利用民主政体和城邦法律界定了

---

① Demosthenes 19 (*On the False Embassy*), 137.
② Demosthenes 19 (*On the False Embassy*), 295.
③ Demosthenes 19 (*On the False Embassy*), 296.
④ Demosthenes 19 (*On the False Embassy*), 297.

陪审员的政治角色,将陪审员的法庭判决表述为民众权威的实现。在关于授予德谟斯提尼荣誉金冠的公共诉讼中,埃斯基尼斯的起诉演说也包含着同样的主题。埃斯基尼斯指出,在实行民主政治的城邦中(*en polei dēmokratoumenēi*),公民个人(*anēr idiōtēs*)凭借法律和投票而享有"国王"的地位(*nomōi kai psēphōi basileuei*),然而,如果陪审员不能依法判决,那么,当他离开法庭时(*ek tou dikastēriou*),则会令自己变弱(*asthenē*),却使政治家变强(*iskhuron de ton rhētora*)。① 我们此处再次看到,埃斯基尼斯以"离开法庭"的说法来凸显法庭现场的特定场合,并将它作为法律、政体与陪审员政治角色的联结点。他警告陪审员,"你们"应当控制政治家(*meizon tōn dikastēriōn iskhusēi*),一旦政治家强于法庭,便会造成民众地位的丧失(*dēmou katalusei*)。②

综合本节的分析,我们可以清楚看到,演说者主要利用"法律"与"政体"主题来塑造陪审员的政治角色,正如埃斯基尼斯在《诉科忒西丰》开始所说的那样:所有公民(*pantes hoi politai*)将城邦(*tēn polin*)与政体(*tēn politeian*)交付于法庭现场的(*nuni*)陪审员;陪审员的职责在于稳固城邦的民主政体(*tēn dēmokratian*),惩罚那些背离城邦法律和民众利益的政治家,他们必须以此为初衷来听取诉讼双方的演说,做出公正的判决,其结果不仅应该有利于陪审员自身,更应该有利于整个城邦(*sumpheronta ... pasēi tēi polei*)。③ 这集中概述了陪审员的政治角色,即通过参与法庭现场的判决而捍卫法律与政体,实现全体民众的权威。通过塑造陪审员的这种政治角色,演说者试图在法庭现场的演说过程中引导陪审员对诉讼性质的认知,让陪审员更多关注他们的判决结果对雅典民主政治的运作所产生的积极作用,进而影响陪审员的政治参

---

① Aeschines 3 (*Against Ctesiphon*), 233.
② Aeschines 3 (*Against Ctesiphon*), 235.
③ Aeschines 3 (*Against Ctesiphon*), 8.

与行为。这也就体现了欧博尔所指出的演说的社会政治功能：经由政治家的演说，雅典城邦的法律得以转化为实际的政治行为，从而推动民主政体的运作。① 那么，在公民大会演说场合，必要的政治行为则更是雅典人所追求的结果，演说者也对"演说"与"行动"的关系表现出更为迫切的关注。下一节我们将看到，在德谟斯提尼的公民大会演说中，"演说"与"行动"的对应关系甚至成为一种修辞主题，被用于塑造雅典民众在公民大会场合的政治角色，以影响他们对政治家提议演说的认知及其相应的政治参与行为。

第二节 "演说"与"行动"：民众的政治商议

公民大会是雅典最主要的政治决策机构，会议召开时，在政治家的提议演说之后，与会民众进行表决，获得通过的提议则成为法令（*psēphisma*），刻石公布，而法令中所指示的内容便需要及时付诸实施，也就是将当初的提议演说转化为有效的实际行动。因此，我们从存世的德谟斯提尼公民大会演说辞中可以看到，"演说"与"行动"的关系便相应受到特别关注，甚至成为一种修辞策略的主题而被反复运用。

在阐述这一主题之前，有必要了解古希腊文化中的"言—行"关系。"言"（*logos*）与"行"（*ergon*）是古希腊人所熟悉的一组基本对应范畴，多用于对人物的评价，其例不胜枚举。在文献上它可以追溯至荷马

---

① Josiah Ober, "Power and Oratory in Democratic Athens: Demosthenes 21, Against Meidias", Ian Worthington, ed., *Persuasion: Greek Rhetoric in Action*, pp. 102-104, 欧博尔对德谟斯提尼的《诉美狄亚斯》进行了详细分析，尤其重点讨论了其中第 223 至 225 节的内容，他指出，在雅典民主政治的运作中，演说家是不可或缺的一个关键环节，政体与演说家之间的"动态关系"（dynamic relationship）是雅典民主政治存在的基础。笔者的分析则希望进一步说明，欧博尔所说的演说家的这种政治功能，很大程度上是通过演说者在法庭现场塑造陪审员政治角色这一修辞策略而得以具体实现的。

史诗,比如在《伊利亚特》中,当论及领导者的卓越能力时,便着重说明其在言辞和行动两方面皆有优秀的表现。① 这很可能是与希腊古风时代以来的口述传统及其表演文化对公开演说能力所提出的特别要求有关。到古典时代,最具代表性的当属修昔底德笔下的伯利克里,他被评价为"在言行两方面皆有伟大的才能"。② 而且,修昔底德还特别强调,伯利克里能够将自己在演说中的提议成功转化为实际行动。③ 根据现代学者尤尼斯的分析,德谟斯提尼也似乎有意仿照修昔底德的以上描述,将自己塑造为伯利克里式的政治家。④

此外,"言"与"行"还类似于名与实的关系,作为衡量行为或事件的标准。比如欧里庇得斯《阿尔刻提斯》中所谓"言辞上($logōi$)而非行动上($ergōi$)的朋友"。⑤ 再如,修昔底德笔下的忒拜人曾经表示,所需要的应该是行动($ergōn$),而非言辞($logōn$),好的行为无须长篇大论,恶行才需要言辞予以掩盖。⑥ 基于这种思维模式,古希腊政治演说中的"演说"与"行动"主题则成为"言"与"行"对应范畴的一种特殊运用形式,与前举诸例的不同之处在于,它主要不是用来对个别政治家的行为进行品评,而是指向雅典民众。修昔底德笔下的政治家,如克里昂和亚西比德,皆在演说中对此有所涉及,标志着它成为古希腊演说术常用的修辞策略之一。而德谟斯提尼的公民大会演说辞则最为集中的呈现了这种"言"与"行"对应关系,其中的"言"不但专指特定场合的公民大会演说,更引申为民众在公民大会中参与政治商议的方式,与德谟斯

---

① Homer, *Iliad*, 9. 443. 在荷马史诗中,相当于古典时代的 *logos* 的词汇是 *muthos*。
② Thucydides, *History of the Peloponnesian War*, I. 139. 4.
③ Thucydides, *History of the Peloponnesian War*, I. 144-145.
④ Harvey Yunis, *Taming Democracy: Models of Political Rhetoric in Classical Athens*, p. 274.
⑤ Euripides, *Alcestis*, 339.
⑥ Thucydides, *History of the Peloponnesian War*, III. 67. 6.

提尼要求民众所需采取的必要"行动"形成对比。

在一系列以反马其顿为主题的公民大会演说辞中,德谟斯提尼的主要目的便是说服雅典民众采取实际行动,抵抗马其顿的威胁。例如,第一篇《反腓力辞》一开始即指责民众不采取必要的行动(ouden... tōn deontōn poioutōn),导致雅典的政治事务陷于困境(kakōs ta pragmata ekhei),促使腓力二世日益嚣张。① 第二篇《反腓力辞》则进一步从"演说"与"行动"的角度将雅典民众与腓力二世对立起来:德谟斯提尼以讽刺的口吻指出,与腓力二世相比,雅典民众既更擅于进行"正义的演说",也更擅于理解他人的演说;但是,当需要阻止腓力二世的侵略时,雅典民众却完全不采取行动(pantelōs argōs)。因此,在德谟斯提尼看来,"行动"(hoi prakseis)属于腓力二世,而"演说"(hoi logoi)则属于雅典民众。② 从德谟斯提尼所强调的这一对比关系中,我们可以明显看出他对演说的批评态度。然而,德谟斯提尼曾经承认雅典的政体(politeia)正是建立在演说之上的(en logois)③,那么,在腓力二世的君主统治面前,德谟斯提尼难道开始怀疑雅典民主政治赖以运作的基础,从而在根本上否定民主政体本身吗?并且,德谟斯提尼进而在第三篇《反腓力辞》中明确表示,他所严厉批评的正是雅典民众的 politeiai,难道这里的 politeiai 同样是指"政体"吗?我们又该如何理解这种批评呢?

他在第三篇《反腓力辞》中指出,一些雅典政治家利用演说取悦民众,而不是提出最好的建议,他们只在意自己的声望与影响力,却不关心城邦将要面临的形势,结果致使城邦将造成不幸的责任归于城邦自身,腓力二世却得以逃脱惩罚,为所欲为。④ 对此,德谟斯提尼强调说,"这就是你们所习惯的 politeiai"(hai de toiautai politeiai sunētheis men ei-

---

① Demosthenes 4 (Philippic I), 2.
② Demosthenes 6 (Philippic II), 3-4.
③ Demosthenes 19 (On the False Embassy), 184.
④ Demosthenes 9 (Philippic III), 2.

sin humin)。他前后均使用"雅典人"(*ō andres Athēnaioi*)的呼语,说明这里的"你们"即指"雅典民众"。我们注意到,德谟斯提尼的批评所针对的似乎主要是政治家,但是他所谓的政治家的"取悦"却已经暗示出民众对待政治家演说的态度,而且,接下去德谟斯提尼也就将批评的重点立即转向民众。他指责民众剥夺了政治家"自由言论"(*parrēsia*)的权利,阻止政治家进行政治提议。① 在德谟斯提尼看来,导致这一结果的原因在于民众听取演说的方式,他认为:"在公民大会中"(*en men tais ekklēsiais*),民众受到政治家的恭维,他们听取演说只是为了获得乐趣;但是,"在实际事务和事态发展方面"(*en de tois pragmasi kai tois gignomenois*),民众却面临着极其危险的境地。②

通过以上这些表述,我们便可以理解德谟斯提尼对雅典民众的 *politeiai* 所提出的批评了。需要说明的是,*politeia* 固然有"政体"的意思,即古希腊城邦政治的运作方式及其原则;但是,它在本义上是指城邦公民身份的属性,这种属性主要体现在公民在城邦政治生活中的地位以及政治参与的权利。因此,法伦加(Farenga)将 *politeia* 译作 performance of citizenship③,笔者倾向于将法伦加所使用的 performance 一词理解为"践行",那么,*politeia* 也就是"公民身份的践行",具体而言,是指城邦公民通过政治参与而实践其公民身份的行为方式,而城邦政治的运作方式及其原则正是建立在这种"践行"的基础之上的。在德谟斯提尼的表述中,我们应该注意到,他使用了 *politeia* 的复数形式 *politeiai*,从古希腊语的词法来看,这表明,他的批评对象并非雅典民主政治运作的一般性抽象原则,而是雅典民众具体的政治参与方式,从他所阐释的内容上看,也就是民众在公民大会场合如何听取政治家的演说来参与政

---

① Demosthenes 9 (*Philippic III*), 3.

② Demosthenes 9 (*Philippic III*), 4.

③ Vincent Farenga, *Citizen and Self in Ancient Greece: Individuals Performing Justice and the Law*, p. 545.

治商议。德谟斯提尼试图警示民众,他们偏好奉承之辞,而拒绝听取其他政治家的演说,这种不良的政治参与方式实际上损害了民主政治赖以运作的"自由言论"(*parrēsia*)原则。① 可见,德谟斯提尼认识到,民众实践政治参与的具体方式(*politeiai*)决定着城邦政体(*politeia*)的性质。他旨在以后者的原则来批评前者,而不是从根本上否定后者。

接下来,我们有必要特别关注,在上文所列举的批评中,德谟斯提尼曾经使用 men/de 句式以突出"在公民大会中"(*en men tais ekklēsiais*)与"在实际事务和事态发展方面"(*en de tois pragmasi kai tois gignomenois*)的对比。② 其中,公民大会是民众听取政治演说的最主要场合;而 *pragmata* 源于动词 *prattein*(行动),既可以指"事务",又可以根据其词源而指"行动"。因此可以说,"在公民大会中"与"在实际事务和事态发展方面"的对比也就代表着"演说"与"行动"对应关系的主题,而正是这一主题贯穿于德谟斯提尼对民众政治参与方式的讨论与批评之中。德谟斯提尼在第三篇《反腓力辞》中继续说,民众只要求"被收买者"(*misthōtous*)进行演说,这些人的演说可以让民众发笑(*gelate*),因为民众喜欢政治家之间的互相污蔑(*loidorias*)、嫉妒(*phthonou*)与嘲笑(*skōmmatos*),并且从这些人的谩骂中获得乐趣。③ 德谟斯提尼进而指出,民众以这种恶劣的方式进行政治商议(*kakōs bouleuomenous*),却并不采取任何必要的行动(*mēden hōn prosēkei poiein*)。④ 他反复强调,这

---

① 关于 *parrēsia*,可以参考萨克森豪斯(Saxonhouse)最近的讨论,他指出,不能将 *parrēsia* 等同于现代意义上的"言论自由"权利,因为它所体现的不是民众被赋予了言论的权利,而是民众主动地掌控言论。见 Arlene W. Saxonhouse, *Free Speech and Democracy in Ancient Athens*, Cambridge University Press, 2006, pp. 85-99。

② 古希腊人习惯于在两个并列句或并列短语中分别使用小品词 men 和 de,一般用来表示这两个并列句或并列短语在意义上的对比。

③ Demosthenes 9 (*Philippic III*), 54.

④ Demosthenes 9 (*Philippic III*), 67.

体现了民众的"愚蠢"(*mōria*)与"疯狂"(*paranoia*)。① 我们不难发现，德谟斯提尼主要关注的是民众在政治商议过程中的认知能力，他试图引导民众避免"愚蠢"与"疯狂"，以良好的方式听取政治家的演说。在德谟斯提尼看来，要做到这一点，民众在听取政治家的演说时必须以"行动"为出发点。这在《论和平》中有着更清楚的表达，德谟斯提尼批评道，雅典民众不是"在行动之前"(*pro tōn pragmatōn*)进行政治商议，而是"在行动之后"(*meta ta pragmata*)，结果使得民众一方面(*men*)将那些指责他人过失的政治家视为"擅于演说"(*eu legein*)，另一方面(*de*)却忽略了行动以及所商议的事务(*ta pragmata kai peri hōn bouleuesthe*)。② 在此，德谟斯提尼同样使用 *men/de* 句式来突出"演说"与"行动"的对应关系，很明显，他试图借此影响民众的政治商议方式，要求民众以"行动"为前提来听取政治家的演说，并且以"行动"为标准来对这些演说做出判断。同时，德谟斯提尼声明，他本人在从事政治活动和进行演说时(*egō pepoliteumai kai legō*)，就是出于对实际事务与行动的理智思考(*ta pragmata krinō kai logizomai*)，他提出的建议也是实际事务与行动所必需的(*ap' autōn huparkhēi pragmatōn*)。③ 德谟斯提尼在此反复强调 *pragmata*(实际事务、行动)，将它与自己的演说紧密联系在一起，目的在于为自己的演说寻求合理性，以赢得民众的赞同。

尤尼斯(Yunis)在对德谟斯提尼公民大会演说辞的"开场白"进行分析时，也注意到其中所强调的"演说"与"行动"的对应关系，他指出，这体现了德谟斯提尼对雅典民主政治商议方式的洞察，之所以如此议论雅典的政治商议方式，是为了向听众表明，他本人具有必要的批判智慧，并将这种智慧以有益的方式应用于政治活动，以此表现自己作为提

---

① Demosthenes 9 (*Philippic III*), 54, 67.
② Demosthenes 5 (*On the Peace*), 2.
③ Demosthenes 5 (*On the Peace*), 12.

议者的权威性以及动机的正当性。① 不过,笔者认为,德谟斯提尼这一修辞策略的目的还不止于此,他对民众政治参与方式的批评更在于试图塑造民众的政治角色,让民众意识到,他们并不只是公民大会演说现场的听众,而更是参与城邦事务方面的"行动者"。

在第三篇《反腓力辞》的结尾处,德谟斯提尼说,如果每个人都只"坐着"(*kathedeitai*)追求自己的喜好,考虑自己如何避免采取行动(*hopōs mēden autos poiēsei*),那么也就不会再有"行动者"(*tous poiēsontas*)。② 这里的"坐着"即指坐在公民大会现场听取演说,德谟斯提尼利用对"坐"这一具体动作的强调而将民众的注意力引向他们听取演说的公民大会现场,试图要求民众以"行动者"的角色意识参与公民大会的政治商议活动。

民众"坐"在公民大会现场的表述在另外两篇《反腓力辞》中得到反复重申,并且始终与关于"演说"与"行动"的对应关系主题结合在一起。第一篇《反腓力辞》批评道,当腓力二世不断实现其野心的时候,雅典民众却"迟疑而呆坐不动"(*mellontas ... kai kathēmenous*)。③ 这里用 *mellontas*(迟疑着)与 *kathēmenous*(坐着)两个分词生动地描绘了民众参与政治商议的方式,其中,*kathēmenous* 即指民众坐在公民大会现场,*mellontas* 则说明他们只是在讨论和计划,却迟迟没有实际行动。德谟斯提尼还颇具讽刺地指出,雅典民众到处打听有关腓力二世的消息,而最严重的消息无非是雅典被腓力二世击败。他甚至警告说,如果民众依然以这种方式来对待事务,即使这个腓力二世死了,也还会出现另一个。④ 第二篇《反腓力辞》更加明确地强调,要遏止腓力二世的野

---

① Harvey Yunis, *Taming Democracy: Models of Political Rhetoric in Classical Athens*, pp. 249-255.
② Demosthenes 9 (*Philippic III*), 75.
③ Demosthenes 4 (*Philippic I*), 9-10.
④ Demosthenes 4 (*Philippic I*), 10-11.

心,必须依靠实际行动(ergōi ... kai praksesin),而非演说(oukhi logois)。德谟斯提尼由此展开对雅典民众参与政治商议方式的批评:"走上前来的人"(hoi pariontes)不能在演说中提出有效的建议,只是担心引起听众的不快;而"坐在下面的人"(hoi kathēmenoi)又完全不采取行动。① 因此,德谟斯提尼要求改变这种政治商议的方式,并且提出,"所有的演说者与听众"(tois legousin hapasi kai tois akouousin)都应选择最好的建议。② 而在他看来,只有那些关于如何采取必要行动(tōn deontōn)的演说,才是值得听取的。③

至此,我们可以看到,德谟斯提尼对"行动"的强调与对"演说"的质疑,并非从根本上否定演说,而是批评民众参与政治商议的具体方式。他所强调的"行动"是指演说提议内容的实施,是演说所要实现的真实结果,意在塑造民众作为"行动者"(poiēsontes)的政治角色。同时,他又反复提醒民众"坐"在公民大会演说现场的当下性,以这种生动而切近的方式影响民众的认知,不但试图影响民众在参与政治商议过程中对政治家提议的选择与判断,其效果更可能是引导民众从"行动者"的政治角色意识出发,来审视和反思自身在公民大会现场参与政治商议的方式。

在前文分析的基础上,下面将集中考察德谟斯提尼为我们提供的一个重要案例,看他在特定的历史语境下如何引申"演说"与"行动"的对应关系主题,并且如何深化对民众作为"行动者"的政治角色的塑造。

公元前 350 年前后,为了筹备对腓力二世的战争,德谟斯提尼曾经

---

① Demosthenes 6 (Philippic II), 3.
② Demosthenes 6 (Philippic II), 5.
③ Demosthenes 6 (Philippic II), 1.

主张雅典必须派遣公民兵作战,同时实施相应的财政改革。在其属于这一时期的多篇公民大会演说辞中,第一篇《反腓力辞》、第二篇《奥林图斯辞》和第三篇《奥林图斯辞》,均围绕这一问题进行了详尽的阐述。从这些演说辞的内容来看,德谟斯提尼的这项提议将涉及雅典公民集体当中不同群体或阶层的利益。在公民大会现场,来自不同群体或阶层的民众之间在经济地位与政治职能方面存在着差异,因而便会从自身利益出发,对这项提议做出不同的反映,产生意见分歧。德谟斯提尼明确意识到这一点,所以,他在演说中尽力使这些属于不同群体或阶层的民众达成共识,一致赞同他的提议。为此目的,德谟斯提尼着重塑造了民众作为"一致的行动者"的政治角色意识,以之作为民众在公民大会现场所共同具有的认知基础。

德谟斯提尼主张,不能单纯依靠由外邦人组成的雇佣军($ksenoi$)进行战争,雅典公民($politai$)应该与雇佣军配合作战。他给出具体数字,例如,2000名步兵中,要有500名雅典公民,200名骑兵中,则要有50名雅典公民。[1] 德谟斯提尼解释说,这一方面是由于雅典的财力不足以支持一支庞大的雇佣军;另一方面,也是更重要的原因,则是出于对雇佣军自身缺点的考虑。他举例说明,雇佣军只是为了获取报酬而参加战斗,将军如果不能满足他们的利益要求,便无法率领他们,其结果是雅典盟邦受到攻击,敌人却得以壮大。[2] 因此,德谟斯提尼强调,要让将军能够做到令出必行,就必须给将军和士兵提供报酬,并且配备公民兵以监督战事。[3]

正是针对这项提议,德谟斯提尼将"演说"与"行动"转化为"法令"与"行动"的对应关系主题,因为公民大会法令($ps\bar{e}phisma$)正是民

---

[1] Demosthenes 4 (*Philippic I*), 19-22.
[2] Demosthenes 4 (*Philippic I*), 24.
[3] Demosthenes 4 (*Philippic I*), 25.

众在参与政治商议的过程中通过听取政治家的提议演说而形成的政治认知的产物。① 德谟斯提尼在第三篇《奥林图斯辞》中曾经指出,如果不能付诸实际行动,公民大会法令就是毫无价值的(*psēphism' oudenos aksion estin*)。他更以讽刺的口吻说,如果法令能够自动地迫使民众采取必要的行动(*ha prosēkei prattein*),那么,民众本没有必要再通过许多法令;然而事实是,虽然有这些法令,民众却无所作为(*ouden eprattete*)。德谟斯提尼并且解释说,尽管在时间顺序上"行动"(*prattein*)后于"演说与表决"(*legein kai kheirotonein*);但是,在效力上"行动"却重要于"演说与表决"。他由此激励民众将他们在演说方面的能力转化为实际行动。② 第一篇《反腓力辞》中,德谟斯提尼在论及雅典需要筹备的军队规模时,则更以"法令"与"行动"对应关系的主题对民众提出批评。他说,"在法令中"(*en tois psēphismasin*),民众选择最大的军队规模,但是,"在行动中"(*en tōi prattein*)却连最小的规模都做不到。③ 因此,他要求民众在表决时(*kheirotonēsete*)必须意识到,他们不是以"法令和公文"(*tois psēphismasi kai tais epistolais*)与腓力二世作战,而应该以"行动"(*tois ergois*)。④ 从这些表述中,我们可以看到,"法令"与"行动"对应关系的主题与"演说"与"行动"对应关系的主题在德谟斯提尼公民大会演说中的修辞作用是相同的,都是用于将民众塑造为"行动者"的政治角色,提醒民众以这种角色意识来听取政治家的提议演说,商议城邦公共事务,并且做出政治决议。

同时,在第一篇《反腓力辞》中,德谟斯提尼重申民众如果仍然热衷于听取政治家之间在演说中的互相攻击与谴责,就会丧失一切采取

---

① 雅典人将他们的公民大会法令(*psēphisma*)又称为 *dogma*,后者来自于动词"认识"(*dokeō*),可见,公民大会法令被视为民众所达成的某种认识。参见本书第三章第一节。
② Demosthenes 3 (*Olynthiac I*), 14-15.
③ Demosthenes 4 (*Philippic I*), 20.
④ Demosthenes 4 (*Philippic I*), 30.

必要行动(*tōn deontōn*)的机会。他在此处批评民众这种不当的政治商议方式时,同样指出后者"坐"在公民大会现场的状态:*kathōmeth' oikōi*。① 其中 *kathōmetha* 的意思是"我们坐着",即指民众坐在公民大会现场听取演说,*oikōi* 本义是"在家中",这里则转义为"在自己的城邦中"。与此形成对比的,是德谟斯提尼接下去提到雅典人向外派出的将军,他说:"当你们把将军连同空洞的法令和来自演说台上的希望一起派遣出去的时候(*hopoi d' an stratēgon kai psēphisma kenon kai tas apo tou bēmatos elpidas*),你们的必要行动(*tōn deontōn*)并未实现。"② 值得注意的是,他一方面要求民众不能只给出"空洞的法令和来自演说台上的希望",另一方面又把它与"将军"并列起来,共同作为动词 *ekpempsēte*(给出、派出)的宾语。③ 于是我们看到,这里同时出现了"将军"、"法令"和指代公民大会演说的"演说台",也就是说,在原先"演说"与"行动"以及"法令"与"行动"的对应关系中,还蕴涵着另一组对比,即"坐在自己城邦中的民众"与"被派出的将军",或者可以概括为"商议者"与"将军"的对比。这也就是从"演说"与"行动"对应关系中引申出的两种不同政治角色之间的明确对比。

关于这组对比关系,德谟斯提尼指出,像"将军"指挥战争一样,"商议者"(*tous bouleuomenous*)应该负责指导实际的事务与行动(*tōn pragmatōn*);但是,偏好演说而延误行动却是一种羞耻,因为"演说的魅力"(*hē tōn logōn kharis*)于事无补,将有损于行动(*ergōi*)。④ 这说明,德

---

① Demosthenes 4 (*Philippic I*), 44.
② Demosthenes 4 (*Philippic I*), 45.
③ Demosthenes 4 (*Philippic I*), 45.
④ Demosthenes 4 (*Philippic I*), 38-39,引文中 *tous bouleuomenous*,洛布古典丛书译作"政治家"(statesmen),见 *Demosthenes*, Vol. I, with an English translation by J. H. Vince, Loeb Classical Library, Harvard University Press, 1930, p. 93。笔者认为不准确,*tous bouleuomenous* 直译为"商议者",在范围上不仅包括政治商议过程中进行提议的政治家,也包括出席公民大会的其他民众,例如 Thucydides, *History of the Peloponnesian War*, III. 38. 7。

德谟斯提尼意识到,"商议者"与"将军"实际上已处于分裂的状态,其具体表现就是民众对军事事务的漠不关心。他批评说,民众表决选出各类军事长官,只是为了让他们在市集广场上(eis tēn agoran)像泥偶一样进行表演,却不是到战场上作战。① 德谟斯提尼认为,之所以如此,由于民众只考虑自己在城邦中的舒适生活。他将雅典的节日庆典与军事筹备加以对比:前者有着财政支持和缜密的计划,后者不但缺乏财政供给,而且往往仓促进行,结果延误了"行动的时机"(ton tou prattein khronon)。② 他还指出,不了解实际情况的民众将战事的失利归咎于将军,导致将军经常受到审判,却不敢战死疆场,这也是可耻的。所以,德谟斯提尼最后提出要求,雅典民众应该作为公民兵参加战争,在战场上监督军事行动,这样,他们对公共事务的了解便不再只是听取演说(mē akouein monon),而更得以亲眼见证(alla kai parontas horan),他们也就能够在掌握真相的情况下"回到自己的城邦"(oikade)对将军进行述职审查。③ 这里的 oikade 与前面的 oikōi 相呼应,都是为了突出"在城邦中"作为"商议者"的民众与派遣在外的"将军"之间在政治职能方面的差异。德谟斯提尼提醒民众,这种差异不应演变为分裂,而需要通过行动加以弥合。对此,他在不久之后的第二篇《奥林图斯辞》中更加明确地提出,民众有必要实现 koinon。古希腊语中,该词有"共同"之义,也就是说,在德谟斯提尼看来,民众必须作为"一致的行动者",采取共同的行动。

第二篇《奥林图斯辞》还同样论及"商议者"与"将军"之间的分裂:民众派出的将军只为个人利益从事战争,将军与士兵虽获得报酬,城邦的公共事务却陷于困境;当民众审判将军时,由于不了解真实情

---

① Demosthenes 4 (*Philippic I*), 26.
② Demosthenes 4 (*Philippic I*), 35-37.
③ Demosthenes 4 (*Philippic I*), 47.

况,便仅根据他们的申辩演说而放过他们。① 德谟斯提尼进一步指出这种分裂的严重危害:如果一部分人像暴君一样发布命令,另一部分人出资装备战舰、交纳战争税并且参军作战,再有一部人则只是投票判决这些出资参战的人们,那么,任何必要的行动($tōn\ deontōn$)皆无法实施。② 此处所批评的已经不仅是"商议者"与"将军"之间的分裂状态,所谓"发布命令者"与"投票判决者",暗指参与政治商议和法庭审判的民众,他们与富有阶层以及参加战争的公民之间同样可能产生分裂。至此,我们可以看到,从"演说"与"行动"的对应关系到"法令"与"行动"的对应关系,再到"商议者"与"将军"的对立,最终引申出雅典公民集体当中处于不同经济地位、具有不同政治职能的群体或阶层之间的差异和分裂。正是针对这一现象,德谟斯提尼才要求民众在商议、演说与行动方面必须做到"一致"($koinon\ kai\ to\ bouleuesthai\ kai\ to\ legein\ kai\ to\ prattein$)。③ 他在演说结尾用夸张的方式强调说,"所有人"($pantas$)都要根据自己的财产纳税,"所有人"($pantas$)都要参军作战,"所有走上前来"($pasi\ tois\ pariousi$)的演说者以及参与政治商议的听众也都要选择最好的建议($ta\ beltista$)。④ 德谟斯提尼对"一致"($koinon$)的强调与对"所有人"的重复,都旨在弥合公民集体中的分裂,试图使公民大会现场的听众将自身认同为"一致的行动者"。

在第三篇《奥林图斯辞》中,德谟斯提尼提出了更具体的财政措施,建议将"观剧基金"($ta\ theōrika$)用于军事筹备。所谓"观剧基金",是雅典的一项重要财政制度,大约设立于公元前355年左右,主要用途是在节日庆典中向观看各种表演的雅典公民发放津贴,并且受到专项法律的保护,不得挪作他用。因此,德谟斯提尼在这里要求废除有关保

---

① Demosthenes 2 (*Olynthiac II*), 28-29.
② Demosthenes 2 (*Olynthiac II*), 30.
③ Demosthenes 2 (*Olynthiac II*), 30.
④ Demosthenes 2 (*Olynthiac II*), 31.

护"观剧基金"的法律。① 为了阐释这项提议,他特别指出,"观剧基金"是将本来用于军事的款项发放给"留在城邦中的人们"(tois oikōi menousi)。② 我们注意到,此处再次出现 oikōi,也就是重申了"城邦中"的民众与"城邦外"的参战者之间的分裂。这意味着,在德谟斯提尼看来,"观剧基金"正是导致这一分裂的关键因素,他甚至将"观剧基金"指斥为某些政治家用以将民众"囚禁于自己城邦之中"(en autēi tēi polei katherksantes)的诱饵。③ 这成为取消"观剧基金"的根本原因,遵循这种逻辑,德谟斯提尼最后自然会将自己的提议诉求于 koinon,他建议说,应该使每位公民都能够根据各自对城邦所履行的职责,从"共同"的基金(tōn koinōn)中获得相应份额的报酬,这样可以为城邦确定一种"秩序"(taksis),无论是参加战争的士兵,还是参与审判的陪审员,或者任何按其年龄或机遇的需要而做任何事的人,都要遵守该"秩序"。④

但是,德谟斯提尼的建议并没有立即为民众所接受,而是直到十余年后的公元前339年,雅典人才将"观剧基金"转用于军事⑤,并且采取了一系列相应的实际行动,抵抗马其顿,德谟斯提尼的政策也才逐渐占据主导地位。⑥ 不过,我们不能据此便对其修辞策略的效果做出粗率

---

① Demosthenes 3 (*Olynthiac III*), 10-11.
② Demosthenes 3 (*Olynthiac III*), 11.
③ Demosthenes 3 (*Olynthiac III*), 31.
④ Demosthenes 3 (*Olynthiac III*), 34-35.
⑤ *FGrH* 328 F 56a. 有关"观剧基金"制度的讨论,参见 R. J. Rhodes, *A Commentary on the Aristotelian Athenaion Politeia*, Oxford University Press, 1981, pp. 514-517; Raphael Sealey, *Demosthenes and His Time: A Study in Defeat*, pp. 256-258; Mogens Herman Hansen, *The Athenian Democracy in the Age of Demosthenes: Structure, Principles and Ideology*, pp. 98, 263-264。
⑥ 包括改革战舰捐助制度,废除雅典与马其顿之间的"腓罗克拉底和约",与忒拜建立联盟,并于公元前338年与马其顿开战,即喀罗尼亚战争。参见 Demosthenes 18 (*On the Crown*), 73, 102-107, 139; Aeschines 3 (*Against Ctesiphon*), 55, 222; Diodorus Siculus, *Library*, 16.77.2; Raphael Sealey, *Demosthenes and His Time: A Study in Defeat*, pp. 179-193。

的评价,一方面因为民众意向的改变和公民大会的表决实际上必然是多种因素综合作用的结果,并非取决于某种修辞策略的单纯影响。另一方面,只有当我们考虑到德谟斯提尼所面临的特定历史语境的时候,才能更清晰地看出他将雅典民众塑造为"一致的行动者"的针对性和必要性,并理解其意义所在。

从公元前350年代中期以来,由于受到同盟战争(公元前357—前355年)的打击,雅典人接受了政治家欧布鲁斯(Eubulus)的政策,对外订立和约,将主要精力转向城邦内部事务,恢复雅典因战争而受创的经济。马其顿国王腓力二世利用"神圣战争"对希腊中南部城邦关系的干预也发生于这一时期,使雅典人感受到马其顿的威胁,但是,在欧布鲁斯缩减开支政策的影响下,"神圣战争"以公元前346年雅典与马其顿之间订立的腓罗克拉底和约而告终。这种对外避免战争,对内复苏经济的政策,其核心环节就是"观剧基金"的设立。它除了能够发挥经济作用之外,同时更具有意识形态层面的重要意义,成为雅典民主政治凝聚力和公民身份认同的体现。根据德谟斯提尼后来的诉讼演说《使团辞》(公元前343年)的说法,欧布鲁斯在迫使雅典民众接受腓罗克拉底和约的时候,甚至将"观剧基金"作为其说服策略的王牌,以近乎威胁的口吻警告民众,若不接受埃斯基尼斯和腓罗克拉底有关和约的提议,就只能以废除"观剧基金"为代价,因此必须二者择一。① 和约最终果然获得通过,这说明,对"观剧基金"的维护在当时的确已经深入人心。而且,这种状态应该一直持续到公元前340年代末期。

德谟斯提尼的一系列《反腓力辞》和《奥林图斯辞》正是集中出现

---

① Demosthenes 19 (*On the False Embassy*), 291,并参见 Gottfried Mader, "Pax Duello Mixta: Demosthenes and the Rhetoric of War and Peace", *The Classical Journal*, Vol. 101, No. 1 (Oct.-Nov., 2005), p. 15。

在公元前351年至前341年期间，也就是在他推行其反马其顿政策遭受巨大阻力的时期。因此，我们有理由相信，这些演说辞中所呈现出的必然是在德谟斯提尼看来最具说服效力的修辞策略。"演说"与"行动"的主题以及"一致的行动者"的角色塑造，便包含在其中，而且如此频繁的反复运用，可见它所受到的高度重视。如上文所述，德谟斯提尼为了实施反马其顿政策而提出的财政改革措施，尤其是废除"观剧基金"的建议，将被视为对民主政治的破坏，而遭受强烈反对，这会成为他在进行公民大会演说时所面临的来自于民众方面的最大阻力。于是，他一方面指责个别政治家利用"观剧基金"限制民众对政治活动的积极参与，认为这才真正是对民众权力的剥夺；另一方面，通过将民众的政治角色塑造为"一致的行动者"，从而为自己的提议寻求到更坚实的依据，即古希腊城邦体制的根本原则。德谟斯提尼强调，民众之所以要采取一致的行动，是为了防止他所谓的分裂状态，从前面的引文来看，这主要存在于"商议者"、军人和负责审判的陪审员之间，也就是民众当中具有不同政治职能的群体或阶层之间的差异和分裂。而正是此处所列举的这三种职能在亚里士多德那里被比喻为动物的灵魂。《政治学》中指出，类似动物灵魂的部分，就是战争职能（polemikon）、审判职能（dikastikēs）和商议职能（bouleuomenon），它们或者由同一些人承担，或者分别属于不同的群体。① 由此来看，德谟斯提尼的关注点已经超越了特定的民主政体，而上升到城邦得以存在的核心问题。同时，他要求"所有人"都能为城邦履行相同的责任，其实就是要求承担不同职能的公民群体必须在行动中达成"一致"（koinon），这也吻合于亚里士多德所强调的城邦属性：它是一个"一致的共同体"（koinōnia）。② 可以

---

① Aristotle, *Politics*, 1291a25-30.

② Aristotle, *Politics*, 1252a1-5. 在政治意义上与 *koinōnia* 相近的还有 *homonoia*，后者指"同心"，也强调公民共同体的一致性，吕西阿斯指出 *homonoia* "是对城邦最大的善"（*megiston agathon einai polei*），见 Lysias 18 (On the Property of the Brother of Nicias: Peroration), 17.

说,对城邦本质的这种诉求在很大程度上反映了古希腊人的普遍认识,能够使德谟斯提尼的演说更具说服力。

关于这种修辞策略,因为德谟斯提尼同时代其他政治家的公民大会演说辞没有保存下来,所以我们无法了解它在更广范围内的运用情况。不过,从修昔底德的《伯罗奔尼撒战争史》当中,仍然可以发现一些重要的线索,证明德谟斯提尼对"一致"和"行动"的强调在雅典公民大会演说的传统中是有其渊源的。修昔底德笔下的亚西比德为了说服民众发动西西里远征,也面临着与德谟斯提尼相似的阻碍,并且运用了与之相似的修辞策略。在记载其演说内容之前,修昔底德特别说明民众对亚西比德的一般看法:由于他热爱赛马,生活奢侈,具有很高的权势,又往往做出违法的行为,因此多数人担心他主张西西里远征的目的是要使自己成为僭主。① 可见,亚西比德的提议演说将有破坏民主政治之嫌,所以,他在演说的开始部分首先为自己张扬炫耀的生活方式加以辩护,声称他参加赛马和提供合唱队捐助是为了提高城邦的名誉。接下去讨论了平等问题,他认为,能力和地位差异所造成的人与人之间的不平等是正当的。② 我们知道,平等是雅典民主政治的基本要素之一③,而亚西比德的论调很可能会遭受民众的质疑。不过,当他转入西西里远征的主题以后,也像德谟斯提尼那样绕开民主政体,而诉诸更具普遍性的城邦存在的根本原则。他先是向雅典民众介绍西西里地区各城邦的劣势所在,特别指出,那些城邦中的每个人都想着如何利用演说(*legōn*)和暴动而从公家获利,像这样的民众是无法达成统一意见,也

---

① Thucydides, *History of the Peloponnesian War*, VI. 15. 3-4.
② Thucydides, *History of the Peloponnesian War*, VI. 16. 1-4.
③ 亚里士多德指出,"自由"(*eleutheria*)与"平等"(*isotēs*)是民主政治的基本要素:Aristotle, *Politics*, 1291b35-40。亚里士多德有关平等问题的讨论:Aristotle, *Politics*, 1280a10-25。

不可能投入一致行动的(es ta erga koinōs trepesthai)。① 通过这种方式的描述,亚西比德将西西里各城邦树立为典型的反面形象,之后又以同样的标准对雅典民众提出积极要求:各种人——包括次等的、中等的和擅于深思熟虑的人——只有联合起来才会发挥出最大的力量;而城邦也应当习惯于不以言辞而要以行动(ou logōi all' ergōi mallon)来捍卫它自己。② 我们注意到,这里不但涉及"演说"与"行动"的对比,还更明确地表达出对"一致"原则的强调,它们体现了古希腊人所公认的城邦属性及其存在的基本前提,在亚西比德的此次演说中构成修辞策略的关键环节,为演说提供了有力的依据,从而强化其说服效果。德谟斯提尼则继承了这种修辞策略,将"演说"与"行动"的关系充分展开,并依据城邦的"一致"原则,使之最终演绎为对民众政治角色的塑造。在这一修辞传统中,他所提出的"一致的行动者"的政治角色很可能会得到雅典民众的认同,而且在必要的情况下通过他们的政治参与行为而具体表现出来。

综合以上分析来看,德谟斯提尼在公民大会演说中激励雅典民众采取实际行动,并且总是将"行动"与"演说"对立起来,对前者予以肯定,对后者则以某种方式进行批评。他在这种"演说"与"行动"的对立关系中论述"行动"的问题,其效果是将听众的注意力引向演说现场,让他们意识到公民大会中的政治参与行为将对城邦的政治运作具有怎样的重要意义,也不断提醒着他们在这种场合所应扮演的政治角色。因此,"演说"被引申为民众的政治商议乃至陪审员的判决,而参军作战和出资纳税则成为"行动"的具体体现,二者同样处于彼此对立的状态。德谟斯提尼警告说,这种分裂将对城邦事务造成严重危害,以此表

---

① Thucydides, *History of the Peloponnesian War*, VI. 17. 3-4.
② Thucydides, *History of the Peloponnesian War*, VI. 18. 6.

明民众采取共同行动的必要性。他实际上是要求不同的公民群体在承担各自的城邦职能时,互相之间达成一致。针对公民大会演说本身,德谟斯提尼则强调现场的民众必须作为"一致的行动者"来参与政治商议,目的在于引导民众从这种政治角色意识出发去关注城邦的公共事务,在一定程度上摆脱对自身利益的考虑,同时免受其他政治家演说的影响,从而做出有利于城邦的决议,推动"行动"的实施。

更为重要的是,与某次个别演说中的劝勉、激励相比,民众的政治角色意识一旦形成,它对城邦政治运作的影响则是更加深远的。根据现存的德谟斯提尼公民大会演说辞来看,他在尽力说服民众接受其反马其顿政策的十余年间,不断以同样的方式塑造着民众的政治角色,在此过程中,将每次公民大会演说现场的当下性与城邦政治原则和社会问题的普遍性结合在一起,并且反复重申。这一方面使民众在每一次参与政治商议时得以反思那些普遍原则和社会问题,理解自身在城邦政治生活的整体中所扮演的角色,从而通过不断地参与政治商议实践逐渐形成长效性的政治角色意识;另一方面,这种角色意识作为民众政治商议实践的认知基础,反过来也会在很大程度上左右着城邦政策的总体趋势。我们有理由认为,经过德谟斯提尼十余年的努力,雅典民众的凝聚力得以维系,为他们日后最终以实际行动接受反马其顿政策提供了某种保障。

结　论

通过前面各章的论述，笔者实际上是对雅典的政治演说进行了一番"管窥"，于力所能及之处将一些往往被笼统讨论的问题加以"放大"，目的在于考察政治家的演说表演对民众的政治认知所可能产生的影响。正如本书的整体结构所显示的那样，这种"管窥"分别是从四个典型方面进行的：其一，政治家之间针对演说能力的互相攻击，其二，诉讼演说中政治家私人生活的展示，其三，政治家在公民大会演说和公共诉讼演说中关于政治事务的呈现，其四，政治家在演说场合对民众政治角色的塑造。笔者之所以选择这四个方面，主要是基于对雅典政治演说的宏观把握。导论部分已经说明，将以德谟斯提尼的各类演说辞共16篇作为本书最主要的分析对象，因为它们可以形成一个整体，集中体现了雅典政治演说的特征。因此，从这些演说辞出发，笔者逐渐认识到，涉及政治事务的演说在总体上正是由上述四个方面的基本内容构成。这一点，我们尤其可以在某些完整的公共诉讼演说辞中清楚地看到，比如德谟斯提尼的《使团辞》与《金冠辞》以及埃斯基尼斯存世的3篇演说辞。

除了这种来源于史料本身的依据以外，笔者所选择的这四个方面也符合演说作为表演行为所具有的基本属性。首先，政治家针对彼此演说能力的攻击，反映出表演可以引起人们对表演行为本身及其技巧的特别关注和高度意识，这是表演行为的显著特征；其次，政治家在演说中展示其私人生活，体现了表演行为对表演者所提出的形象要求，观众对表演者本人的看法与评价在很大程度上影响着表演的成功与否；再次，政治家在演说中所呈现的政治事务也就是表演的主题；最后，政治家在演说中塑造民众的政治角色则相当于表演者对观众的掌控，通过这种掌控，表演行为能够创造性地影响社会结构，这也是表演之所以具有重要社会功能的关键所在。因此，这四个方面的选择，也显示了笔者所采用的表演研究的考察视角。① 从这样的视角进行"管窥"，才使某些问题得以"放大"。

然而，这些"管窥"所见，只有在其"全豹"之中才能看出重要的意义。也就是说，我们应该在雅典民主政治的特殊历史环境中，来考察政治演说在本书所讨论的四个方面对民众的政治认知所发挥的影响。

在第一章的论述中，笔者特别强调了雅典政治演说自身所具有的表演属性与政治属性之间的张力。所谓表演属性，是雅典政治演说作为一般意义上的表演行为所具有的性质，其核心是演说者与听众的现场互动关系，它与戏剧等其他表演形式相似，注重对表演者与听众现场互动关系的处理手段，并指向演说的现场性。与之相对的，政治属性则是演说因运用于雅典民主政治的运作而具有的特殊性质，它所注重的是实现城邦利益与维护法律，是与"阐明事实"和"政治商议"的政治功能紧密联系在一起的。

由于演说在雅典民主政治运作中处于关键地位，影响到城邦的政治决策、司法审判以及民众选择政治领导者等重大问题，因此，演说的表演属性被要求服务于政治属性，并受到后者的制约。演说最主要的功能应该是向民众传达真实的信息，而非炫耀演说技巧，更不能以任何

---

① 美国学者理查德·鲍曼(Richard Bauman)的《作为表演的口头艺术》一书比较集中地阐释了表演的各方面特征。关于人们对表演行为及其技巧的关注，参见该书中译本杨利慧、安德明译，广西师范大学出版社，2008年，第12页；关于表演者在表演行为中的重要地位，参见第34—36页；关于表演者掌控观众并且对社会结构发挥潜在的改变与创造作用，参见第49—51页。

手段欺骗民众。这在演说过程中表现为演说者之间对彼此演说行为的批评与攻击。例如,埃斯基尼斯称,德谟斯提尼为了与腓罗克拉底同谋,以出钱收买的方式成为公元前347/前346年的议事会成员①,并且用"手段"(*ek paraskeuēs*)取得当年埃拉菲博里翁月25日的公民大会主席之位。② 再如,埃斯基尼斯指责德谟斯提尼在一次公民大会演说中诱骗民众与伯罗奔尼撒人结盟,特别强调德谟斯提尼的欺骗手段:不像其他说谎者那样含糊其词,而是给出具体明确的许诺,用这种方式模仿说真话者(*mimoumenos tous talēthē legontas*),结果使民众甚至不再相信那些高尚诚实的表现(*ta tōn khrēstōn semeia diaphtheirei*)。③ 在另一次事件中,德谟斯提尼由于不能在公民大会中"公开"地(*ek tou phanerou*)实现反对雅典城邦的行为,便去到议事会(*eiselthōn eis to bouleuterion*)驱赶在场的普通公民(*tous idiōtas*),通过暗箱操作向公民大会提交预案。④ 埃斯基尼斯甚至斥责德谟斯提尼等人向民众隐瞒政治事实,在自己的"私人家庭"(*idiōtikas oikias*)中操控政治事务,而无视公民大会与议事会(*to men bouleuterion kai ho dēmos*),却要在民众面前伪装成"民主的卫士"(*phulakes tēs demokratias*)和"城邦的拯救者"(*sōtēres tēs poleos*)。⑤ 诸如此类的指责会在一定程度上对政治家的演说起到约束作用,因为它能够促使听众提高警惕,对演说的内容与方式持批判态度,有助于听众从政治家的演说中获得尽可能接近真实的信息。

同时,听众自身的固有认知也是政治家演说的重要制约因素,他们不得不对此予以高度重视。政治家们往往试图改变听众的固有认知,

---

① Aeschines 3 (*Against Ctesiphon*), 62.
② Aeschines 3 (*Against Ctesiphon*), 73.
③ Aeschines 3 (*Against Ctesiphon*), 99;关于埃斯基尼斯对德谟斯提尼这一批评的分析,参见 Jon Hesk, *Deception and Democracy in Classical Athens*, pp. 232-233。
④ Aeschines 3 (*Against Ctesiphon*), 125.
⑤ Aeschines 3 (*Against Ctesiphon*), 250.

并使之接受演说所传达的信息和观点。为了做到这一点,埃斯基尼斯就曾在《诉科忒西丰》中明确指出,听众固有的认识是 oikothen doksas, oikos 是"家庭"的意思,代表私人领域,是与城邦公共领域相对应的①,因此 oikothen doksas 直译为"来自于家中的认识"。埃斯基尼斯断言这些固有认知是错误的(pseudeis oikothen doksas)。相反,他在演说中提供给听众的则是"有关真实的理性论证"(autos ho tēs aletheias logismos)。② 在这里,埃斯基尼斯将自己的演说与听众的固有认知表述为"私人"与"公共"、"错误"与"理性"的对立关系,以此否定前者,肯定后者。

政治家对听众固有认知的关注还体现在演说中常见的"尽人皆知"和"你们都记得"之类的表述方式中。在这里,听众的固有认知则是以社会舆论和集体记忆的力量为支撑的。本书在第二、三两章中论述政治家私人生活的展示以及政治事务的呈现两个方面时对此进行了集中阐释。"尽人皆知"和"你们都记得"这类表述方式是演说中常见的修辞策略,被演说者用来强调自己演说内容的可信性。在欧博尔看来,这种修辞策略表明,雅典民众在审判政治家或决策政治事务的时候,主要依据的是社会公共知识,而非政治家的现场演说。赫斯克则进一步指出,这种修辞策略并不能使人们完全相信,因为它会受到演说对手的质疑与反驳。因此,"尽人皆知"和"你们都记得"的表述方式在雅典政治演说中并不是空洞的套语,而是作为修辞策略能够对演说听众的认知过程发挥一定的实质作用。笔者不再笼统地讨论这两种表述方式,而是详细分析它们各自所适用的具体语境,于是发现,"尽人皆知"代表一种专属于政治家私人生活的社会舆论(phēmē),演说者诉求于

---

① 例如:tēn idian oikian(私人的家庭)与 ta koina tēs poleōs(公共的城邦)的对应,见 Aeschines 1 (Against Timarchus), 30。
② Aeschines 3 (Against Ctesiphon), 59-60.

这种特殊的社会舆论,并以之制约政治家的公共行为。进一步分析时,笔者又将这种诉求与诉讼演说的特定场合联系起来,考察其可能具有的社会政治功能,从而看到,通过公民法庭这一主要的城邦公共场合,演说者在以"尽人皆知"的表述方式而诉求于有关政治家私人生活的社会舆论的同时,也在影响甚至创造着这种社会舆论,这对民众了解和认识政治家具有重要的意义。同样,"你们都记得"的表述方式也有其特定的语境和功能,在政治家呈现政治事务的过程中,它集中用于再现公民大会演说场景,从而在每次公民大会演说与诉讼演说之间建立起一种紧密的联系。在此基础上,演说者可以将公民大会演说的内容与场景表述为民众的集体记忆,他们在诉求于这种集体记忆的同时,也在巧妙地重塑着这种集体记忆,试图使之成为民众用以理解和判断政治事务的基本准则。从这些分析中可以看出,政治家的演说是以一种主动的方式与听众的固有认知进行互动的,它对后者既表现出顺应的态度,却又试图加以改变。

  本书第四章其实是以新的方式分析了德谟斯提尼演说辞中关于雅典民主政体、政治运作方式、意识形态以及法律与民众地位等方面的议论。由于我们将雅典政治演说视为一种以交流为目的的公共表演行为,所以,在笔者看来,演说的内容并不完全是对雅典民主政治现实的直接描述与反映,其功能也不只局限于向民众进行政治意识形态的宣传和说教。于是,笔者从它们在演说中的修辞作用出发,论述了它们更具实质意义的社会政治功能。从本书第一章的分析中可以看到,演说者之所以使用情感手段,或者歪曲事实的性质,是因为演说者与听众之间往往缺乏共同的认知基础,为了弥补这种"裂隙",演说者就必须借助各种演说技艺而使听众处于某种特定的心理状态。在各种心理状态中,听众对自身的身份意识是非常重要的,尤其在关乎城邦政治事务的演说场合,民众在演说现场的政治角色意识对于实现有效沟通并形成正当的理解与判断则更是发挥着关键作用。笔者认为,德谟斯提尼有关法律、政体和政治运作方式等方面的议论,其目的正是为了在特定的演说场合塑造民众相应的政治角色意识。因此,笔者分别考察诉讼演说与公民大会演说,分析了各自场合中对民众政治角色塑造的不同方式。至于其功能,则如本书第四章所指出的那样,它可以促使民众真切地认识到自身政治参与的意义及相应的民主政治原则,同时引导民众在演说现场对诉讼性质的认识,以及对政治提议的理解与判断,从而在很大程度上影响着民众的政治参与行为。

综合本书各章的论述,我们首先有必要认识到,政治演说的表演属性与雅典民主政体的运作之间存在着内在的联系,雅典人既然以演说的形式来操作自己的民主政体,必然会面临这种运作方式自身的负面作用。如果从另一个角度来看待雅典政治家与哲学家对政治演说之表演属性的批评,就会发现,这些批评实际上是针对雅典民主政体在表演文化语境中的运作方式进行的某种反思。而且,它不仅存在于哲学家的论述中,更通过政治家在演说实践中的反复强调而传达给雅典民众。当民众以听取演说的方式进行政治参与时,政治家之间针对彼此演说能力所提出的批评在不断地提醒着民众,要从政治家的演说表演中摆脱出来,真正去关心城邦的正义与公共利益。其次,对政治家私人生活的展示并不单纯制造了供人取笑的绯闻,它的产生深刻地根源于雅典民主政治观念与城邦生活方式,因为在当时的雅典,政治家公共影响力的发挥必须建立在民众对其私人生活进行全面了解的基础之上。正如德谟斯提尼所说,要让人们接受他的政策,需要两个条件:其一是人们了解他是怎样的人,其二是人们听过他的演说。[①] 这说明,政治家的个人形象对其政治活动具有至关重要的作用,而对于雅典民众来说,这种

---

① Demosthenes 18 (*On the Crown*), 271. 另外,在德谟斯提尼批评埃斯基尼斯时,从反面同样指出,民众了解后者是怎样的人,并且听过后者的演说,见 Demosthenes 18 (*On the Crown*), 283。

个人形象主要体现在政治家的私人生活方面,相关的社会舆论则是其真实性的可靠保证。通过演说来展示政治家的私人生活,让民众全方位地认知这些政治家,正符合于雅典民主政治对政治家进行社会控制的需要。① 再者,政治家在呈现政治事务的过程中对民众集体记忆的经常性的诉求与重塑,有助于在整个城邦范围内产生一种关于政治事务的主导性的一致观念;而政治家对民众政治角色的塑造则很可能促使民众在政治参与的实践中逐渐形成关于民主政治运作方式的更为清醒的认知。

可见,在雅典那样以全体公民的直接参与为基础的民主政体的特殊历史语境中,政治家的演说表演能够对民众的政治认知产生一定的积极促进作用。尽管演说不能总是为民众提供真实的信息和理性的观点,民众在听取政治家演说之后所作出的决策也并不总是正确而有利于城邦的;但是,当我们不是仅仅关注某一次特定的演说与决策,而是将演说作为一种民主政治的运作机制以及政治家与民众的交流沟通方式,分析它在长期的动态过程中所能发挥的社会作用时,就会发现,在"演说舞台"上,雅典民主政治的诸多基本要素——民众的政治参与、民众在政治活动中扮演的角色、民众政治权威的行使、民众对政治家及精英阶层的社会控制等——不仅得以具体呈现,也通过实际的政治运作而不断得到界定。政治家的演说在遵循民主政治的制度安排、意识形态与价值观念的前提下,影响甚至塑造着民众的政治认知。尤其重要的是,它在一定程度上为雅典民众确立了必要的反思和自省意识,增进了民众进行政治参与的经验。政治家对民众所掌握的社会舆论和集体记忆的诉求以及对民众政治角色的塑造,实际上也都肯定了民众在

---

① 利斯(Riess)指出,雅典社会的"表演文化",使精英阶层暴露于民众的公共监督之下,舍弃了自己的很多私人领域,处于长期的"审查"(*dokimasia*)之中,这成为民众对精英阶层生活的"全方位的社会控制"。见 Werner Riess, *Performing Interpersonal Violence: Court, Curse, and Comedy in Fourth-Century BCE Athens*, p. 65。

政治参与中的权威地位。这使民众认识到，通过在公民大会与公民法庭中参与政治商议与审判，他们可以实现自身的权威，掌控社会舆论，并捍卫民主政治的统一性与持续性。政治家的演说表演在认知层面上对民众所发挥的这种积极影响，会体现在民众政治参与的集体行为之中，从而为雅典民主政治的正常运作提供着某种必要的保障。

当然，我们也应意识到，演说在为雅典民主政治的正常运作提供这种保障功能的同时，也是民主政治内在特征的集中体现。演说对于雅典政治事务所发挥的实际影响，很大程度上要通过民众的表决——即演说与民众意愿的相互结合——而得以最终实现。民众的阶层利益关系和政治参与状况的变化，会左右演说能够产生积极作用的程度。不过，由于史料的限制，我们无法完整复原雅典民众进行政治决策的具体过程，因此对这些方面的进一步考察受到了阻碍。然而，一些有益的尝试仍然是必要而可行的，我们可以在深化文本解读的基础上，将古希腊演说的修辞策略与雅典城邦社会语境分析充分结合，来研究雅典民主政治如何通过演说实现自身的运作与调节，这或可推动我们进一步的探索。

附 录

本书所使用的古希腊演说辞

作者及篇目编号	英文篇名	中文篇名
Demosthenes 1	*Olynthiac I*	第一篇《奥林图斯辞》
Demosthenes 2	*Olynthiac II*	第二篇《奥林图斯辞》
Demosthenes 3	*Olynthiac III*	第三篇《奥林图斯辞》
Demosthenes 4	*Philippic I*	第一篇《反腓力辞》
Demosthenes 5	*On the Peace*	《论和平》
Demosthenes 6	*Philippic II*	第二篇《反腓力辞》
Demosthenes 9	*Philippic III*	第三篇《反腓力辞》
Demosthenes 18	*On the Crown*	《金冠辞》
Demosthenes 19	*On the False Embassy*	《使团辞》
Demosthenes 20	*Against Leptines*	《诉勒普提尼斯》
Demosthenes 21	*Against Meidias*	《诉美狄亚斯》
Demosthenes 22	*Against Androtion*	《诉安德洛提翁》
Demosthenes 23	*Against Aristocrates*	《诉阿里斯托克拉特》
Demosthenes 24	*Against Timocrates*	《诉提谟克拉特》
Demosthenes 25	*Against Aristogeiton I*	《诉阿里斯托格同之一》
Demosthenes 27	*Against Aphobus I*	《诉阿弗波斯之一》
Demosthenes 28	*Against Aphobus II*	《诉阿弗波斯之二》
Demosthenes 30	*Against Onetor I*	《诉奥内托尔之一》

Demosthenes 48	*Against Olympiodorus*	《诉奥林匹奥多鲁斯》
Demosthenes 49	*Against Timotheus*	《诉提摩透斯》
Demosthenes 50	*Against Polycles*	《诉伯吕克里斯》
Aeschines 1	*Against Timarchus*	《诉提马库斯》
Aeschines 2	*On the Embassy*	《论使团》
Aeschines 3	*Against Ctesiphon*	《诉科忒西丰》
Isaeus 5	*On the Estate of Dicaeogenes*	《论狄凯奥根尼斯的财产》
Isaeus 6	*On the Estate of Philoctemon*	《论菲罗克特蒙的财产》
Lysias 10	*Against Theomnestos I*	《诉提奥姆涅斯托斯之一》
Lysias 11	*Against Theomnestos II*	《诉提奥姆涅斯托斯之二》
Lysias 12	*Against Eratosthenes*	《诉埃拉托斯提尼》
Lysias 18	*On the Property of the Brother of Nicias: Peroration*	《论尼基阿斯兄弟的财产:结论》
Lysias 32	*Against Diogeiton*	《诉狄奥格同》
Dinarchus 1	*Against Demosthenes*	《诉德谟斯提尼》
Lycurgus	*Against Leocrates*	《诉列奥克拉特》

参考文献

西文文献

原始文献(希腊古典著作的古希腊语原文本、英译本及注疏本)

1. *Aeschines*, translated by Chris Carey, University of Texas Press, 2000.
2. *Aristotelis Ars Rhetorica*, edited by W. D. Ross, Scriptorum Classicorum Bibliotheca Oxoniensis, Oxford University Press, 1959.
3. *Aristotelis Atheniensium Respublica*, edited by F. G. Kenyon, Scriptorum Classicorum Bibliotheca Oxoniensis, Oxford University Press, 1920.
4. *Aristotle*: *Politics*, with an English translation by H. Rackham, Loeb Classical Library, Harvard University Press, 1932, reprinted with corrections 1944.
5. *Aristotle*: *Rhetorica ad Alexandrum*, with an English translation by H. Rackham, Loeb Classical Library, Harvard University Press, 1937, revised 1957.
6. *Aristotle*: *The "Art" of Rhetoric*, with an English translation by John Henry Freese, Loeb Classical Library, Harvard University Press, 1926.
7. *Demosthenis Orationes*, edited by M. R. Dilts, tomus I, Oxford University Press, 2002.
8. *Demosthenis Orationes*, edited by M. R. Dilts, tomus II, Oxford University Press, 2005.

9. *Demosthenis Orationes*, edited by M. R. Dilts, tomus III, Oxford University Press, 2008.
10. *Demosthenis Orationes*, edited by M. R. Dilts, tomus IV, Oxford University Press, 2009.
11. *Demosthenes*, Vol. I, with an English translation by J. H. Vince, Loeb Classical Library, Harvard University Press, 1930.
12. *Demosthenes*, Vol. II, with an English translation by C. A. Vince and J. H. Vince, Loeb Classical Library, Harvard University Press, 1926, revised 1939.
13. *Demosthenes*, Vol. III, with an English translation by J. H. Vince, Loeb Classical Library, Harvard University Press, 1935.
14. *Demosthenes*, Vol. IV, with an English translation by A. T. Murray, Loeb Classical Library, Harvard University Press, 1936.
15. *Demosthenes*, Vol. V, with an English translation by A. T. Murray, Loeb Classical Library, Harvard University Press, 1939.
16. *Demosthenes*, Vol. VI, with an English translation by A. T. Murray, Loeb Classical Library, Harvard University Press, 1939.
17. *Demosthenes: Speeches* 18 *and* 19, translated with introduction and notes by Harvey Yunis, University of Texas Press, 2005.
18. *Demosthenes: Speeches* 27-38, translated by Douglas M. MacDowell, University of Texas Press, 2004.
19. *Demosthenes: Speeches* 50-59, translated by Victor Bers, University of Texas Press, 2003.
20. *Demosthenes: Against Meidias* (*Oration* 21), edited with introduction, translation and commentary by Douglas M. MacDowell, Clarendon Press, 1990.
21. *Demosthenes: On the False Embassy* (*Oration* 19), edited with introduction, translation, and commentary by Douglas M. MacDowell, Oxford University Press, 2000.
22. *Demosthenes: On the Crown*, edited by Harvey Yunis, Cambridge University

Press, 2001.

23. *Demosthenes*: *Selected Private Speeches*, edited by C. Carey and R. A. Reid, Cambridge University Press, 1985.

24. *Dinarchus, Hyperides & Lycurgus*, translated by Ian Worthington, Craig Cooper and Edward M. Harris, University of Texas Press, 2001.

25. *Dionysius of Halicarnassus*: *Critical Essays*, with an English translation by Stephen Usher, Loeb Classical Library, Harvard University Press, 1974.

26. *Isaeus*, with an English translation by Edward Seymour Forster, Loeb Classical Library, Harvard University Press, 1927.

27. *Isaeus*, translated by Michael Edwards, University of Texas Press, 2007.

28. Kremmydas, Christos, *Commentary on Demosthenes Against Leptines*, Oxford University Press, 2012.

29. *Minor Attic Orators*, Vol. I, with an English translation by K. J. Maidment, Loeb Classical Library, Harvard University Press, 1941.

30. *Minor Attic Orators*, Vol. II, with an English translation by J. O. Burtt, Loeb Classical Library, Harvard University Press, 1954.

31. *Plato*: *Symposium*, edited by Sir Kenneth Dover, Cambridge University Press, 1980.

32. *Plato*, Vol. I, with an English translation by Harold North Fowler, Loeb Classical Library, Harvard University Press, 1914.

33. *Plato*, Vol. II, with an English translation by W. R. M. Lamb, Loeb Classical Library, Harvard University Press, 1924.

34. *Plato*, Vol. III, with an English translation by W. R. M. Lamb, Loeb Classical Library, Harvard University Press, 1925.

35. *Plato*, Vol. VIII, with an English translation by Harold North Fowler and W. R. M. Lamb, Loeb Classical Library, Harvard University Press, 1925.

36. *Plato*, Vol. X, with an English translation by R. G. Bury, Loeb Classical Library, Harvard University Press, 1926.

37. *Plutarch*: *Lives*, Vol. VII, with an English translation by Bernadotte Perrin, Loeb Classical Library, Harvard University Press, 1919.
38. *Plutarch's Moralia*, Vol. X, with an English translation by Harold North Fowler, Loeb Classical Library, Harvard University Press, 1936.
39. Rhodes, R. J., *A Commentary on the Aristotelian Athenaion Politeia*, Oxford University Press, 1981.
40. *The Speeches of Aeschines*, with an English translation by Charles Darwin Adams, Loeb Classcial Library, William Heinemann, 1919.
41. *Thucydidis Historiae*, tomus prior, edited by Henricus Stuart Jones, Scriptorum Classicorum Bibliotheca Oxoniensis, 1900, emended 1942.

研究论著

1. Adams, Charles Darwin, "Are the Political 'Speech' of Demosthenes to Be Regarded as Political Pamphlets?", *Transactions and Proceedings of the American Philological Association*, Vol. 43. (1912), 5-22.
2. Badian, E. and Julia Heskel, "Aeschines 2. 12-18: A Study in Rhetoric and Chronology", *Phoenix*, Vol. 41, No. 3. (Autumn, 1987), 264-271.
3. Christ, Matthew R., *The Litigious Athenian*, The Johns Hopkins University Press, 1998.
4. Duncan, Anne, *Performance and Identity in the Classical World*, Cambridge University Press, 2006.
5. Dyck, Andrew R., "The Function and Persuasive Power of Demosthenes' Portrait of Aeschines in the Speech 'On the Crown'", *Greece & Rome*, 2nd Ser., Vol. 32, No. 1. (Apr., 1985), 42-48.
6. Farenga, Vincent, *Citizen and Self in Ancient Greece: Individuals Performing Justice and the Law*, Cambridge University Press, 2006.
7. Finley, M. I., "Athenian Demagogues", *Past and Present*, No. 21 (Apr., 1962), 3-24.

8. Finley, M. I., Politics in the Ancient World, Cambridge University Press, 1983.
9. Flensted-Jensen, Pernille, Thomas Heine Nielsen and Lene Rubinstein, eds., Polis & Politics: Studies in Ancient Greek History, Museum Tusculanum Press, 2000.
10. Garver, Eugene, Aristotle's Rhetoric: An Art of Character, The University of Chicago Press, 1994.
11. Christ, Matthew R., The Litigious Athenian, The Johns Hopkins University Press, 1998.
12. Gill, Christoper, "The Ethos/Pathos Distinction in Rhetorical and Literary Criticism", The Classical Quarterly, New Series, Vol. 34, No. 1. (1984), 149-166.
13. Goldhill, Simon, "The Great Dionysia and Civic Ideology", The Journal of Hellenic Studies, Vol. 107. (1987), 58-76.
14. Goldhill, Simon, "Literary History without Literature: Reading Practices in the Ancient World", SubStance, Vol. 28, No. 1, Issue 88: Special Issue: Literary History. (1999), 57-89.
15. Goldhill, Simon and Robin Osborne, eds., Performance Culture and Athenian Democracy, Cambridge University Press, 1999.
16. Goldhill, Simon and Robin Osborne, eds., Rethinking Revolutions through Ancient Greece, Cambridge University Press, 2006.
17. Grimaldi, William M. A., Aristotle, Rhetoric II: A Commentary, Fordham University Press, 1988.
18. Hall, Edith, The Thearical Cast of Athens: Interaction between Ancient Greek Drama and Society, Oxford University Press, 2006.
19. Harding, P., "Rhetoric and Politics in Fourth-Century Athens", Phoenix, Vol. 41, No. 1. (1987), 25-39.
20. Hansen, Mogens Herman, The Athenian Assembly in the Age of Demosthenes,

Blackwell, 1987.

21. Hansen, Mogens Herman, *The Athenian Democracy in the Age of Demosthenes: Structure, Principles and Ideology*, Blackwell, 1990.

22. Harris, Edward M., *Aeschines and Athenian Politics*, Oxford University Press, 1995.

23. Hesk, Jon, *Deception and Democracy in Classical Athens*, Cambridge University Press, 2000.

24. Isager, Signe and Mogens Herman Hansen, *Aspects of Athenian Society in the Fourth Century B. C.*, translated by Judith Hsiang Rosenmeier, Odense University Press, 1975.

25. Johnstone, Steven, *Disputes and Democracy: The Consequences of Litigation in Ancient Athens*, The University of Texas Press, 1999.

26. Lau, Richard R. and David O. Sears, eds., *The 19th Annual Carnegie Symposium on Cognition: Political Cognition*, Lawrence Erlbaum Associates. Inc., 1986.

27. Lewis, J. D., "Isegoria at Athens: When Did It Begin?", *Historia: Zeitschrift für Alte Geschichte*, Bd. 20, H. 2/3 (2nd Qtr., 1971), pp. 129-140.

28. Loraux, Nicole, *The Invention of Athens: The Funeral Oration in the Classical City*, translated by Alan Sheridan, Zone Books, 2006 (first edition in English 1993, original edition in French 1981).

29. Mitchell, Lynette G. and P. J. Rhodes, "Friends and Enemies in Athenian Politics", *Greece & Rome*, 2nd Ser., Vol. 43, No. 1. (Apr., 1996), 11-30.

30. Martin, Richard P., *The Language of Heroes: Speech and Performance in the Iliad*, Cornell University Press, 1989.

31. Murphy, Charles T., "Aristophanes and the Art of Rhetoric", *Harvard Studies in Classical Philology*, Vol. 49. (1938), 69-113.

32. Ober, Josiah, *Mass and Elite in Democratic Athens: Rhetoric, Ideology and the Power of the People*, Princeton: Princeton University Press, 1989.

33. Ober, Josiah, *The Athenian Revolution: Essays on Ancient Greek Democracy and Political Theory*, Princeton University Press, 1996.
34. Ober, Josiah, *Political Dissent in Democratic Athens: Intellectual Critics of Popular Rule*, Princeton University Press, 1998.
35. Ober, Josiah, *Athenian Legacies: Essays on the Politics of Going On Together*, Princeton University Press, 2005.
36. Ober, Josiah, *Democracy and Knowledge: Innovation and Learning in Classical Athens*, Princeton University Press, 2008.
37. Ober, Josiah and Charles Hedrick, eds., *Demokratia: A Conversation on Democracies, Ancient and Modern*, Princeton University Press, 1996.
38. Osborne, Robin, *Demos: The Discovery of Classical Attika*, Cambridge University Press, 1985.
39. Osborne, Robin, ed., *Studies in Ancient Greek and Roman Society*, Cambridge University Press, 2004.
40. Pearson, Lionel, "The Development of Demosthenes as a Political Orator", *Phoenix*, Vol. 18, No. 2 (Summer, 1964), 95-109.
41. Pelling, Christopher, *Literary Texts and the Greek Historian*, Routledge, 2000.
42. Riess, Werner, *Performing Interpersonal Violence: Court, Curse, and Comedy in Fourth-Century BCE Athens*, De Gruyter, 2012.
43. Rowe, Galon O., "The Portrait of Aeschines in the Oration on the Crown", *Transactions and Proceedings of the American Philological Association*, Vol. 97 (1966), 397-406.
44. Saxonhouse, Arlene W., *Free Speech and Democracy in Ancient Athens*, Cambridge University Press, 2006.
45. Schiappa, Edward, "Did Plato Coin Rhetorike", *The American Journal of Philology*, Vol. 111, No. 4. (1990), 457-470.
46. Sealey, Raphael, *Demosthenes and His Time: A Study in Defeat*, Oxford University Press, 1993.

47. Sinclar, R. K. , *Democracy and Participation in Athens*, Cambridge University Press, 1988.
48. Taylor, Claire, "Bribery in Athenian Politics Part I: Accusations, Allegations, and Slander", *Greece & Rome*, 2nd Ser. , Vol. 48, No. 1. (Apr. , 2001), 53-66.
49. *The Cambridge Ancient History*, Vol. VI, Cambridge University Press, 1994.
50. Usher, Stephen, *Greek Oratory: Tradition and Originality*, Oxford University Press, 1999.
51. Vernant, Jean-Pierre, ed. , *The Greeks*, translated by Charles Lambert and Teresa Lavender Fagan, The University of Chicago Press, 1995.
52. Worman, Nancy, *Abusive Mouths in Classical Athens*, Cambridge University Press, 2008.
53. Worthington, Ian, ed. , *Persuasion: Greek Rhetoric in Action*, Routledge, 1994.
54. Worthington, Ian, ed. , *Demosthenes: Statesman & Orator*, Routledge, 2000.
55. Worthington, Ian, ed. , *A Companion to Greek Rhetoric*, Blackwell, 2007.
56. Worthington, Ian, *Demosthenes of Athens and the Fall of Classcial Greece*, Oxford University Press, 2013.
57. Yunis, Harvey, "How do the People Decide? Thucydides on Periclean Rhetoric and Civic Instruction", *The American Journal of Philology*, Vol. 112, No. 2 (Summer, 1991), 179-200.
58. Yunis, Harvey, *Taming Democracy: Models of Political Rhetoric in Classical Athens*, Cornell University Press, 1996.
59. Yunis, Harvey, ed. , *Written Texts and the Rise of Literate Culture in Ancient Greece*, Cambridge University Press, 2003.

中文文献

原始文献(希腊古典著作的中译本)

1. 柏拉图:《柏拉图对话集》,王太庆译,商务印书馆,2004 年。
2. 罗念生译著:《罗念生全集》,第一卷,上海人民出版社,2004 年。
3. 罗念生译著:《罗念生全集》,第六卷,上海人民出版社,2004 年。
4. 苗力田主编:《亚里士多德全集》,第九卷,颜一等译,中国人民大学出版社,1994 年。
5. 欧里庇得斯:《欧里庇得斯悲剧集》,周作人译,中国对外翻译出版公司,2003 年。
6. 修昔底德:《伯罗奔尼撒战争史》,谢德风译,商务印书馆,1960 年。
7. 亚里士多德:《诗学》,陈中梅译注,商务印书馆,2003 年。
8. 亚里士多德:《雅典政制》,日知、力野译,商务印书馆,1959 年。
9. 亚里士多德:《政治学》,吴寿彭译,商务印书馆,1965 年。

研究论著

1. 格雷戈里·纳吉:《荷马诸问题》,巴莫曲布嫫译,广西师范大学出版社,2008 年。
2. 黄洋:《雅典民主政治新论》,《世界历史》,1994 年第 1 期,第 60—66 页。
3. 黄洋:《从同性恋透视古代希腊社会———一项历史学的分析》,《世界历史》,1998 年第 5 期,第 74—82 页。
4. 蒋保:《演说与雅典民主政治》,《历史研究》,2006 年第 6 期,第 138—150 页。
5. 蒋保:《试论雅典演说的政治功能》,《江西社会科学》,2008 年第 9 期,第 160—164 页。
6. 鞠玉梅:《社会认知修辞学:理论与实践》,外语教学与研究出版社,2011 年。

7. 理查德·鲍曼:《作为表演的口头艺术》,杨利慧、安德明译,广西师范大学出版社,2008年。
8. 莫里斯·哈布瓦赫:《论集体记忆》,毕然、郭金华译,上海世纪出版集团,2002年。
9. 晏绍祥:《演说家与希腊城邦政治》,《历史研究》,2006年第6期,第151—166页。
10. 晏绍祥:《古典民主与共和传统》(上卷),北京大学出版社,2013年。
11. 杨巨平、王志超:《试论演说家与雅典民主政治的互动》,《世界历史》,2007年第4期,第24—32页。

后 记

　　拙作得以出版,仰赖黄洋教授的推荐与北京大学出版社的垂青,以及岳秀坤教授的大力支持、陈甜和王晨玉编辑的认真工作。对这一切,我要首先表达衷心的谢意!

　　这本小书在我博士论文的基础上修订而成。当年论文评审期间,多位专家就曾为之提出中肯的意见。后来,部分章节在学术期刊上发表,投稿过程中,评审专家和编辑老师又给予详细的修改建议。所有这些意见和建议对我修订增补论文的工作均有颇多裨益,于是,拙作才能以目前的面貌问世。我希望它将由此获得更多方家的斧正。

　　除了在学术上可能会产生的些微作用——正面的和负面的——以外,拙作的出版于我个人而言,也是给我求学复旦的五年时光一个正式的纪念。

　　2004年,在我作为硕士研究生入学之初,导师黄洋教授即根据我个人的学术兴趣帮助我确立了论文选题,同时也为我博士阶段的学习与研究开辟了充分的发展空间。2006年,在黄老师的推荐下,我得以直升博士研究生,节省了时间,能够更专心于论文课题的钻研。后来,又受到张巍教授的启发,我开始关注西方近年的表演文化研究,经过与两位老师的反复讨论,最终确定了博士论文的主题与立意,以及所采用的文本分析方法。在资料搜集、论文写作与修改的整个过程中,两位老师始终对我予以关心与帮助,为我完成学业提供了不可或缺的重要保障。从我个人的角度来讲,更为重要的是两位老师在古典希腊语方面对我的教导。硕士一年级,黄老师便为我启蒙古典希腊语的学习,以之烛照古史,窥其幽奥;2007年,我又开始在张老师的指导下阅读古希腊语原文文献,每周一次,名为课程,其实更像兴趣小组,同学与老师之间往往进行兴高采烈的讨论,在增益希腊语知识的同时,可以将自己阅读的乐趣与他人分享。这段阅读时光是我求学期间难得的经历。

黄老师和张老师还倡导组织读书会,让世界古代史不同研究领域的教师和研究生凝聚起来,讨论学术,交流心得。我的博士论文部分初稿就曾在读书会上获得老师与同学的指正,使我受益良多。而且,我自进入复旦以来,还一直得到张广智教授的关心与教导。在这样的学术氛围中,作为学生的我,就如同"蓬生麻中,不扶自直"。

可以说,在复旦读书的五年,是我人生中一段难得的因缘,这因缘既是我与许多师友之间的,也是我与古希腊历史研究之间的。2009年毕业后,我如愿成为一名大学教师,继续从事古希腊历史的教学与研究工作,至今又经过了一个五年。在此期间,已有不少学生听我"喋喋不休"地讲解古希腊的历史、文化以及语言。今年我还招收了第一位古希腊史方向的硕士研究生。我将努力延续这段因缘,把老师对我的教导传递于自己的学生。我想,这应该是报答师恩的最好方式了罢。

其实,这段因缘的维系,也离不开我父母妻子的默默支持。如果不是自我开脱而有意误解的话,我们也许可以相信,古希腊人将闲暇视为自由追求学问的前提。然而在今天,我个人的闲暇却总是意味着家人更多的操劳;我在读书中的自得其乐也常给家人平添无趣和寂寞。不过,所幸还略有收获,不致完全辜负他们为我的付出。

五年前,当我终于完成博士论文的写作时,女儿如意也平安降生;如今,拙作付梓,我们全家又在忙碌地迎接第二个孩子的来临。我决定把这本小书献给我的女儿和她即将出世的妹妹或者弟弟,但愿这份礼物能够配得上她(他)们未来精彩的人生。

李尚君

2014 年 12 月